GEHEIMPROJEKTE DER LUFTWAFFE

SOWIE BAUTEN UND BUNKER 1935-1945

Stefan Büttner / Martin Kaule

Motor
buch
Verlag

Einbandgestaltung: Frank Zähringer

ISBN 978-3-613-04256-8

Ein Unternehmen der Paul Pietsch-Verlage GmbH & Co. KG

2. Auflage 2020

Sie finden uns im Internet unter
www.motorbuch-verlag.de

Innengestaltung: Günther Nord, 69434 Heddesbach
Druck und Bindung: Graspo CZ a.s., 76302 Zlin
Printed in Czech Republic

INHALT

1. VORWORT

Das Verbot des Aufbaus und Unterhalts einer deutschen militärischen Luftstreitkraft nach Ende des Ersten Weltkrieges führte ab den 1920er-Jahren zu vielfältige Umgehungen des Verbotes, um die Vorteile der fliegenden Einheiten auch militärisch auszunutzen. Neben dem getarnten Aufbau einer deutschen Flugzeugindustrie im In- und Ausland, geheimen Erprobungszentren bei befreundeten Staaten, folgte spätestens ab den 1930er-Jahren auch die Entwicklung von neuartigen Fernwaffen. Binnen eines Jahrzehnts zählte Deutschland zu den führenden Luftfahrtnationen der Welt. Der Weiterentwicklung verschiedener Fluggeräte folgte nach Anzettelung des Zweiten Weltkrieges schon bald der Einsatz von neuartigen Raketen und fliegenden Bomben. Doch der technologische Aufschwung stand zu keiner Zeit im Zeichen einer Modernisierung des Landes. Hinter all den Forschungen und dem umfassenden Ausbau der deutschen Flugzeugindustrie stand zu jeder Zeit die Vorbereitung eines neuen Weltkrieges, um die nationalsozialistischen Expansionsbestrebungen auch aus der Luft heraus zu unterstützen. Der Verlauf des Krieges bedingte letztlich den weiteren technischen Fortschritt. Dort wo die deutschen Land- und Seestreitkräfte keine Erfolge mehr vorweisen konnten, sollten neuartige Fluggeräte und Fernwaffen das sich abzeichnende Schicksal abwenden. Parallel bombardierten die alliierten Luftstreitkräfte nicht nur die deutschen Verkehrs- und Rüstungsstandorte, sondern auch die heimische Flugzeugindustrie, die inzwischen vollständig auf Kriegsrüstung ausgerichtet wurde. Neben den unzähligen Standorten der Flugzeugwerke wurden quer durch das Land kleinere Reparaturbetriebe aufgebaut. Letztlich blieb nur noch die Verlagerung der Werke in den bombensicheren Untergrund und der schonungslose und ausbeuterische Einsatz von Zwangsarbeitern, KZ-Häftlingen und Kriegsgefangenen. Doch auch diese Vorhaben führten nicht zum erhofften Sieg, sondern brachten weiteres Leid und Elend. Allein die Produktion der propagierten »Wunder- und Vergeltungswaffen« forderte mehr als 100.000 Tote aus mehr als 30 Nationen. Erst mehrere Jahrzehnte nach Ende des Zweiten Weltkrieges begann die schrittweise Aufarbeitung der Geschehnisse in der deutschen Flugzeugindustrie. Zumeist ist es nur lokalen Akteuren zu verdanken, dass das dunkle Kapitel der Geschichte aufgearbeitet wurde.

Das vorliegende Buch stellt mehr als 100 Orte vor, an denen während der Zeit des Nationalsozialismus maßgeblich an der Entwicklung, Produktion oder dem Einsatz von »Geheim- und Wunderwaffen« gearbeitet wurde. Zahlreiche deutsche Entwicklungen während des Zweiten Weltkrieges beeinflussten die Kriegsmaschinerie in den ersten Jahren des Kalten Krieges in zahlreichen Ländern beiderseits des sogenannten Eisernen Vorhangs. Kaum dass die ersten Vergeltungswaffen, mit neuartigen Antrieben versehene Kampfflugzeuge sowie Abstandswaffen auf dem Kriegsschauplatz auftauchten, zogen diese Waffensysteme das Interesse der Alliierten auf sich. Einerseits lag dem die Schaffung adäquater Gegenmittel zugrunde, andererseits wollten insbesondere die Briten, Amerikaner und Sowjets selbst diese Technologien besitzen. Dieses Streben erklärt auch den Wettlauf im technologischen Fortschritt der Siegermächte in den letzten Kriegstagen. Die wehrwirtschaftliche Beute schloss hierbei nicht nur Technik, Muster, Dokumentationen und Industriepatente ein. Auch jener dafür verantwortliche Personenkreis, die geistigen Väter dieser teils zukunftsweisenden Technologien, wurde von den Besatzungsmächten erfasst und schließlich sowohl freiwillig wie auch unfreiwillig außer Landes gebracht. Dort arbeiteten die Wissenschaftler und Konstrukteure für die neuen Herren, was mitunter als eine Art Reparation verstanden wurde. Nicht verwirklichte Projekte wurden fortgesetzt, entweder zur Serienreife gebracht oder bildeten die Basis für die ersten eigenen Waffensysteme, immer aufbauend auf die erbeuteten deutschen Technologien. Andere Waffen wurden in Großserie nachgebaut und von den jeweiligen Streitkräften regulär für mehrere Jahre eingesetzt. Der Einfluss deutscher Waffentechnologien auf die Nachkriegsentwicklungen ist hierbei unbestritten. Neben der textlichen und bildlichen Beschreibung fungiert die vorliegende überarbeitete 2. Auflage auch als historischer Reiseführer zu den teils authentisch erhaltenen Hinterlassenschaften der Geschichte.

Flugzeuge der deutschen Luftwaffe sind auf einem Fliegerhorst bei Flensburg abgestellt, um demontiert und verschrottet zu werden, Herbst 1945

Die ausgestellte Großtechnik zieht im Historisch-Technischen Museum Peenemünde jährlich Zehntausende Besucher auf die Nordspitze der Insel Usedom, 2017

2. DIE LUFTWAFFE DES DRITTEN REICHS

2.1 Aufbau und Struktur

Der Versailler Vertrag von 1919 sah eine weitgehende Abrüstung Deutschlands, die Aussetzung der Wehrpflicht und auch ein Verbot von Luftstreitkräften vor. Die Reichswehr sollte auf 100.000 Mann begrenzt bleiben, nur noch aus Freiwilligen bestehen und über keine schweren Waffen verfügen. Es zeigte sich, dass derartige Restriktionen für die Weimarer Republik auf Dauer inakzeptabel waren. Im Geheimen versuchte sich die Reichswehr am Erhalt eines fliegerischen Personalstammes. In Deutschland, einer der Luftfahrtnationen der ersten Stunde, bot sich dem technikbegeisterten Interessenten auch weiterhin ein reiches Betätigungsfeld im unverdächtigen Segelflug an. In der Zeit bis 1924 war der Gleit- bzw. Segelflug jedoch kein Massensport. Im Gros auf der akademischen Jugend basierend, gehörte nur eine Handvoll Reichswehrangehörige unter Waffenreferent Hauptmann Kurt Student zu den experimentierfreudigen Militärs. Solange kein geeignetes Schulgerät zur Verfügung stand, war die Reichswehr zum Scheitern verurteilt. Das Problem wurde erst mit dem Schulbeginn der Sportflug GmbH unter dem Pourl-le-Mérite-Träger Hermann Fricke gelöst – mit richtigen Flugzeugen! Es galt die Jugend, der zukünftige Nachwuchs, und die erfahrenen Piloten aus Kriegszeiten zu binden und zu organisieren. Die Ausbildungskosten des Nachwuchses deckte weitgehend der Ring der Flieger e.V. durch Patenschaften ab. Verschiedenste Institutionen standen für diese Aufgabe zur Verfügung, nach außen hin zivil erscheinend, aber eben immer auch militärischen Gesichtspunkten folgend. Alle Strukturen waren aber bereits Ende 1933 – dem Jahr der fatalen Machtübernahme durch die Nationalsozialisten – unter Dach und Fach, denn irgendwohin mussten die mehreren hundert Militärflugzeuge der Produktion 1933/34 geparkt werden. Das Luftwaffenkommandoamt unter Generalmajor Walther Wever übernahm 1934 die gesamte Verteilung der Industrieablieferungen inklusive der für die Deutsche Lufthansa bestimmten und zivil ausgestatteten Behelfsbomber Junkers Ju 52. Als die Luftwaffe am 1. März 1935 offiziell entstand, konnte sie folglich auf längst bestehenden Strukturen aufbauen. Nur mit der Etablierung der Kommandoebene dauerte es etwas länger. Erst mit Abschluss des ersten Vierjahresplans im Jahr 1937 und der Schaffung des Großen Generalstabes kehrte Ruhe ein. Nun ermöglichten sich auch mit Hilfe der Luftwaffe die Expansionsbestrebungen des Deutschen Reichs in die Tat umzusetzen.

Fokker D VII werden nach dem Waffenstillstand von Entente-Offizieren beschlagnahmt, 1919

1919 mussten Hunderte hochwertige deutsche Flugzeuge und Motoren auf Befehl der Entente verschrottet werden.

2.1.1 Verdeckte Aufrüstung 1922 - 1933

Die verdeckte Ausbildung aller »Alt- und Jungflieger« führte die 1924 in Berlin gegründete und staatlich finanzierte Sportflug GmbH mit ihren landesweit zehn angeschlossenen Filialen durch. Die Auflösung erfolgte 1926, aber schon im folgenden Jahr führte die neu gegründete Deutsche Luftfahrt GmbH (DLG) die Geschicke weiter. Die DLG wurde aber nicht mehr staatlich unterstützt und verfügte daher auch nur noch über drei Ausbildungsstellen. Das machte eine strenge Vorauswahl notwendig, die über die 1928 landesweit eingeführten Jungfliegerkurse an den Gewerbefachschulen vorgenommen wurden. Auch der 1925 eröffneten Deutschen Verkehrsfliegerschule (DVS) bediente sich die Reichswehr, indem sie unter die regulär ausgebildeten Schüler auch eigene Piloten mit fertigem A-Schein mischte. Um aber vollständig ausgebildetes Personal heranzuziehen, wurde zwischen der Reichswehr und der Roten Armee im Jahr 1922 in einem Geheimabkommen die militärische Zusammenarbeit vereinbart, die zur Errichtung und dem Betrieb einer geheimen Fliegerschule Lipezk führte. Der Ausbildungsbetrieb lief dort von 1925 bis 1933. Zu den ersten Flugzeugtypen gehörte die niederländische Fokker D XIII, vor Ort in großer Stückzahl bis zuletzt für Ausbildungszwecke im Einsatz. Die Aufgaben dieser auch als Fliegerschule Stahr (benannt nach dem Leiter Major a. D. Walter Stahr) oder Wissenschaftlichen Versuchs- und Prüfanstalt für Luftfahrtzeuge (Wivupal) genannten Ausbildungseinrichtung waren vielfältig. Neben der Schulung von Piloten, Beobachtern und Flugzeugtechnikern fanden auch taktisch-technische und organisatorische Verfahren statt. Vermutlich hatten die 1926 aufgelöste Interalliierte Luftfahrt-Überwachungskommission, die sich für die Einhaltung der Versailler Vertragsbedingungen verantwortlich zeichnete, sowie auch westliche Nachrichtendienste, keinerlei Informationen über Standort und Aufgaben dieser Einrichtung zum Zeitraum ihrer Existenz erlangt. Das stalinistische Überwachungs- und Restriktionsregime dürfte in der abgeschotteten Sowjetunion perfekt funktioniert haben. Zusätzlich zur Fliegerschule etablierte sich dort von 1928 bis 1933 eine Luftfahrterprobungsstelle. Es ließen sich dort ohne Einschränkungen Flugzeuge der Firmen Heinkel, Arado, Junkers, Focke-Wulf und Rohrbach und deren Bewaffnung erproben. Insgesamt durchliefen etwa 200 Piloten und Beobachter die Schulung in Lipezk. Diese Kursanten sollten einmal den Führungsstamm einer neuen Luftwaffe bilden. An den getarnten Fliegerschulen in Deutschland selbst waren es gleichzeitig etwa 2000 Flugzeugführer.

Bombenflugzeug Junkers JuG-1 der Roten Armee im Leningrader Militärbezirk, 1930

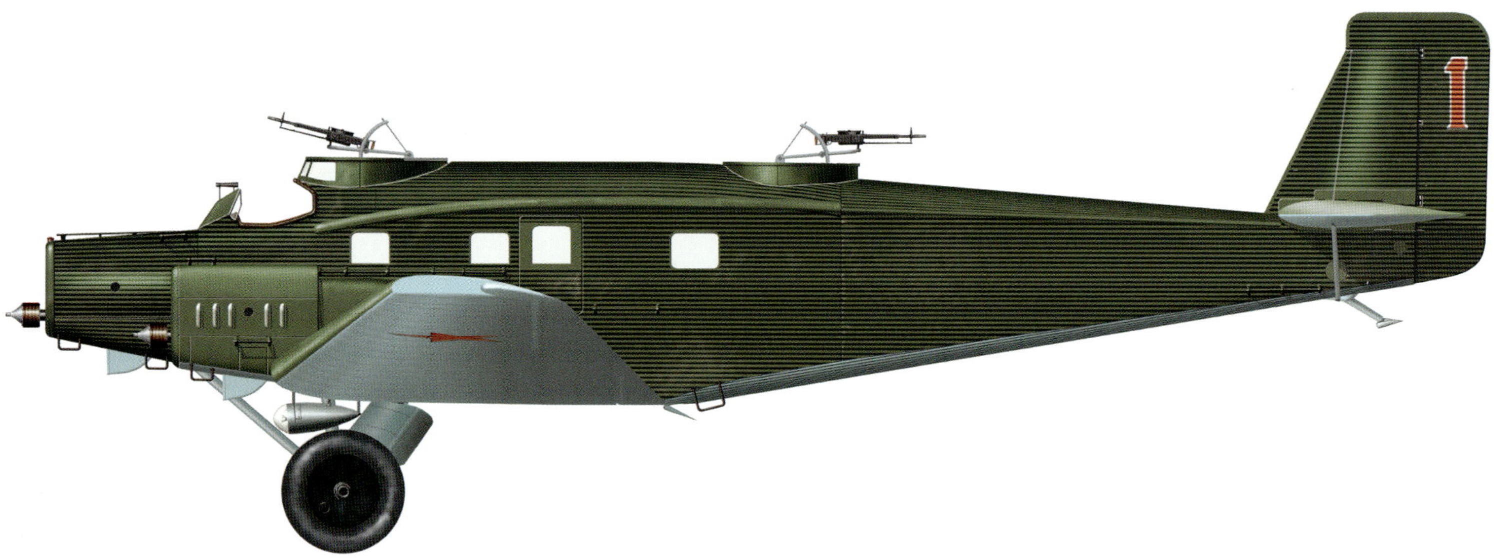

2.1.2 Gründung der Luftwaffe 1935

Wilhelmstraße 97, 10117 Berlin, Deutschland

GPS: 52°30'31.3" N 13°23'02.4"E (Reichsluftfahrtministerium)

Unmittelbar nach »Machtübergabe« an die Nationalsozialisten zum Jahresbeginn 1933 erfolgte die Schaffung eines Reichskommissars für die Luftfahrt. Daraus entstand wenige Monate später das Reichsluftfahrtministerium mit Sitz in Berlin, das nun zielgerichtet weiter am verdeckten Aufbau einer Luftwaffe arbeitete. An militärischen fliegenden Formationen existierten zu diesem Zeitpunkt etwa ein Dutzend Fliegerstaffeln mit unterschiedlichen Bestimmungen. Innerhalb eines Jahres verdreifachte sich die die Anzahl dieser Staffeln. Der 1. März 1935 gilt als Gründungsdatum der Luftwaffe, wenige Tage später mutierte mit der Einführung der Wehrpflicht die Reichswehr zur Wehrmacht, das Reichsheer zum Heer und und die Reichsmarine zur Kriegsmarine. Keine andere Teilstreitkraft hat damals eine derart schnelle Aufstellung vollzogen wie die Luftwaffe. Das Reichsluftfahrtministerium hatte seit 1936 seinen Sitz in der Berliner Wilhelmstraße in der Nähe der Reichskanzlei. Die Luftwaffe verfügte über etwa 2500 Flugzeuge, mit einem großen Anteil an Schulflugzeugen zu Ausbildungszwecken. Ab 1935 wurde ein Geschwader nach dem anderen propagandistisch aufgestellt, Dutzende aus dem Boden gestampfte Fliegerhorste nahmen den Betrieb auf und neue Flugzeugwerke feierten Richtfeste. In der Öffentlichkeit festigte sich ein Bild neuer Stärke, die aber noch längst nicht existierte. Im Aufstellungsjahr der Luftwaffe existierten bereits ein Dutzend Land- und Seefliegerschulen, einerseits Neuaufstellungen und andererseits beispielsweise vormalige Zweigstellen der Deutschen Verkehrsfliegerschule, hinzu kamen weitere Fliegerwaffenschulen sowie die ersten Luftkriegsschulen. Das Reichsluftfahrtministerium löste einen Entwicklungs- und Lieferauftrag nach dem anderen für neue Flugzeuge aus und forderte höhere Ausstoßzahlen der existierenden Muster von der Flugzeugindustrie. Die ersten Prototypen der nur wenige Jahre zuvor vom Heereswaffenamt geforderten »Frachtflugzeugen für die Reichsbahn« und »Schnellverkehrsflugzeugen für die Lufthansa« erhoben sich – noch als Zivilflugzeuge – bei Dornier, Heinkel und Junkers in die Luft. Obwohl die Entwicklung in der ersten Hälfte der 1930er-Jahre einen klaren Bruch des Versailler Vertrages darstellte, sahen die Alliierten tatenlos zu. Diplomatische Protestnoten konnten gerade auch den massiven Aufbau der Luftwaffe weder stoppen noch einschränken. Hier entwickelte sich unter den Augen der Weltgemeinschaft eine ungeahnte Katastrophe.

Erstflüge zukünftiger offensiver Einsatzmuster zum Aufstellungszeitraum der Luftwaffe

Erstflug Prototyp	Flugzeugtyp	Verwendungszweck
November 1934	Dornier Do 17	Bombenflugzeug
November 1934	Junkers Ju 86	Bombenflugzeug
Februar 1935	Heinkel He 111	Bombenflugzeug
April 1935	Henschel Hs 123	Sturzkampfflugzeug
Mai 1935	Messerschmitt Bf 109	Jagdflugzeug
September 1935	Junkers Ju 87	Sturzkampfflugzeug
Mai 1936	Messerschmitt Bf 110	schweres Jagdflugzeug
Dezember 1936	Junkers Ju 88	Bombenflugzeug

Bild oben: Das ehemalige Reichsluftfahrtministerium in der Mitte von Berlin trägt seit 1992 den Namen Detlev-Rohwedder-Haus und beherbergt das Bundesfinanzministerium, 2016

Bild unten: Erhaltenes Gebäude der Deutschen Verkehrsfliegerschule auf dem Fliegerhorst Braunschweig-Broitzem, 2018

2.1.3 Oberkommando der Luftwaffe 1935 - 1945

GPS: 52°23'02.2"N 12°58'19.1"E (Luftkriegsschule Wildpark)
GPS: 52°23'40.8"N 13°00'50.2"E (Kaiserbahnhof Wildpark)
GPS: 52°23'46.0"N 12°55'12.6"E (Fliegerhorst Werder)

Das Oberkommando der Luftwaffe hatte sein Hauptquartier in der Nähe von Potsdam, im Ortsteil Wildpark-Werder. Dort befand sich neben der von 1936 bis 1939 errichteten Kasernenanlage der Luftkriegsschule III im Großen Entenfängerberg der Führungsbunker mit dem Tarnnamen »Großer Kurfürst«. Die LKS III diente in den ersten Jahren zur Theorieausbildung von Offiziersanwärtern, deren fliegerische Ausbildungsaktivitäten vollzogen sich auf dem nahegelegenen Fliegerhorst Werder. Später verlagerte sich der Schulbetrieb vollständig auf den Fliegerhorst, und das ursprüngliche Gelände der LKS blieb dem OKL vorbehalten. Der Oberbefehlshaber der Luftwaffe, Reichsmarschall Hermann Göring, war gleichzeitig auch Chef des Reichsluftfahrtministeriums. Der Bunker im Hauptquartier der Luftwaffe in Wildpark-Werder nannte sich im Volksmund auch »Göring-Bunkers«. Da diese Einrichtung auch eine Luftschutzfunktion erfüllte, boten sich deren Räumlichkeiten im Zuge der zunehmenden alliierten Luftangriffe auf die Berliner Region als Depot für Kulturgüter und Kunstschätze an. Beispielsweise wurden hier die Sarkophage von Friedrich Wilhelm I. und Friedrich II. aus der Potsdamer Garnisonkirche in Sicherheit gebracht. Ab 1942 existierten zudem vier Winkel-Luftschutztürme auf dem Gelände. Dem Oberkommando standen neben dem Fliegerhorst Werder zusätzlich als bewegliches Führungselement speziell ausgerüstete Eisenbahnzüge mit den Tarnnamen »Robinson« zur Verfügung, einerseits für den Chef des Führungsstabes und andererseits für den Chef des Generalstabes. Diese wurden auf dem nahegelegenen Kaiserbahnhof Wildpark in Bereitschaft gehalten. Das Oberkommando der Luftwaffe diente nach Kriegsende zunächst als Hauptquartier der sowjetischen Luftstreitkräfte in Deutschland. Später war es Hauptgefechtsstand der Landstreitkräfte der Nationalen Volksarmee und wurde entsprechend ausgebaut.

Seit 1990 in Nutzung durch die Bundeswehr befindet sich am Standort der einstigen Luftkriegsschule die Henning-von-Tresckow-Kaserne mit dem Einsatzführungskommando.

Henning-von-Tresckow-Kaserne, 2011

2.1.4 Luftkreise, Luftflotten und Luftgaukommandos 1934 - 1945

GPS: 51°01'55.3"N 13°45'19.3"E
(Luftgaukommando IV Dresden)

GPS: 54°44'18.8"N 20°30'51.6"E
(Luftgaukommando I Königsberg)

Bereits vor der Gründung der Luftwaffe begann 1934 die Schaffung von fünf nacheinander durchnummerierten territorialen Luftkreisen in Königsberg, Berlin, Dresden, Münster und München sowie einem Luftkreis zur Führung der Seeluftstreitkräfte in Kiel. Diese Organisationsform veränderte sich über die nächsten Jahre ständig, nicht zuletzt auch aufgrund von Anschlüssen, Annektionen und Besetzungen der an das Deutsche Reich angrenzenden Nachbarländer. Schlussendlich entwickelten sich aus den bestehenden Luftkreisen im Zeitraum 1938/1939 die Luftflotten, als größte organisatorische Formation in etwa vergleichbar mit Luftarmeen. Zunächst handelte es sich dabei um vier derartige Großverbände, die Luftflotte 1 in Nordostdeutschland mit Stab in Berlin, Luftflotte 2 in Nordwestdeutschland mit Stab in Braunschweig, die Luftflotte 3 in Südwestdeutschland mit Stab in München und die Luftflotte 4 in Südostdeutschland mit dem Stab in Wien. Die nationalsozialistischen Expansionsbestrebungen führten in den Kriegsjahren zur Vergrößerung der Verantwortlichkeiten weshalb sich die Anzahl der Luftflotten nahezu verdoppelte. Zunächst einmal wurden die neuen besetzten Gebiete den bestehenden Luftflotten zugeordnet und deren Grenzen untereinander in Richtung Front verlängert. Neue Luftflotten verhinderten die weitere Ausdünnung der bestehenden Strukturen. Die so neu geschaffene Luftflotte 5 operierte in Norwegen, Finnland sowie östlich davon, die Luftflotte 6 etwa im Raum Weißrussland. Die Luftflotte Reich befehligte die Jagd- und Flak-Einheiten im Rahmen der Reichsverteidigung. Ab 1936 kam die Strukturebene der Luftgaue hinzu, die im Prinzip als Bodenorganisation der Luftwaffe den Betrieb von Fliegerhorsten und Feldflugplätzen sicherstellte und für alle anderen territorialen Aufgaben zuständig war. Die fliegenden Verbände konnten sich daher auf ihren Kampfauftrag konzentrieren, was die Verlegefähigkeit und Einsatzbereitschaft deutlich verbesserte. Der Stationierungsbereich einer Luftflotte erstreckte sich über mehrere Luftgaue, die jeweils von den Hauptquartieren in Königsberg, Berlin, Dresden, Münster, München, Breslau, Hannover, Wiesbaden, Nürnberg und Wien befehligt wurden. Auch diese Organisationsstruktur war ständigen Änderungen unterworfen.

Luftgaue und Luftflotten im Reichsgebiet 1939

Luftgau	Hauptquartier	Luftflotte	Hauptquartier
I	Königsberg	1	Berlin
III	Berlin	1	Berlin
IV	Dresden	1	Berlin
VI	Münster	2	Braunschweig
VII	München	3	München
VIII	Breslau	4	Wien
XI	Hannover	2	Braunschweig
XII	Wiesbaden	3	München
XIII	Nürnberg	3	München
XVII	Wien	4	Wien

Bild links: Gebäudekomplex des einstigen Luftgau IV in den Dresden, heute teilweise von der Bundeswehr genutzt,

Bild rechts: Das Königsberger Luftgau-Gebäude wird heute als Akademie der Baltischen Flotte genutzt, 2010

2.1.5 Fliegerkorps, Geschwader und Staffeln 1935 - 1945

GPS: 52°25'59.5"N 13°09'41.4"E (Heckeshorn)

Unterhalb der Strukturebene Luftflotte folgten die im Rahmen der Kriegsstruktur ab 1939 geschaffenen Fliegerkorps, diesen waren zumeist mehrere Geschwader unterstellt. Strukturell dazwischen gab es noch die dauerhaft existierenden Fliegerdivisionen, denen ebenfalls, in vergleichsweise geringerer Anzahl, Geschwader unterstellt waren. Diese galten ab 1935 als größte fliegende Einheit mit festgelegter Nennstärke an Flugzeugen und Personal. Üblicherweise setzten sich die Geschwader aus drei Gruppen zu je drei Staffeln mit nahezu 100 Flugzeugen zusammen. Eine Idealbelegung für gemeinsame Verbandsoperationen stellte dabei die Stationierung einer Gruppe auf jeweils einem Fliegerhorst dar, während die anderen Gruppen desselben Geschwaders auf benachbarten Fliegerhorsten stationiert waren. Von den obersten Kommandobehörden der ersten Stunde der Luftwaffe abgesehen, dienten eine Vielzahl von unterschiedlichsten funktionellen und repräsentativen Gebäuden als Hauptquartiere und Gefechtsstände von Luftflotten, Luftgaukommandos, Brigaden und Divisionen. Die temporären Nutzungen reichten von Verwaltungsgebäuden über unterschiedlichste Schulungseinrichtungen bis hin zu beschlagnahmten Gutshäusern und Schlössern. Die von Februar 1944 bis April 1945 existierende Luftflotte Reich hatte beispielsweise ihren Befehlsstand mit dem Tarnnamen »Herold« in Berlin-Wannsee in der vormaligen Reichsluftschutzschule in Heckeshorn.

Französisches und Deutsches Führungspersonal der Luftwaffe zu Besuch beim Jagdgeschwader Richthofen, 1938

Traditionsgeschwader der Luftwaffe 1935-1945

Verband	Ehrenname	Verleihung
Jagdgeschwader 2	Richthofen	März 1935
Sturzkampfgeschwader 2	Immelmann	April 1935
Kampfgeschwader 27	Boelcke	April 1935
Zerstörergeschwader 26	Horst Wessel	März 1936
Kampfgeschwader 1	Hindenburg	April 1936
Kampfgeschwader 4	General Wever	Juni 1936
Jagdgeschwader 26	Schlageter	Dezember 1938
Kampfgeschwader 53	Legion Condor	Juni 1939
Jagdgeschwader 3	Udet	Dezember 1941
Jagdgeschwader 51	Mölders	Dezember 1941
Jagdgeschwader 1	Oesau	Mai 1944

Befehlsstand der Luftflotte Reich in Heckeshorn, 2010

2.2 Erprobungsstellen der Luftwaffe, Forschungseinrichtungen und Versuchsanstalten

Im Verlauf des Ersten Weltkrieges wurde im mecklenburgischen Rechlin am Südufer der Müritz der Aufbau einer Flieger-Versuchs- und Lehranstalt beschlossen. Doch kaum hatten im Oktober 1918 erste Tests mit einem neuen Jagdflugzeug stattgefunden, mussten die Anlagen wieder demontiert werden. Nach der Kriegsniederlage wurde Deutschland im Versailler Vertrag von 1919 dazu verpflichtet, künftig eine militärische Luftwaffe weder aufzubauen noch zu unterhalten. Doch das Potenzial der neuartigen Waffentechnik im Sinn, ließen die Militärs der Reichswehr im Geheimen den Aufbau einer Luftstreitkraft vorantreiben. In den 1920er- Jahren bestand in Deutschland nur die Möglichkeit, in Form von zivilen Tarnunternehmen verdeckt unter einem zivilen Anschein angehende Piloten und Bodenpersonal zu schulen und auszubilden. Dazu wurden verschiedene Unternehmen wie etwa die Deutschen Verkehrsfliegerschulen oder der Deutscher Flugwetterdienst missbraucht. Doch letztlich ermöglichte der im April 1922 unterzeichnete Vertrag von Rapallo zwischen dem Deutschen Reich und der Russischen Sozialistischen Föderativen Sowjetrepublik – aus der Ende 1922 die Sowjetunion hervorgehen sollte – den Aufbau eines geheimen Ausbildungsfliegerhorstes auf dem Gebiet der Sowjetunion. Der Vertrag normalisierte nicht nur die politische und wirtschaftliche Zusammenarbeit beider Länder, sondern ermöglichte der Reichswehr die Erprobung von militärischer Technik außerhalb des Reichsgebietes. Bei Lipezk konnten nicht nur zwischen 1925 bis 1933 deutsche Piloten Flugerfahrungen mit Kampfflugzeugen sammeln, sondern daneben wurden auch Luftbeobachter und das notwendige Bodenpersonal zum Unterhalt der Flugzeuge fern von der alliierten Kontrollkommission ausgebildet. Doch kurz nach der »Machtübergabe« an die Nationalsozialisten in Deutschland endete auch die Zusammenarbeit mit der Sowjetunion. In den 1930er-Jahren wurde in einer ersten Phase eine verdeckte und später durch den offenen Bruch der Versailler Verträge der Aufbau einer militärischen Luftstreitkraft forciert.

Die aviatische Grundlagenforschung ziviler Wissenschaftler in Berlin, Braunschweig und Göttingen führte in bisher unbekannte Höhen- und Geschwindigkeitsbereiche sowie zu neuen Antriebstechnologien. Diese Forschung ordneten sich immer mehr den militärischen Bedürfnissen unter. Spätestens ab Mitte der 1930er-Jahre entstanden in Deutschland mehrere Erprobungsstellen der Luftwaffe zur Erprobung neuer Fluggeräte. An den unterschiedlichen Standorten erfolgte eine Spezialisierung in verschiedenen Teilgebieten, um eine Tauglichkeit für die späteres geplante (Kriegs-)Verwendung zu überprüfen. Von den einstigen Erprobungsstellen und Forschungseinrichtungen quer durch Deutschland sind heute noch viele bauliche Spuren vorhanden.

Adolf Hitler beim Besuch der Erprobungsstelle der Luftwaffe in Rechlin, Sommer 1939

2.2.1 Geheime Fliegerschule und Erprobungsstätte der Reichswehr Lipezk

Uliza Kosmonawto, Lipezk 141401, Lipezk Oblast, Russland

GPS: 52°36'45.4"N 39°35'02.2"E (Kaserne)
GPS: 52°36'46.9"N 39°34'02.8"E (Hallenvorfeld Flugplatz)

Nach Ende des Ersten Weltkrieges waren das Deutsche Reich und die Sowjetunion gleichermaßen international politisch isoliert. So fanden sich die einstigen Kriegsgegner schon bald zusammen, um unter den verschiedensten Zwängen des Krieges eine wirtschaftliche und militärische Kooperation einzugehen. Der am 16. April 1922 unterzeichnete Vertrag von Rapallo fixierte letztlich nur noch die staatliche Zusammenarbeit beider Länder, um gegenüber den Westmächten ein Zeichen zu setzen. Bis zur »Machtübergabe« an die Nationalsozialisten fand zwischen beiden Staaten ein militärischer Austausch statt, wobei die Beauftragten des Deutschen Reichs stets darauf achteten, eher zu partizipieren als einen vollständigen Wissens- und Technologietransfer vorzunehmen. Nachdem es dem Deutschen Reich im Februar 1922 gestattet wurde wieder Flugzeuge für zivile Zwecke zu besitzen, gründeten zahlreiche deutsche Luftfahrtunternehmen Zweigstellen im Ausland, um die auferlegten Beschränkungen auf dem Reichsgebiet zu unterlaufen. Nachdem am 1. Januar 1923 Deutschland auch die Lufthoheit zurückerhielt, nahm der Aufbau der zivilen und militärischen Luftfahrt (letztere noch immer verdeckt) konkrete Züge an. Bereits im Februar des Jahres reiste eine kleine Delegation des Reichswehrministeriums (RWM) nach Moskau, um über mögliche Standorte für die geheime Ausbildung von militärischem Personal verbotener Waffengattungen und die Erprobung von neuer Militärtechnik zu verhandeln. Für den Bereich der militärischen Luftfahrt wurde ein aus dem Ersten Weltkrieg stammender Flugplatz am Bahnhof von Lipezk – etwa 400 Kilometer südöstlich von Moskau – auserkoren. Unter einem zivilen Deckmantel wurde das Gelände dem deutschen Hermann Thomsen 1924 zur Verfügung gestellt. Um den Bedürfnissen des RWM gerecht zu werden, folgten umfangreiche Baumaßnahmen. 1925 konnte der Ausbildungs- und Erprobungsbetrieb letztlich beginnen. Zur Tarnung wurde der Standort als 4. Fliegerabteilung der 40. Fliegerstaffel der Roten Armee bezeichnet. Einige hundert Personen wurden hier bis zum Machtantritt der Nationalsozialisten 1933 unterrichtet. Die Kennzeichen der Fluggeräte ließen nicht auf Deutschland schließen, und auch das gesamte Personal trat lediglich in Zivilkleidung auf. Die gesamte Finanzierung des Standortes lief vollständig über verdeckte Haushaltskassen des RWM und daher verschleiert unter der Aufsicht des Reichstages. Ab 1925/26 standen in Lipezk vornehmlich 50 Jagdflugzeuge der niederländischen Fokker-Werke vom Typ D.XIII zur Verfügung. Fortan diente das Areal der Ausbildung von Jagdfliegern, Jagdflugleh-

Die Lipezker Fokker D.XIII waren frühe »Eurofighter«: Gebaut in den Niederlanden mit britischem Motor Naphier-Lion, spanisch beschriftet (da über einen südamerikanischen Zwischenhändler gekauft), von sowjetischen Mechanikern gewartet und von deutschen Piloten geflogen.

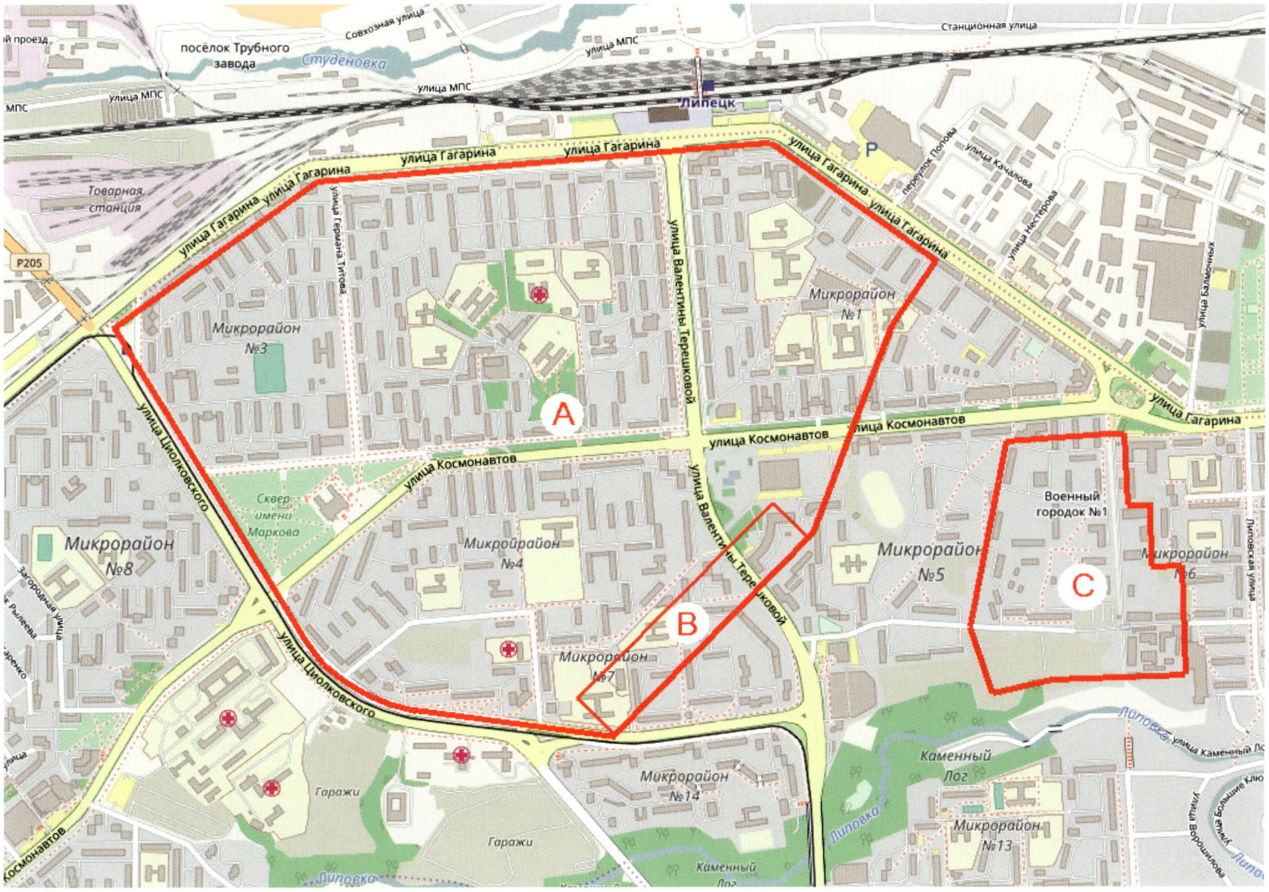

Der ursprüngliche Militärflugplatz von Lipezk ist mittlerweile überbaut (A) und die Flugzeughallen (B) sind abgerissen. In der einstigen Kaserne (C) blieben mehrere Gebäude originalgetreu erhalten. Es ist nach wie vor in militärischer Nutzung und wird als Militärstädtchen Nummer 1 Lipezk bezeichnet.

rern und des fliegertechnischen Personals. Daneben wurden Jagdfliegerlehrgänge und Flugzeug-Beobachterlehrgänge organisiert. Eine Erprobung von Kriegsflugzeugen fand unter taktischen und technischen Gesichtspunkten statt. Alle hier gewonnenen Ergebnisse dienten der Sammlung von Erfahrungen, um eine militärische Luftstreitkraft aufzubauen. Mit der Unterzeichnung des »Pariser Luftfahrtabkommens« wurden die Restriktionen der deutschen Luftfahrtindustrie gelockert, sodass auch nationale Flugzeugmuster gefertigt werden konnten, deren Flugeigenschaften und Zuladung den von Jagdflugzeugen entsprachen. Neben dem eigentlichen Erprobungsgelände wurde auch ein zwei mal zwei Kilometer großer Bombenabwurfplatz unterhalten, auf dem neben den Beobachtungstürmen auch Zieldarstellungen und eine 50 mal 50 Meter große Betonplatte für Durchschlagstest zur Erprobung von Bomben zur Verfügung standen. In den folgenden Monaten kamen weitere Flugzeuge nach Lipezk. So etwa auch Maschinen von Junkers, Heinkel oder Dornier. Auf Weisung des RWM wurde das Flugzeugzentrum Lipezk im Sommer 1933 aufgelöst. Alle beweglichen Gegenstände wurden zurück nach Deutschland transportiert. Die Gebäude und 30 Jagdflugzeuge vom Typ Fokker D.XIII wurden den Sowjets übereignet. Auch wenn sie inzwischen veraltet waren, dienten sie nun der Roten Armee als Erprobungsmaschinen. Die hier gewonnenen Erkenntnisse an den deutschen Flugzeugmustern flossen in die nun anlaufende Serienfertigung in den deutschen Flugzeugwerken ein. Nur durch die Erprobung in Lipezk und die parallel laufenden Erprobungen der »Kampfwagenschule Kasan« ermöglichten später die technisch gut aufgestellten ersten Geschwader der Luftwaffe und der ersten Panzerdivision des Heeres. Allein in Lipezk waren dafür mehr als 1000 Personen zuständig gewesen.

In Lipezk verwendeter Jagdeinsitzer Fokker D.XIII zur Schulung von Verbandsflug und Luftkampftaktik, 1925

2.2.2 Erprobungsstelle der Luftwaffe, Rechlin

Luftfahrttechnisches Museum Rechlin
Am Claassee 1, 17248 Rechlin, Deutschland
www.luftfahrttechnisches-museum-rechlin.de

GPS: 53°21′01.8″ N 12°43′35.3″E

Die ab der Mitte der 1930er-Jahren umfänglich ausgebaute Erprobungsstelle der Luftwaffe geht auf die bereits im Ersten Weltkrieg als Flieger-Versuchs- und Lehranstalt errichtete Einrichtung zurück. Doch diese konnte erst kurz vor Ende des Ersten Weltkrieges im Oktober 1918 ihren Betrieb aufnehmen. Die ursprünglichen Planungen sahen hier bereits in den Kriegsjahren die Konzentrierung der Erprobung des gesamten deutschen Militärflugwesens vor. Bedingt durch das in den Versailler Verträgen geregelte Verbot, eine eigene deutsche Luftstreitkraft aufzubauen, wurden die Anlagen bei Rechlin nach dem Krieg demontiert. Doch das Gelände diente fortan dem Deckmantel der verdeckten Aufrüstung. Aus Gründen der Tarnung oblag die Bewirtschaftung des Geländes zuerst bei der Deutschen Versuchsanstalt der Luftfahrt (DVL) und ab 1929 dem Reichsverband der Deutschen Luftfahrtindustrie (RDLI), was den Aufbau von Hallen, Werkstätten und dem Bau eines Motorenprüfstandes mit sich zog. Mit der »Machtübergabe« an die Nationalsozialisten 1933 wurde die heimliche Wiederaufrüstung der Luftstreitkraft auch in Rechlin mit enormen finanziellen Ressourcen fortgesetzt. In den folgenden Jahren fanden umfangreiche Baumaßnahmen statt. Nachdem der Bombenabwurfplatz in Lipezk ab 1933 nicht mehr zur Verfügung stand, wurde auch in der Umgebung Rechlins ein entsprechender Platz aufgebaut. Weitere benachbarte Versuchsplätze sollten in den kommenden Jahren folgen, auf denen Nachbauten von Autobahnen, Bunkern oder Wohnhäusern standen, die anschließend zahlreichen Tests ausgesetzt waren. Mit Gründung der Luftwaffe 1935 wurde das Areal nun offiziell als Erprobungsstelle der Luftwaffe bezeichnet. Neben Rechlin wurden auch weitere Flugfelder bzw. Flugplätze bei Roggentin und Lärz unterhalten. Bis 1944 testete man auf den zahlreichen Arealen sämtliche nationalen Flugzeugtypen, aber auch erbeutete gegnerische Flugzeuge auf ihre Flugtauglichkeit. Verschiedene Arbeitsgruppen bearbeiteten dabei unterschiedliche Bereiche. Von den Motoren und Triebwerken bis hin zu den Bordinstrumenten wurden sämtliche Bauteile, die von der Flugzeugindustrie geliefert wurden, getestet, gegebenenfalls modifiziert und anschließend in Rücksprache mit der Flugzeugindustrie zur Serienreife gebracht. In den letzten Kriegsmonaten diente der Flugplatz Lärz der Erprobung der Me 262. Die Me 262 war das erste in Serie gebaute Flugzeug mit Strahltriebwerken. Zur geschützten Unterbringung des modernen Flugzeuges vor den alliierten Luftangriffen wurde bei Rechlin eigens ein massiver Schutzbunker errichtet. Erst ab dem Frühjahr 1944 wurde das Areal zum Ziel der alliierten Bomberverbände auserkoren.

Eingangsbereich des Luftfahrttechnischen Museums Rechlin, 2015

Ausstellungsgegenstände (Teilnachbau Focke-Wulf Ta 154 V3) im heutigen Luftfahrttechnischen Museum Rechlin, 2016

Teilnachbau einer Me 262 im Luftfahrttechnischen Museum Rechlin, 2016

Erhaltene Betonwand für Beschussversuche auf dem Versuchsplatz, 2015

Leerer Flur eines ehemaligen Erprobungsstellen-Gebäudes, welches im Kalten Krieg durch die sowjetischen Streitkräfte nachgenutzt wurde, 2015

Für die Bauarbeiten am Bunker, aber auch zur Betonierung bzw. bei der Verlängerung der Start- und Landebahn in Lärz wurden ab dem Sommer 1944 Zwangsarbeiterinnen des Frauen-Konzentrationslagers Ravensbrück eingesetzt. Das Außenlager befand sich bei Retzow. Die Zahl der hier internierten Frauen schwankt insgesamt je nach Quelle zwischen 1500 und 3000 Frauen, die in vier Baracken untergebracht waren. Neben dieser zentralen Erprobungsstelle der Luftwaffe wurden deutschlandweit mehrere Nebenstellen wie etwa bei Boltenhagen an der Ostsee unterhalten. Doch auch in den von der Wehrmacht besetzten Ländern Europas wie etwa in Frankreich oder im Baltikum wurden Zweigstellen für besonderen Erprobungsaufgaben unterhalten. Nach Ende des Zweiten Weltkrieges wurden zahlreiche Bauten gesprengt. Nur wenige Gebäude wurden anschließend von den sowjetischen Besatzungstruppen nachgenutzt. Mit dem Abzug der nunmehr russischen Streitkräfte 1993 aus Deutschland wurde auf dem Areal der ehemaligen »Gruppe Nord« das Luftfahrttechnische Museum Rechlin eingerichtet. Das Museum informiert seit 1998 über die Geschichte Rechlins. 2017 eröffnet eine neue Ausstellungshalle mit weiteren militärischen Fluggeräten. In den bisher zugänglichen Hallen werden aktuell unterschiedliche Fluggeräte ausgestellt.

2.2.3 Erprobungsstelle (See), Travemünde Halbinsel Priwall

Fliegerweg, 23570 Lübeck-Travemünde, Deutschland
GPS: 53°57′00.9″ N 10°52′25.3″E

Seit September 1918 – also kurz vor Ende des Ersten Weltkrieges – befand sich auf dem Priwall, einer Halbinsel an der Travemündung, der Sitz der Casper-Werke GmbH. Das Unternehmen entwickelte und baute zunächst eigenständig Flugzeuge. Doch schon früh war klar, dass durch personelle Besetzungen aus dem Bereich der Marineleitung auch auf dem Priwall eine verdeckte Aufrüstung betrieben wurden. Spätestens ab 1925 erhielten ehemalige Marineflieger sowie Marineangehörige Sitze im Vorstand und im Aufsichtsrat der Casper-Werke. So konnten unter einem zivilen Deckmantel erste Erprobungen und Entwicklungen von militärischen seetauglichen Luftfahrzeugen stattfinden. Als die baulichen Anlagen nicht mehr genügten, wurde die Halbinsel ab 1926 zu einem umfangreichen Land- und Seeflughafen ausgebaut. Neben den Bereichen für die Erprobung sollte auch ein ziviles »Luftkreuz des Nordens« entstehen. 1928 tauchte auch die Bezeichnung »Seeflugzeug-Erprobungsstelle des Reichsverbandes der Deutschen Luftfahrtindustrie« (RDLI) auf. Zwei Jahre später ging das gesamte Vermögen der Casper-Werke und damit auch die Liegenschaft auf dem Priwall nach einem Beschluss der Generalversammlung auf das Reich über. Die Deutsche Lufthansa unterhielt ab den 1920er-Jahren zusätzlich einen Flugbetrieb von und nach Lübeck-Travemünde. Anders als das Heer forcierte die Marineleitung eine enge Zusammenarbeit mit Schweden, um militärisch nutzbare Wasserflugzeuge zu erproben und fernab der Kontrolle der Alliierten Kontrollkommission im Ausland auf ihre Flug- und Einsatztauglichkeit zu überprüfen. Mit der »Machtübergabe« an die Nationalsozialisten und der Schaffung der Dienststelle des »Reichskommissars für die Luftfahrt« wurden auf Druck von Hermann Göring (»Alles was fliegt, gehört mir.«) die Einheiten der Marineflieger letztlich 1935 vollständig der neu aufgestellten Luftwaffe zugeordnet. Eine parallele Entwicklung, die bisher durch das Heer und die Marine vorangetrieben wurden, wurde so gestoppt. Die Ausbauarbeiten an dem Gelände und die Erweiterung der Aufgaben wurden daneben auch hier umgesetzt. Letztlich folgte mit dem »Führererlass« vom 26. Februar 1935 der vollständige Bruch der Versailler Verträge. Die Wehrbeschränkungen wurden einseitig aufgehoben und eine zivile Tarnung der Luftfahrtunternehmen musste nicht mehr aufrechterhalten werden. Die bis dahin unter dem Deckmantel der Erprobung der Sonderausrüstung betriebene Überprüfung der Flugzeugbewaffnung wurde mit der Fertigstellung der Erprobungsstelle Tarnewitz ab 1938 dorthin verlagert. Hier stand in abgelegener Lage ein weitreichendes Schießgebiet zur Verfügung. Travemünde fungierte bis zum Ende des Zweiten Weltkrieges als umfassendes Areal der Erprobungsstelle See. Als Besonderheit zählt der Nachbau eines Flugzeugträgerlandedecks mitsamt einer Seilfanganlage zur Erprobung von Landungen auf einem projektierten Flugzeugträger. Doch die Arbeiten an den beiden geplanten Flugzeugträgern der Kriegsmarine wurden letztlich kriegsbedingt eingestellt. Im Rahmen der »Operation Weserübung«, bei der im Frühjahr 1940 zuerst Dänemark und im Anschluss Norwegen besetzt wurden, wurde auch Personal und Technik der Erprobungsstelle herangezogen. Die eigentlichen Zivilisten wurden in Uniformen gesteckt, einer militärischen Kurzausbildung unterzogen und an die Front entsendet. Die neuartigen Fluggeräte wurden hier den Mannschaften zum Verhängnis. Bei einem Flug mit Versorgungsgütern für die Front wurde ein Flugzeug aus Travemünde von einer deutschen Flak abgeschossen. Nach diesem militärischen Intermezzo in Skandinavien wurden die Arbeiten bis Kriegsende fortgesetzt. Nachdem die Westalliierten den nahezu unzerstörten, aber in weiten Teilen evakuierten Platz erreichten, wurde der Bereich der Erprobungsstelle zum Gefangenenlager für etwa 3700 Soldaten und zur Notunterkunft für knapp 1000 Flüchtlinge umgewidmet. Nachdem die Lager aufgelöst wurden, wurden fast alle Gebäude der Erprobungsstelle abgetragen. Teile des ehemaligen Flugfeldes dienen heute als Wald- und Weidefläche.

Zu den in Travemünde erprobten Mustern gehörte auch der Hubschrauber Flettner Fl 282 »Kolobri«. Davon existierten etwa zwei Dutzend Versuchsexemplare.

Eines der letzten erhaltenen Gebäude der ehemaligen Erprobungsstelle Travemünde, 2008

2.2.4 Erprobungsstelle der Luftwaffe, Tarnewitz

Halbinsel Tarnewitz , Mecklenburger Allee,
23946 Ostseebad Boltenhagen, Deutschland
GPS: 53°58'42.7"N 11°14'50.5"E

Durch die Zunahme des Erprobungsbetriebes der Luftwaffe wurden nicht nur Zweigstellen aufgebaut, sondern es setzte auch eine umfassende Aufgabenverteilung ein. Nach der Freigabe durch das Reichsluftfahrtministerium (RLM) begannen die umfangreichen Baumaßnahmen der Erprobungsstelle Tarnewitz bei Boltenhagen. Dazu wurden 5,5 Millionen Quadratmeter Grundsand der Ostsee aufgespült und dadurch eine künstliche Halbinsel geschaffen. Das gesamte Flugfeld bekam eine Decke aus Bitumen, und zur Absicherung zur See wurde ein umlaufender Deich angelegt. Durch die Aufspülung ging im Verhältnis zu den anderen Standorten nur wenig landwirtschaftliche Fläche verloren. Mit der Fertigstellung stand eine Erprobungsstelle für die Erprobung der Flugzeugbewaffnung zur Verfügung. Die angrenzende Ostsee wurde als Sperrgebiet ausgewiesen und diente fortan als Schießgebiet der Flugzeuge. Erste Start- und Landeversuche fanden bereits 1936 statt. Die Erprobungsstelle nahm aber erst am 1. April 1937 den eigentlichen Erprobungsbetrieb auf. Die restlichen Baumaßnahmen an den Gebäuden im Hinterland waren letztlich bis 1938 abgeschlossen. Der Flugplatz und das Areal lagen in einer idealen Umgebung für die Testpiloten, da der Komplex in einer wenig besiedelten Gegend errichtet wurde und so im Falle einer Havarie keine größeren Schäden zu befürchten waren. Doch die abgelegene Lage war auch ein großes Problem in der Anwerbung von Fachkräften. Der fehlende Wohnraum und die schlechte Verkehrsanbindung führte in der gesamten Zeit des Bestehens zu einem erheblichen Personalmangel.

Neben den umfangreichen Schießeinrichtungen stand eine Kältekammer, in der eine Umgebungstemperatur von bis minus 60 °C und daher Höhenflüge bis 15.000 Meter simuliert werden konnten zur Verfügung. Daher konnten hier verschiedene Ausrüstungsgegenstände unter den verschiedenen klimatischen Bedingungen, aber auch in hohen Flughöhen auf ihre Einsatztauglichkeit hin untersucht werden. Für die eigentliche Schießausbildung wurden in der Ostsee Beschussziele eingesetzt. Diese konnten aus ausgemusterten Flugzeugen, U-Booten oder auch Panzern bestehen. Daneben fanden auch Beschussversuche auf geschleppte Ziele in der Luft statt. In Tarnewitz wurde vornehmlich untersucht, wie sich die Geschossflugbahn während des Fluges veränderte und wie sich die Bordschützen dementsprechend zu verhalten hatten. Doch auch Personal aus anderen Erprobungsstellen war in Tarnewitz regelmäßig zu Besuch, um hier

Die Überreste der ursprünglich versiegelten Bitumendecke sind heute noch zahlreich sichtbar, 2008

Oben: Aufgespülte Landmasse zur Errichtung des umfangreichen Flugfeldes für die Erprobungsstelle Tarnewitz, 2008

Unten: Ein Dutzend Abschussrohre unter einer Bf 110 dienten zum Verschuss des sog. »Rauchzylinder« RZ 65 von Rheinmetall-Borsig.

eigene Versuche zu unternehmen, für die auf dem eigenen Platz nicht die geeigneten Versuchsaufbauten zur Verfügung standen. Daneben gab es auch Industrieunternehmen, die hier unter Aufsicht der Militärs entwickelte Technik erprobten. Ab 1937 wurden in Tarnewitz unter strengster Geheimhaltung auch Bordraketen wie etwa die Luft-Luft-Rakete RZ 65 getestet. Doch deren mangelhafte Treffergenauigkeit führte zur Einstellung der Arbeiten im April 1944. Die Werfergranate 21 wurden hier ebenso erprobt wie die R4M-Bordrakete, die in den letzten Kriegsmonaten erfolgreich gegen alliierte Bomberverbände eingesetzt werden konnte.

Bis zum Ende des Krieges wurde der Platz lediglich zum Ziel von amerikanischen Jägern, aber nicht von Bombern. Nach dem Krieg wurden die Versuchsaufbauten und eine Vielzahl der Gebäude gesprengt. Mit der Gründung der Nationalen Volksarmee der DDR fand eine kleine Nachnutzung im Bereich der Wohlenberger Wiek statt. Heute lassen sich nur noch einige wenige Spuren von der ehemaligen Erprobungsstelle finden. Das alte Flugfeld auf der aufgespülten Halbinsel ist heute ein Naturschutzgebiet. Die Kaianlage mit der einstigen Schießhalle wurde vor einigen Jahren mit einer Hotelanlage überbaut.

2.2.5 Versuchs- und Erprobungsstelle der Luftwaffe, Peenemünde-West

Flugplatz Peenemünde
Flugplatz, 17449 Peenemünde, Deutschland
GPS: 54°09'06.1"N 13°46'35.8"E

Neben Rechlin zählte die Versuchs- und Erprobungsstelle der Luftwaffe Peenemünde-West zu den wichtigsten Einrichtungen der Luftwaffe. Nach den ersten erfolgreichen Versuchen in Kummersdorf-West und Neuhardenberg wurde schnell offenbar, dass ein größerer Versuchsplatz notwendig werden würde. 1935 wurde daher der Aufbau einer weiteren Erprobungsstelle auf der Nordspitze der Insel Usedom beschlossen, deren Arbeiten 1937 teilweise fertiggestellt waren. Die Versuchs- und Erprobungsstelle der Luftwaffe, Peenemünde-West, wurde in unmittelbarer Nähe zur Versuchsanstalt des Heeres aufgebaut und konnte 1938 seine Arbeit aufnehmen. Die Versuchsanstalt Peenemünde-Ost nahm einige Monate zuvor den Betrieb auf. Auf dem Areal der Luftwaffe wurden fortan verschiedene Flugzeugtypen und Waffen erprobt. Zwischen beiden Forschungs- und Entwicklungseinrichtungen fand in der gesamten Zeit des Bestehens eine enge Zusammenarbeit statt. Gemeinsam arbeitete man an neuartigen Waffen. Insgesamt waren in Peenemünde anfang der 1940er-Jahre mehr als 12.000 Menschen tätig, etwa 1000 von ihnen waren in Peenemünde-West eingesetzt. Bei den alliierten Luftangriffen auf Peenemünde verloren zahlreiche Wissenschaftler, aber auch hier eingesetzte Zwangs- und Fremdarbeiter ihre Leben. Die Forschungs- und Entwicklungstätigkeit kam in Peenemünde aber bis Ende des Krieges nie vollständig zum Erliegen. Die baulichen Besonderheiten für die neuartigen Waffen werden in den entsprechenden Kapiteln des Buches gesondert beschrieben.

In den letzten Wochen des Krieges fiel dem Flugplatz Peenemünde auch eine direkte militärische Funktion zu.

Von hier aus operierten Flugzeuge, die mehrere Oderbrücken zerstörten, um das Vorrücken der Roten Armee in Pommern zu erschweren. Am 4. Mai 1945 wurde der Flugplatz um das umliegende Areal von sowjetischen Truppen kampflos eingenommen und bis 1960 für eigene Zwecke genutzt. Die komplexen Werft- und Flugzeughallen sowie weitere Einrichtungen der Versuchs- und Erprobungsstelle der Luftwaffe mussten in Übereinstimmung mit dem Potsdamer Abkommen gesprengt bzw. demontiert werden. Doch anders als in Tarnewitz oder Travemünde sollte die militärische Nutzung nach dem Abzug der sowjetischen Streitkräfte nicht enden. Ab 1961 wurde das Areal zum Standort der Nationalen Volksarmee (NVA) ausgebaut. Bei Ausbauarbeiten einige Jahre später wurde eine Vielzahl an geschützten Flugzeugdeckungen sowie eine neue Werfthalle errichtet. Mit der deutschen Wiedervereinigung und der anschließenden Auflösung der NVA diente die Liegenschaft kurzzeitig als Zwischenlager für veräußerte Fahrzeuge und Ausrüstungsgegenstände der nunmehr abgerüsteten Armee. Doch auch heute sind noch zahlreiche bauliche Hinterlassenschaften aus der Zeit des Kalten Krieges und der intensiven militärischen Nutzung zu finden. Zukünftig soll auf dem Flugplatzgelände ein Energiepark entstehen. Durch Teile der heutigen Denkmal-Landschaft können auf ausgewiesenen Wander- und Radwegen eigenständige oder geführte Touren unternommen werden.

Luftbild der RAF von der Nordspitze der Insel Usedom, 1943

Luftbild des heutigen zivilen Flugplatzes Peenemünde, 2013

Bauliche Überreste des Prüfstands I am Rande des Flugplatzes, 2013

Eine MiG-21 erinnert im Eingangsbereich des Flugplatzes an die einstige militärische Nutzung der Nordspitze der Insel Usedom, 2013

2.2.6 Versuchsstelle für Höhenflüge, Oranienburg

Oranienburg,
Birkenallee/Wilhelmsthal, 16515 Oranienburg

GPS: 52°43'26.39"N 13°13'41.17"E (Hochbunker)
GPS: 52°45'04.03"N 13°16'18.31"E (Waldsiedlung Lehnitz)

Aus Tarnungsgründen wurde die Versuchsstelle für Höhenflüge als eingetragener Verein erst im November 1939 in Berlin gegründet, also unmittelbar nach Ausbruch des Zweiten Weltkrieges. Das zivile Erscheinungsbild verfolgte den Zweck die militärischen Aufklärungsaktivitäten der Luftwaffe im völkerrechtlichen Sinne zu verschleiern und war die Fortsetzung einer jahrelangen Praxis. In Zusammenarbeit mit Flugzeug- und Motorenwerken, luftfahrtbezogener Forschungseinrichtungen sowie Herstellern von optischen, abbildenden und navigatorischen Geräteausrüstungen sollten die entsprechenden Fähigkeiten in einer Institution gebündelt werden. Ziel war Erforschung, Entwicklung, Erprobung und Einsatz neuer Höhen- und Fernaufklärungstechnik für Bildflüge über den Nachbarstaaten. Diese Luftbilder dienten schlussendlich als strategische und operative Zielplanung den Angriffsvorbereitungen für die Expansionsbestrebungen des nationalsozialistischen Deutschlands. Abseits klassischer Luftbildaufklärung zeichnete sich die Versuchsstelle als logistische, personelle und planerische Basis für eine Reihe von Sonderaufgaben und Geheimoperationen verantwortlich. Dazu zählten neben dem Absetzen von Aufklärungs- und Sabotageagenten über feindlichem Gebiet auch der Einsatz von Beutetechnik. Letztere, auch unter dem Namen »Beutezirkus Rosarius« bekannt, diente der militärischen Ausbildungsaufgabe Zieldarstellung. Die Versuchsstelle befand sich am Südrand des Oranienburger Werkflugplatzes der Heinkel Flugzeugwerke. Die dort befindlichen Güter Wilhelminenhof, Wilhelmsthal und Antonienhof wurden übernommen und um zahlreiche unterschiedliche Funktionsbauten erweitert. An das Areal schloss sich auch ein Barackenlager für bis zu 1000 ausländische Zwangsarbeiter an. Ab 1944 folgten Installationen und Einrichtungen die im Zusammenhang mit dem Erprobungs- und Schulbetrieb des Raketenjäger Me 163 standen. Zudem fanden hier Versuchsflüge mit dem neuartigen Horten-Nurflügler statt. Ein schwerer Luftangriff im April 1945 zerstörte große Teile des Flugplatzes. Im Kalten Krieg als sowjetischer Militärflugplatz nachgenutzt blieben nur wenige Gebäude bis heute erhalten, u. a. ein vermutlich zu Luftschutzzwecken dienender Hochbunker. Die 1941-43 errichtete Waldsiedlung in Lehnitz diente als Wohnquartier von ausgewähltem Personal der Versuchsstelle, blieb vollständig erhalten und steht unter Denkmalschutz.

Eines der Wohnhäuser der Waldsiedlung Lehnitz, heute in Nutzung als Gedenkstätte, 2018

2.2.7 Deutsche Versuchsanstalt für Luftfahrt, Adlershof

Berlin-Adlershof
Zum Großen Windkanal, 12489 Berlin

GPS: 52°25′54″N 13°31′48″E

Da sich einer der ersten Flugplätze in Deutschland am Rand von Berlin zwischen Adlershof und Johannisthal etablierte verwundert es nicht das ausgerechnet dort eine der ältesten Forschungseinrichtungen zur Luftfahrt in Deutschland geschaffen wurde. Deren Geschichte reicht zurück bis in das Gründungsjahr 1912 aber bereits während der Zeit des Ersten Weltkrieges befand sich die Versuchsanstalt für Luftfahrt unter militärischer Verwaltung. Zwischen den Weltkriegen augenscheinlich zivilen Zwecken dienend kamen entsprechende Forschungsarbeiten an der südwestlichen Ecke des Flugfeldes nie zum Stillstand. Noch vor Machtübernahme der Nationalsozialisten setzte eine rege Bautätigkeit für neuartige Prüfstände ein. Der von 1932 bis 1934 errichtete sog. »Große Windkanal« stellte zeitweise die größte Baustelle von Berlin dar. Die Versuchsanstalt erfuhr in den folgenden Jahren eine umfangreiche Erweiterung mit zahlreichen neu geschaffenen und auch einmaligen Einrichtungen um jenseits der damaligen Grenzbereiche von Geschwindigkeiten und Flughöhen forschen zu können. Auffällig der eiförmige Trudelturm, ein Windkanal für realistische Trudelversuche. Ein Höhenprüfstand für Motoren simulierte Bedingungen bis 19 Kilometer Flughöhe. Mit einem Hochgeschwindigkeitskanal ließen sich Strömungsgeschwindigkeiten bis 0,9 Mach, also fast Schallgeschwindigkeit erreichen. Die Adlershofer Versuchsanstalt war nicht nur wegen ihrer Grundlagenforschung die wichtigste und bedeutsamste Einrichtung ihrer Art. Einige der in den letzten Kriegsjahren als Wunderwaffen gepriesenen neuartigen Waffensysteme hatten hier ihren Ursprung, beispielsweise die ferngelenkte Fliegerbombe Fritz X und die Luft-Luft-Rakete X-4 von Ruhrstahl. Ausgewählte Forschungen liefen bis kurz vor dem Einmarsch der Roten Armee im April 1945. Faktisch das gesamte Inventar der Einrichtung gelangte dann als Kriegsbeute in die Sowjetunion. Das Flugfeld diente noch einige Jahre dem militärischen Flugbetrieb der Besatzer bis es sich schließlich in einen Standortübungsplatz verendete. Nach der deutschen Wiedervereinigung wandelte sich das Gelände in einen Forschungs- und Technologiepark. Das Bewusstsein um die historische Bedeutung der erhalten gebliebenen Teile der Forschungseinrichtung führte zur Schaffung des touristisch erschlossenen Aerodynamischen Park.

Unter Denkmalschutz stehender Großer Windkanal, Motorenprüfstand und Trudelturm, 2020

2.2.8 Deutsche Forschungsanstalt für Luftfahrt, Braunschweig

Braunschweig-Völkenrode
Bundesallee 50, 38116 Braunschweig

GPS: 52°17'10"N 10°27'01"E

Die Deutsche Forschungsanstalt für Luftfahrt wurde zusätzlich zu den bereits vorhandenen Standorten Mitte der 1930er-Jahre geschaffen und war mit 500 Hektar die flächenmäßig größte ihrer Art. Für Völkenrode hatte das die Umsiedlung von etwa einem Dutzend Bauernfamilien zur Folge, hierzu wurden u. a. in Winnigstedt Ausweichquartiere in Form von sechs Fachwerkhöfen neu geschaffen. Die Errichtung der Forschungsanstalt ordnete sich den damaligen Erfordernissen an den Luftschutz unter und führte zu einer aufgelockerten und weiträumigen Bauweise in bewaldetem Gebiet. Folglich überstand die 1938 in Luftfahrtforschungsanstalt Hermann Göring umbenannte Einrichtung die Kriegsjahre nahezu unbeschadet. Die Forschungsanstalt untergliederte sich in separierte Institute die sich der Aero- und Gasdynamik, Waffen- und Motorenforschung sowie Festigkeit widmeten. Ein eigenes Flugfeld komplettierte die gut getarnten Einrichtungen, insgesamt existierten hier an die 100 verschiedenartigsten Gebäude. Dazu zählten etwa zehn Windkanäle, mehrere Motorenprüfstände, Schieß- und Schleuderstände, Laboratorien sowie Prüfstände für pulsierende Gasströme und Strahlversuche. Aus Sicherheitsgründen erfolgte die Schaffung einer ausgelagerten Zweigstelle in Trauen bei Fassberg. Dieses Raketenflugtechnisches Institut – mit dem Tarnnamen Flugzeugprüfstelle Trauen – testete dort Flüssigkeitsraketen- und Staustrahltriebwerke für die sich der österreichische Ingenieur Eugen Sänger verantwortlich zeichnete, ein Pionier der Luft- und Raumfahrttechnik. Die Luftfahrtforschungsanstalt bei Völkenrode befand sich nach Kriegsende in der britischen Besatzungszone, für die westalliierten Siegermächte ein Fundus von unschätzbarem Wert der die eigenen Luftfahrtentwicklungen erheblich beschleunigte. Auch wenn in den folgenden Jahren insbesondere die Windkanäle abgerissen bzw. demontiert wurden blieben große Teile der Forschungsanstalt erhalten. Der erst 1942 in Betrieb genommene Hochgeschwindigkeitskanal A9 gelangte auf diese Weise in das britische Bedford und blieb dort bis zur Jahrtausendwende in Betrieb. Auf dem weiterhin für die Öffentlichkeit nicht zugänglichen Gelände fanden die Physikalisch-Technische Bundesanstalt, die Bundesforschungsanstalt für Landwirtschaft sowie weitere Bundesforschungsinstitute eine dauerhafte Bleibe.

Die Hauptküche (Gebäude P5) verpflegte die 1500 Beschäftigen der Forschungsanstalt, 2018

Wasserrückkühlturm für den Höhenprüfstand M5, 2018

2.2.9 Aerodynamische Versuchsanstalt Göttingen

Deutsches Zentrum für Luft- und Raumfahrt
Bunsenstr. 10, 37073 Göttingen

GPS: 51°31'38"N 09°55'53"E (Haupteingang AVA Göttingen)
GPS: 51°32'60"N 09°53'25"E (Flugzeughalle Fliegerhorst Göttingen)
GPS: 51°36'48"N 09°59'36"E (Kalibergwerk Reyershausen)

Bei der Aerodynamischen Versuchsanstalt in Göttingen handelt es sich um die erste staatliche Einrichtung zur Erforschung der Luftfahrt in Deutschland. Bereits 1907 als Modellversuchsanstalt gegründet standen zunächst Forschungen zur idealen Form von Luftschiffen im Vordergrund. Aus dieser Forschungseinrichtung entwickelte sich nach Ende des Ersten Weltkrieges die Aerodynamische Versuchsanstalt mit Schwerpunkt Strömungsforschung. In den 1930er-Jahren wurde diese Einrichtung erweitert aber stieß aufgrund der Lage im Stadtgebiet an ihre Grenzen. Im Vergleich zu den anderen Forschungseinrichtungen standen hier die verschiedenen Windkanäle auf engsten Raum beisammen. Die Versuchsanstalt erhielt auf dem Fliegerhorst am Stadtrand eine eigene Flugzeughalle und konnte dieses Flugfeld so für Flugversuche mitnutzen. Ab 1941 richtete die Versuchsanstalt in Reyershausen eine Außenstelle in den oberirdischen Gebäuden eines Kalibergwerkes ein. Die Werkanlagen boten Platz für bis zu drei verschiedene Windkanäle die sich jedoch bis Kriegsende nicht alle in Betrieb befanden. Die Strömungserforschung in den Göttinger Windkanälen führte maßgeblich zu der Erkenntnis das dem Pfeilflügel die Zukunft gehört. Die deutschen Flugzeugkonstrukteure begannen daher unter Berücksichtigung der Flächenregel den Pfeilflügel mit Strahl- und Raketentriebwerken zu kombinieren. Die Strömungsmodelle dieser Projekte wurden dann in den Windkanälen der Versuchsanstalt untersucht. Die direkte örtliche Zusammenarbeit mit den ebenfalls in Göttingen tätigen Horten-Brüdern dürfte deren Nurflügler-Projekte maßgeblich beschleunigt haben. Die Beschlagnahme der Versuchsanstalt zum Kriegsende dauerte seitens der britischen Besatzungsmacht bis 1948 an. Wenige Jahre später wiedereröffnet und weiter betrieben befinden sich hier heute mehrere Institute des deutschen Zentrums für Luft- und Raumfahrt. Sämtliche Gebäude der Versuchsanstalt im Stadtgebiet von Göttingen blieben erhalten, ebenso die betreffende Flugzeughalle auf dem Fliegerhorst. Letzterer entwickelte sich zu einem Gewerbe- und Industriegebiet, einzelne Funktionsgebäude des Fliegerhorstes existieren weiterhin. Ebenfalls erhalten blieb eine der Werkhallen des Kalibergwerkes Reyershausen.

Windkanalmodell eines Erprobungsträgers des Raketenjäger Messerschmitt Me 163 BV13, vermutlich 1944

Ein 1940 errichtetes Gebäude der Aerodynamischen Versuchsanstalt das weiterhin Versuchszwecken dient, 2018

Flugzeughalle auf dem ehemaligen Fliegerhorst, es handelt sich um eine von zwei dort erhaltenen Hallen, 2018

2.2.10 Deutsche Forschungsanstalt für Segelflug, Ainring

Bereitschaftspolizei Fortbildungsinstitut der Bayer. Polizei
Zwieselstr. 1, 83404 Ainrinig

GPS: 47°48'49"N 12°57'36"E (Flugleitungsgebäude)
GPS: 47°49'18"N 12°58'07"E (Holzhaussiedlung Bruch)

Im Gegensatz zu den anderen deutschen Versuchs- und Forschungsanstalten weist die Forschungsanstalt für Segelflug keine dauerhafte Wirkungsstätte auf. Zudem führten die Forschungs- und Erprobungstätigkeiten dieser Forschungsanstalt zu Versuchsflugzeugen und in Serie produzierten Flugzeugen die mit der Typenbezeichnung DFS begannen. Ursprünglich aus einer Vereinigung für Segelflugpiloten hervorgegangen änderte sich die Bezeichnung 1933 in Deutsche Forschungsanstalt für Segelflug. Über Darmstadt und Braunschweig führte der Weg 1940 nach Ainring. Real handelt es sich dabei um den Regierungsflughafen Reichenhall-Berchtesgaden als Anbindung zum Führersperrgebiet Obersalzburg. Die deutsche Forschungsanstalt für Segelflug in Ainring setzte sich aus mehreren Instituten zusammen die bereits in früheren Jahren Segelflugzeuge und Lastensegler sowie deren Schleppverfahren zur Serienreife sowie Abwurfbehälter entwickelten. Spätestens mit Beginn des Zweiten Weltkrieges ordnete sich die Forschung ausschließlich militärischen Anforderungen unter. Mittels Flüssigkeitsraketen- und Verpuffungsstrahltriebwerken wurden fernlenkbare Luft-Boden-Flugkörper, Objektschutzjäger, Selbstopferflugzeuge und Höhenaufklärer entwickelt und erprobt. Flugversuche mit der Messerschmitt Me 328 und Probeläufe mit einem neuartigen Staustrahltriebwerk wurde auf den österreichischen Fliegerhorst Linz-Hörsching ausgelagert. Der Arbeitsflugplatz Neuburg an der Donau diente hingegen für Tragschlepperprobungen der »bemannten Flugabwehrrakete« Bachem Ba 349, einem Objektschutzjäger einfachster Bauart und Handhabung. Das nahende Kriegsende führte dann nochmal zu Hochbetrieb auf dem Fliegerhorst Ainring, Verbindungsflüge aus Berlin führten ganz unterschiedliche Personenkreise in das Berchtesgadener Land mit dem Ziel der sog. Alpenfestung. Die Bayerische Grenzpolizei nutzt das Flugplatzgelände seit 1948 als Schulungsstätte, eine Reaktivierung als Flugplatz scheiterte wenige Jahre später endgültig und das ehem. Flugfeld wurde bebaut und entwickelte sich zum neuen Ortsteil Mitterfelden. Energische Privatinitiative führte 2007 zur Eröffnung des »Dokustelle Ainring – Flughafen – mitten im Feld« in den Räumen des Fortbildungsinstitutes der Bayerischen Polizei.

Die Flugleitstelle auf dem ehem. Fliegerhorst Ainring ist nahezu originalgetreu erhalten geblieben, 2018

Ausstellungsraum im Kellergewölbe des Fortbildungsinstitutes der Bayer. Polizei, 2018

Die Holzhaussiedlung in Bruch entstand 1943 als Behelfsunterkunft für das DFS-Personal, 2018

2.3 Ausbildung

Den Schwerpunkt der fliegerischen Aktivität der Luftwaffe stellte in den 1930er-Jahren die Ausbildung von Fliegerpersonal dar. Ein abgestuftes System an Schulungseinrichtungen stand hierfür zur Verfügung. Rein militärischer Natur waren die Flugzeugführer-, Blindflug- und Navigationsschulen sowie die Luftkriegsschulen, ergänzt um je eine Höhere Fliegertechnische Schule, Luftnachrichtenschule und die Fluglehrerschule der Luftwaffe. Daneben existierten eine Vielzahl paramilitärischer Einrichtungen wie die Reichsschulen für Motorflugsport, Reichssegelflugschulen und insbesondere die zahlreich vertretenen Segelflugschulen des Nationalsozialistischen Fliegerkorps. Mit den Fliegertechnischen Vorschulen entstand ein wirkungsvolles Bindeglied zwischen Flugzeugindustrie und Luftwaffe. Wer fliegen wollte, konnte das im Prinzip nur noch innerhalb staatlicher Strukturen, eine freie Entfaltung in diesem ideologisch durchdrungenen Zwangssystem war nahezu unmöglich. Das führte aber mit den Jahren zu der so gewollt hohen Anzahl an Flieger-, Boden- und Führungspersonal. In den Kriegsjahren reduzierte sich gerade ab 1944 die Quantität und Qualität der Ausbildung immer weiter. Neben der verlorenen Lufthoheit sowie dem Mangel an Treibstoff und einsatzfähigen Flugzeugen und -plätzen führte eben auch der Mangel gut ausgebildeten Piloten zum Untergang der Luftwaffe.

Flugleitstelle in der einstigen Fliegerhorst-Kaserne Klotzsche, 2011

2.3.1 Luftkriegsschule 1, Dresden-Klotzsche

Zur Wetterwarte, 01109 Dresden, Deutschland
GPS: 51°07'56.3"N 13°47'31.0"E (Hörsaalgebäude LKS)
GPS: 51°07'57.5"N 13°46'26.3"E (Flugleitung Fliegerhorst)

Im Aufstellungsjahr der Luftwaffe begannen auch die Vorbereitungen zur Schaffung von Luftkriegsschulen, der Kaderschmiede für das zukünftige Offizierspersonal. Ursprünglich befanden sich vier dieser Luftkriegsschulen in Planung, hier sollten ausschließlich zukünftige Technische, Flieger- und Generalstabsoffiziere mit entsprechender schulischer Vorbildung ausgebildet werden. Um Führungspersonal zu erhalten, lehrten die Ausbilder im Vergleich zu Flugzeugführerschulen zusätzliche Fächer wie beispielsweise Taktik, Luft- und Disziplinarrecht sowie Truppendienst. Die erste Aufstellungswelle führte im April 1936 zur Eröffnung der Luftkriegsschulen in Dresden-Klotzsche, Berlin-Gatow und Wildpark-Werder. Alle diese Einrichtungen stellten Neubauten inklusive zugehöriger Fliegerhorste dar. Insgesamt entstanden über die Jahre ein Dutzend LKS, der Großteil davon nutzte die Infrastrukturen bestehender Fliegerhorst-Kasernen. Als erste ihrer Art galt die Luftkriegsschule Dresden-Klotzsche, Anfang 1940 in Luftkriegsschule 1 umbenannt. Das zweigeteilte Ensemble setzte sich aus der repräsentativen Luftkriegsschule an der Königsbrücker Landstraße und der westwärts davon gelegenen Fliegerhorst-Kaserne mit Flugfeld zusammen. Als zusätzliche Flugplätze zur fliegerischen Ausbildung benutzte man die Arbeitsplätze Dresden-Heller, Riesa-Leutewitz und Kamenz. Bis Ende 1944 fand an der Dresdner LKS ohne Unterbrechung die theoretische Ausbildung und fliegerische Grundausbildung von Offiziersschülern statt. Im Anschluss folgte der Ausbildungsbetrieb der Luftnachrichtenschule 7 sowie die Belegung des Fliegerhorstes mit Schlacht- und Kampf- sowie Transportgeschwader. Der schwere Luftangriff vom 13./14. Februar 1945 ging am Fliegerhorst Klotzsche nahezu spurlos vorüber. Am Tag der bedingungslosen Kapitulation, dem 8. Mai, besetzte die Rote Armee das Gelände und nutzte es bis 1955 als Militärflugplatz. Die Planungen einer DDR-Luftfahrtindustrie führten zum umfangreichen Ausbau des Flugplatzes, hinzu kam eine dauerhafte Nutzung für den Zivilflugverkehr. Nach Einstellung des ambitionierten Programms wurde 1963 eine Transportfliegerstaffel der Luftstreitkräfte der NVA in Klotzsche stationiert, diese nutzte bis 1990 die Gebäude der einstigen LKS und Fliegerhorst-Kaserne. Seitdem wurden einige Gebäude saniert und einer neuen Nutzung zugeführt, beispielsweise für Verwaltungssitze sächsischer Landesämter, ein Gymnasium, eine Sport- und Schwimmhalle sowie ein Altenheim. Auf dem internationalen Verkehrsflughafen Dresden setzen die Elbe Flugzeugwerke Airbus-Flugzeuge instand oder rüsten diese um.

2.3.2 Luftkriegsakademie und Luftkriegsschule 2, Berlin-Gatow

General-Steinhoff-Kaserne
Kladower Damm, 14089 Berlin, Deutschland

GPS: 52°27'54.5"N 13°09'43.0"E (Hauptwache LKS)
GPS: 52°27'40.3"N 13°09'36.5"E (Luftkriegsakademie)
GPS: 52°27'48.5"N 13°09'50.6"E (Lufttechnische Akademie)
GPS: 52°28'21.3"N 13°08'28.4"E (Flugleitung Fliegerhorst)

Bild oben: Appell auf dem Rollfeld der Fliegerhorst Kommandantur in Berlin Gatow, 1936
Bild unten: Das einstige Kasino der Luftkriegsakademie, 2017

Neben den ersten drei, im April 1936 eröffneten Luftkriegsschulen in Dresden-Klotzsche, Berlin-Gatow und Wildpark-Werder nahm gleichzeitig eine weitere wichtige Ausbildungseinrichtung den Betrieb auf. Gegenüber dem Haupteingang der LKS Gatow, auf der östlichen Seite des Kladower Damms in Richtung der Havel, befand sich die Luftkriegsakademie der Luftwaffe zur Aus- und Weiterbildung von Generalstabsoffizieren. Ebenfalls dort angesiedelt war die Lufttechnische Akademie mit zehn unterstellten Instituten (beispielsweise für Luftfahrtgeräte und Flugtechnik) zur Schulung von technischen Offizieren. Die Lufttechnische Akademie war von 1937/38 bis 1942 in die Luftkriegsakademie eingegliedert, was zu gemeinsamen militärstrategischen und militärtechnischen Ausbildungslehrgängen führte. Die Bedeutung von Ausbildungskapazitäten für die höchste Führungsebene zeigte sich im Jahr 1939, am Beginn des Zweiten Weltkrieges, als sich von 300 Generalstabsstellen nur die Hälfte mit entsprechend ausgebildeten Generalstabsoffizieren besetzen ließ. Die LKS Gatow wurde 1940 in Luftkriegsschule 2 umbenannt, wie alle LKS neue Bezeichnungen erhielten. Einige Gebäude der LKS erlauben mit ihren architektonisch auffallenden Säulengängen Vergleiche zur Heeres- und Luftnachrichtenschule in Halle-Nietleben, ein Beleg für die Verantwortlichkeit von Ernst Sagebiel. Gerade auch aufgrund der Lage Gatows am Rande der Reichshauptstadt Berlin boten sich Fliegerhorst, Fliegerhorst-Kaserne, Luftkriegsschule und Luftkriegsakademie für die Besichtigung von ausländischen Gästen und Delegationen an. Arbeitsplätze des Fliegerhorst Gatow zur Flugzeugführerausbildung befanden sich in Potsdam-Güterfelde und Jüterbog-Reinsdorf. Die Einstellung des Schulflugbetriebes endete im Oktober 1944. Im Frühjahr 1945 führte die Luftwaffe von hier aus vereinzelte Einsätze durch, abschließend erfolgten nach der Einkesselung Berlins durch die Rote Armee im April 1945 letzte Transport- und Verbindungsflüge. Zum Monatsende nahm die Rote Armee den in den Kriegsjahren nahezu unbeschädigten Kasernenkomplex Gatow ein und eroberte über 100 auf dem Flugfeld stehende deutsche Flugzeuge. Von Juli 1945 bis 1994 diente er als britischer Flugplatz mit dem Namen Royal Air Force Gatow. Die ehemalige Fliegerhorst-Kaserne und LKS führen seit 1994 den Namen General-Steinhoff-Kaserne. Heute ist dort das Kommando Luftwaffe der Bundeswehr stationiert. Teilbereiche der Kaserne wurden in der jüngeren Vergangenheit aus den militärischen Sicherheitsbereich ausgegliedert und baulich verändert. Örtlich angegliedert ist seit 1995 das Luftwaffenmuseum der Bundeswehr, seit 2011 als Militärhistorisches Museum Flugplatz Berlin-Gatow bezeichnet. Die ursprüngliche Gebäudesubstanz ist unter Denkmalschutz gestellt. Auf einem Teil des Flugfeldes entstand vor einigen Jahren das Wohngebiet Landstadt Gatow.

2.3.3 Luftkriegsschule 4, Fürstenfeldbruck

Offizierschule der Luftwaffe, Wehrgeschichtliche Lehrsammlung, 82242 Fürstenfeldbruck, Deutschland

www.fursty.org

GPS: 48°11'41.2"N 11°16'01.0"E (LKS)
GPS: 48°11'49.8"N 11°16'31.2"E (Fliegerhorst-Kaserne)
GPS: 48°11'29.9"N 11°15'37.8"E (Luftwaffen-Ehrenmal)

Der ersten Aufstellungswelle von Luftkriegsschulen im Jahr 1936 in Dresden-Klotzsche, Berlin-Gatow und Wildpark-Werder folgte Ende 1937 in Bayern eine weitere Ausbildungseinrichtung dieser Art. Diese stellte damit auch den letzten und größten Neubau einer Luftkriegsschule im deutschen Reich dar. Alle weiteren, dann ab 1939 aufgestellten Luftkriegsschulen, etablierten sich innerhalb bereits existierender Fliegerhorste. Abweichend von den drei anderen Luftkriegsschulen bildete Fürstenfeldbrück ein kompaktes Ensemble aus Fliegerhorst-Kaserne und Luftkriegsschule. Die Bautätigkeiten für den Flugplatz begannen 1935, das Richtfest fand im Oktober 1936 statt. Im November 1939 verlegte man die LKS nach Ostpreußen auf den bei Königsberg gelegenen Fliegerhorst Neuhausen, nach der Umbenennung in Luftkriegsschule 4 im Januar 1940 erfolgte im September die Rückkehr nach Fürstenfeldbruck. Der Pilotenschulung der Offiziersschüler dienten die Arbeitsplätze Bad Wörishofen, Neu-Ulm, Kempten-Durach, Schongau und Puch. Auf dem Fliegerhorst selbst waren mehrheitlich Kampfgeschwader stationiert. Da der Fliegerhorst zunächst nur über eine unbefestigte Grasnarbe verfügte und der perspektivische Einsatz von Strahljägern Messerschmitt Me 262 vorgesehen war, begann Anfang 1944 der Bau einer befestigten Start- und Landebahn. Das Flugfeld vergrößerte sich damit in westliche Richtung. Eine vermutlich im Frühjahr 1945 vorgenommene, aber nicht abgeschlossene Verlängerung sollte zuletzt zu einer Länge von etwa 1700 Metern führen. Der Schulungsbetrieb der LKS 4 hielt bis Ende März an. Anfang April beschädigte ein westalliierter Luftangriff die Flugbetriebsflächen und einige Flugzeughallen so schwer, dass von hier aus keine Einsätze mehr möglich waren. Dennoch starteten von hier aus wenige Tage später verzweifelte Abwehreinsätze im Rahmen des Sonderkommandos »Bienstock«. Zum Monatsende standen die amerikanischen Streitkräfte in Fürstenfeldbruck und übernahmen den Standort. Bis 1957 blieb er amerikanischer Militärflugplatz. Mit der Aufstellung der Bundeswehr wurde er ab 1956 zur Wiege der Luftwaffe, zunächst mit einer Flugzeugführerschule, später einer Waffenschule. Aus einer Umstruktierung ging das Jagdbombergeschwader 49 hervor, das nach Beendigung des Kalten Krieges im Jahr 1994 aufgelöst wurde. Der militärische Flugbetrieb endete 1997, der Flugplatz ist seit 2015 geschlossen. Neben zunehmender zivilgewerblicher Nutzung verbleibt die Bundeswehr bis voraussichtlich 2019 u. a. mit der Offiziersschule der Luftwaffe am Standort. Sie betreibt seit 2010 in ihren Räumen eine Wehrgeschichtliche Lehrsammlung. Das ebenfalls am Standort ansässige Ausbildungzentrum für abbildende Aufklärung der Luftwaffe betreibt eine Lehr- und Studiensammlung mit Aufklärungstechnik aller Epochen aus Ost und West. Die private Militärhistorische Sammlung der Gemeinschaft Jagdbombergeschwader 49 informiert anschaulich über die Geschichte der fliegenden Verbände am Standort. Zusätzlich bilden 20 Großexponate, auf den Freiflächen im Fliegerhorstgelände positioniert - außer Dienst gestellte Luftfahrzeuge und Raketensysteme - einen guten Querschnitt ab der über die Jahre von der Luftwaffe betriebenen Waffensysteme. Nach Voranmeldung sind Führungen über das Gelände der Fliegerhorst-Kaserne möglich, die von der Traditionsgemeinschaft durchgeführt werden. Am Rand des Fliegerhorstes befindet sich das 1966 eingeweihte Ehrenmal der Luftwaffe, ein Denkmal das an die Toten der Luftstreitkräfte erinnert die während ihres Dienstes ihre Leben verloren haben. Zudem befindet sich an der Wache des Fliegerhorstes ein Denkmal, das an die Geiselnahme von München im Jahr 1972 erinnert.

Das Gebäude der Luftkriegsschule auf dem Fliegerhorst Fürstenfeldbruck blieb unverändert erhalten, 2017

2.3.4 Höhere Fliegertechnische Schule, Jüterbog-Altes Lager

Kastanienallee, 14913 Niedergörsdorf, Deutschland

GPS: 52°00'49.9"N 12°59'22.9"E (Exerzierplatz HFTS)
GPS: 52°00'23.9"N 12°57'24.3"E (Luftpark)
GPS: 51°59'52.6"N 12°59'31.9"E (Flugleitung Fliegerhorst)

Eine im Deutschen Reich einmalige Ausbildungseinrichtung stellte die Höhere Fliegertechnische Schule in Jüterbog dar. In Unterscheidung zu den etwa ein Dutzend Flieger- und Waffentechnischen Schulen der Luftwaffe diente die Höhere Fliegertechnische Schule sowohl der Ausbildung von fachlich vorqualifiziertem Personal mit Offiziersdienstgraden wie auch der Qualifizierung von ausscheidenden Feldwebeldienstgraden mit einem Meister- oder Ingenieurtitel. Unmittelbar nach Machtübernahme der Nationalsozialisten begannen, wie auch anderswo, umfangreiche Bautätigkeiten zwischen Niedergörsdorf und Altes Lager bei Jüterbog, im Ersten Weltkrieg befand sich hier ein Luftschiffhafen. Der im Zeitraum 1933/34 angelegte Fliegerhorst, die daran anschließende Fliegertechnische Schule 1 sowie der in Richtung Maltershausen gelegene Luftpark (siehe Biesenthal) bildeten den südlichen Teil der Garnison Altes Lager. Vermutlich aufgrund seiner örtlichen Lage wurde hier auch die Bezeichnung Waldlager benutzt, der nördliche Teil von Altes Lager war die gleichnamige Heeres-Munitionslageranstalt. Aus Tarnungsgründen firmierte die Fliegertechnische Schule 1 zunächst als Technische Schule der Deutschen Verkehrsfliegerschule GmbH. Der auf jährlich 1500 Ausbildungsplätze ausgelegte Schulbetrieb begann Ende 1934, womit es sich bei der Fliegertechnischen Schule 1 in Altes Lager um die erste derartige militärische Ausbildungseinrichtung im Deutschen Reich handelte. Mit der Aufstellung der Luftwaffe im Jahr 1935 existierten dann landesweit fünf Fliegertechnische Schulen. Der repräsentative Gebäudekomplex in Altes Lager war zu diesem Zeitpunkt noch nicht vollständig fertiggestellt, behelfsmäßige Steinbaracken dienten übergangsweise als Unterkünfte. Ein Nutzerwechsel erfolgte 1940, die Höhere Fliegertechnische Schule verlegte man von Berlin-Adlershof nach Altes Lager, die Fliegertechnische Schule 1 wiederum in das besetzte Polen nach Warschau. Der Komplex Altes Lager wurde im April 1945 von der Roten Armee ohne Kriegsschäden kampflos eingenommen. Die sowjetischen Luftstreitkräfte nutzten den Flugplatz dauerhaft bis 1992 als Jagdfliegerbasis, die Gebäude der Höheren Fliegertechnische Schule dienten den Landstreitkräften als Schulungseinrichtung. Nach Übergabe an die deutsche Verwaltung unter Denkmalschutz gestellt fand sich bis heute kein Nutzungskonzept. Vor Ort engagiert sich der Verein Garnisonsgeschichte Jüterbog St. Barbara in der militärhistorischen Aufarbeitung in der Region, Führungen beispielsweise zum Tag des offenen Denkmals sind möglich.

Kasernenbauten der einstigen Höheren Fliegertechnischen Schule, 2014

Verlassene Ruinen sind heute beliebte Motive für Fotografen, 2013

2.3.5 Heeres- und Luftnachrichtenschule, Halle-Nietleben

Straßburger Weg, 06120 Halle (Saale), Deutschland

GPS: 51°29'52.2"N 11°56'08.0"E (Hauptwache)
GPS: 51°29'55.0"N 11°55'59.9"E (HNS)
GPS: 51°29'47.0"N 11°56'11.6"E (LNS)
GPS: 51°29'56.1"N 11°56'16.9"E (Offizierswohnsiedlung)

Ein wichtiger Bestandteil am personellen Aufbau der Luftwaffe stellte neben den hierfür geschaffenen Ausbildungskapazitäten für Offiziere, Flugzeugführer und technischen Personal die Luftnachrichtentruppe dar. Diese stellte die Nachrichtenverbindungen der Luftwaffe beispielsweise auf Fliegerhorsten, in Flak-Stellungen und für die Führungsstäbe sicher. Auch zeichnete sich die gleichzeitig mit der Luftwaffe im Jahr 1935 aufgestellte Luftnachrichtentruppe für die Ausbildung von Bordfunkern in mehrsitzigen Flugzeugen verantwortlich. Bereits 1934 fiel die Entscheidung zum Bau einer teilstreitkräfteübergreifenden Ausbildungseinrichtung, der gemeinsamen Heeres- und Luftnachrichtenschule in Halle. Diese im Deutschen Reich einmalige Einrichtung bildete die Nachfolge der Heeresnachrichtenschule in Jüterbog. In späteren Jahren etablierten sich an den Standorten einiger Fliegerhorste mit Ordnungsnummern versehene Luftnachrichtenschulen, die aber keine vergleichbaren Neubauten darstellen. Die Ausbildungseinrichtung in Nietleben sah nach der Eröffnung Ende 1935 eine jährliche Ausbildungskapazität von 2000 Personen vor. Entworfen von Professor Kurt Sagebiel, dem bedeutendsten Architekten von Bauten der Luftwaffe, entstand der aus etwa 160 Gebäuden bestehende monumentale Schul- und Unterkunftskomplex in kürzester Zeit am Nordwestrand von Halle. Hier befand sich bereits seit 1847 die Landesheilanstalt Nietleben, die damit geschlossen, teilweise abgerissen und nach Umbau in den Ausbildungsbetrieb integriert wurde, sowie seit 1925 der Verkehrsflughafen Halle. Da die zukünftige Luftnachrichtenschule auch Bordfunker ausbilden sollte, wurde das Flugfeld erweitert und zu einem Fliegerhorst ausgebaut. Der Kasernenkomplex in Nietleben überstand den Zweiten Weltkrieg nahezu ohne Schäden. Die Nutzung durch die sowjetischen Landstreitkräfte als Divisionsstandort mit etwa 10.000 Personen dauerte von 1945 bis 1991 an. Das einstige Flugfeld wurde in den 1960er-Jahren mit einer Plattenbausiedlung überbaut. Das Gelände der einstigen Heeres- und Luftnachrichtenschule und der Heilanstalt wurde 1993 zum Flächendenkmal ernannt und entwickelte sich zu einem erfolgreichen Konversionsprojekt mit dem neuen Wohngebiet Heide-Süd und dem Wissenschaftsstandort Weinberg Campus. Neben den sowjetischen Neubauten wurden die Mannschaftsunterkünfte in Richtung der Dölauer Heide mehrheitlich abgerissen, andere Gebäude wurden saniert und einer neuen Nutzung zugeführt.

Platz zwischen den Bauten des Schulungskomplexes in Halle-Nietleben, 2017

Die Verwendung von überdachten Säulengängen ist ein Merkmal für hochwertige Schul- und Ausbildungsgebäude im Nationalsozialismus, hier der Hauptkomplex der Heeresnachrichtenschule, 2017

Eines der erhaltenen und sanierten Stabsgebäude in Nietleben, 2017

2.3.6 Fliegertechnische Vorschule, Dessau-Alten

Auenweg 38, 06847 Dessau, Deutschland

GPS: 51°49'04.3"N 12°11'53.6"E (Hauptgebäude)

In der zweiten Hälfte der 1930er-Jahre entstanden bis zu drei Dutzend Fliegertechnische Vorschulen, mehrheitlich an den Standorten der Flugzeug- und Flugmotorenindustrie. Das Reichsluftfahrtministerium setzte es sich zum Ziel, auf diese Weise an Technik und Fliegerei interessierte Jugendliche als Nachwuchs für das technische Unteroffizierskorps der Luftwaffe zu gewinnen. Diese zukünftigen fliegertechnischen Soldaten waren im Anschluss an ihre zivil-militärische Ausbildung zu einer freiwilligen mehrjährigen Dienstzeit in der Luftwaffe verpflichtet und sollten dort Führungsaufgaben für die Mannschaften des Bodenpersonals wahrnehmen. Die Fliegertechnische Vorschulen galten als elitäre Bildungseinrichtungen und bildeten die Militärlehrlinge, später Militärschüler, zu Metallflugzeugbauern, Flugzeugmotoren- und Waffenschlossern sowie Elektro- und Feinmechanikern aus. Die Fachausbildung erfolgte in den Lehrwerkstätten der Flugzeugwerke gemeinsam mit deren Lehrlingen. Bei den Gesellenprüfungen vor der Industrie- und Handelskammer sollen die Militärschüler vergleichsweise besser als die Lehrlinge des jeweiligen Flugzeugwerkes abgeschnitten haben. Der militärische Drill, der auch Schießübungen einschloss, bestimmte den Tagesablauf in den kasernenartig angelegten Fliegertechnischen Vorschulen. Aus den Fliegertechnischen Vorschulen entwickelten sich 1941 die Technischen Vorschulen der Luftwaffe und 1944 die Flieger-Ausbildungsheime der NSDAP-Hitlerjugend. Die größte Fliegertechnische Vorschule im Deutschen Reich ging 1938 am Südrand von Alten in Betrieb und verfügte über eine Ausbildungskapazität von etwa 400 Militärschülern mit den Fachrichtungen Metallbau, Motorenbau und Elektrik. Die fachliche Ausbildung erfolgte bei der Junkers Flugzeug- und Motorenwerke AG Dessau, dauerte vier Jahre und reduzierte sich später kriegsbedingt auf drei Jahre. Nach den ersten zwei Ausbildungsjahren wurden die Militärschüler vollständig in den Produktionsprozess integriert. Weitere Fliegertechnischen Vorschulen an Standorten der Junkers Flugzeugwerke befanden sich in Köthen, Magdeburg und Leipzig-Großzschocher. Die Zerschlagung der Luftrüstungsindustrie im weiteren Kriegsverlauf verkomplizierte die Ausbildungsbedingungen, zunehmend wurden die Militärschüler anderweitig eingesetzt, als Flak-Helfer und zuletzt im Volkssturm. Nach Kriegsende erfolgte eine Umnutzung zu einem Behelfskrankenhaus, später Bezirkskrankenhaus. Durch einen ergänzenden Klinikneubau in unmittelbarer Nachbarschaft in den 1990er-Jahren ergab sich für den Förder- und Heimatverein Dessau-Alten die Möglichkeit, Vereins- und Museumsräume in einem erhalten gebliebenen Gebäude der einstigen Fliegertechnischen Vorschule herzurichten und Ausstellungen zur Regionalgeschichte durchzuführen.

Appellplatz mit Unterkunftsgebäuden der Fliegertechnischen Vorschule in Dessau-Alten, 1938

2.4 Fliegerhorste

Mit der offiziellen Gründung der Luftwaffe 1935 lief ein umfangreiches Bauprogramm zur Errichtung von Fliegerhorsten, den Standorten zur Friedensstationierung von fliegenden Verbänden, an. In kürzester Zeit wurden standardisierte Kasernen mit einer Vielzahl von Typbauten hochgezogen und vornehmlich kreisrunde Flugfelder angelegt. Ende der 1930er-Jahre etablierten sich im Deutschen Reich verschiedene militärische Flugplatzkategorien. So gab es Fliegerhorste, Einsatzhäfen, Feldflug- und Gefechtslandeplätze, Ausweich-, Abstell- und Auflockerungsflächen sowie Industrieplätze. Die Erfordernisse in den Kriegsjahren führten zusätzlich zur provisorischen Nutzung von geradlinigen Autobahnabschnitten als Flugplätze sowie zum sogenannten Silberprogramm, das betonierte Start- und Landebahnen für den Einsatz der neuen Strahlflugzeuge vorsah, ein Teil davon war abseits von existierenden Flugplätzen geplant. Trotz des umfassenden und folgenschweren alliierten Luftkrieges gegen zivile und militärische Infrastrukturen überstanden manche Fliegerhorste ohne einen einzigen Bombentreffer den Krieg. Mitunter blieb selbst die befohlene Selbstzerstörung während des Rückzugs aus oder wurde nicht durchgeführt. Auffällig ist der unterschiedliche Umgang der Alliierten mit dem militärischen Erbe nach dem Zweiten Weltkrieg. Die sowjetischen Luftstreitkräfte nutzten zahlreiche Standorte nahtlos und zunächst unverändert weiter, einige dann später umfangreich erweitert und immer wieder ausgebaut über mehrere Jahrzehnte. Demontagen betrafen auf dem späteren Gebiet der DDR die Industriestandorte und auf den Fliegerhorsten existierende einzelne wiederverwendbare Gebäude, beispielsweise stählerne Werfthallen, als Reparationsgut, das in die Sowjetunion verfrachtet und zumeist Hochöfen zugeführt wurde. Bei den Westalliierten hingegen hielt man sich bei klassischen Militärstandorten vergleichsweise strenger an die Bestimmungen zur Entmilitarisierung. Da wurden ganze Kasernen zurückgebaut und selbst befestigte Startbahnen gesprengt. Mit Gründung der Bundeswehr und dem Aufbau einer neuen Luftwaffe entstanden an diesen Standorten völlig neue Fliegerhorste. Allen gemein war die zusätzliche Übergabe ausgewählter nunmehr amerikanischer, britischer und sowjetischer Flugplätze an die neuen deutschen Luftstreitkräfte. Nach Ende des Kalten Krieges und der Schließung von Militärstandorten setzte die bis heute nicht abgeschlossene Konversion ein, die mitunter auch zum vollständigen Abriss von einstigen Fliegerhorsten führte. Einzelne unter Denkmalschutz gestellte Gebäude verfallen durch fortwährende Nichtnutzung dennoch weiter. In vergleichsweise guten Zustand zeigen sich aber jene Fliegerhorste die nach Kriegsende einer fortwährenden militärischen Nutzung unterlagen und die darüber hinaus auch das große Abrüsten nach dem Ende des Kalten Krieges überstanden.

Fliegerhorst Schönwalde bei Berlin mit Flugleitstelle, Feuerwache und Flugzeughalle, 2019

2.4.1 Fliegerhorst Nordholz

Peter-Strasser-Platz, 27637 Wurster Nordseeküste, Deutschland

www.aeronauticum.de
www.sea-airport.com

Der Fliegerhorst Nordholz in der Nähe von Cuxhaven ist mittlerweile einer der ältesten Flugplätze in Niedersachsen. Bereits im Ersten Weltkrieg befand sich hier ein Luftschiffhafen der Kaiserlichen Marine, der größte und wichtigste Marine-Standort im Kaisereich. Nach englischen Luftangriffen 1914 etablierte sich hier zusätzlich eine Fliegerstation zur Flugabwehr. Auch wenn zwischen 1921 und 1924 der Marine-Luftschiffhafen demontiert wurde, sind einzelne Gebäude aus der Ursprungszeit erhalten geblieben. Ab 1935 begann die zweite Zeitepoche als Fliegerhorst der Luftwaffe. Errichtet in den Jahren 1937/38 folgte am Nordostrand des Fliegerhorstes 1939 ein Marine-Depot mit unterirdischen Großtankbehältern. In dieser Zeit war auf dem Fliegerhorst beispielsweise eine Staffel der Trägergruppe 186 mit Messerschmitt Bf 109 stationiert, diese Einheit war für den Bordeinsatz auf dem von 1937 bis 1943 gebauten, aber nicht fertiggestellten Flugzeugträger »Graf Zeppelin« vorgesehen. Das sandige Flugfeld führte zur Notwendigkeit eines befestigten triangelförmigen Start- und Landebahnsystems, jede Piste wies eine Länge von etwa 1200 Metern auf. In den Kriegsjahren lagen hier abwechselnd Einsatzverbände mit Jagdflugzeugen, Nachtjägern und zuletzt Raketenjägern Me 163B. Deren Stationierung begann im Dezember 1944 und dauerte bis April 1945. Für den vorgesehenen Einsatz dieser Teile des JG 400 musste ein spezielles Tanklager mit eigenen Gleisanschluss errichtet werden, es befand sich am Südrand des Flugplatzes in Nahbereich der Abstellplätze der Me 163B. Der Zweite Weltkrieg endete in dieser Region am 5. Mai 1945 mit einem Waffenstillstand. Nach den Britischen Truppen folgte die US Army und nutzte den Flugplatz für eigene Zwecke bis 1947. Im Anschluss erfolgte der umfassende Abriss von Teilen der weitläufigen Flugplatzanlage. Schließlich setzte Ende der 1950er-Jahre die bis heute andauernde Geschichte als Marinefliegerhorst der Bundeswehr ein. Im Wissen um den geschichtsträchtigen Standort eröffnete hier 1991 das Marine-Luftschiff-Museum Nordholz, nach Erweiterung und Umbau ab 1997 als Aeronauticum bezeichnet. Es ist das größte und wichtigste deutsche Marinefliegermuseum und fokussiert naturgemäß auf die Ursprungszeit als Marine-Luftschiffhafen. Nach der Jahrtausendwende begann zusätzliche eine zivile Mitnutzung des Fliegerhorstes als Sea-Airport Cuxhaven.

Zu einem Wohnhaus umgebaute Garage in der einst Tankwagen für den Raketenjäger Me 163 parkten, 2019

Ein erhalten gebliebenes Gebäude auf dem Areal der Fliegerhorst-Kaserne, 2012

Der Schwerpunkt des Aeronauticums liegt auf der Standorthistorie als Luftschiffhafen, 2012

2.4.2 Fliegerhorst Jesau

Straße A195, Niwenskoje 238435
Oblast Kaliningrad, Russland

GPS: 54°34'01.4"N 20°35'56.6"E (Fliegerhorst-Kaserne)
GPS: 54°33'55.6"N 20°35'37.2"E (Flugleitung)
GPS: 54°33'03.4"N 20°35'28.0"E (Offizierswohnsiedlung West)

Der südlich von Königsberg gelegene Fliegerhorst Jesau entstand 1935 und ging 1937 in Betrieb. Auffällig ist die umfangreiche aus drei Teilen bestehende und um das Gut Jesau gruppierte Offizierswohnsiedlung mit 75 Wohnhäusern. Der Fliegerhorst erhielt eine 1200 Meter lange befestigte Start- und Landbahn. Der folgenschwere amerikanische Luftangriff auf die Erprobungsstelle Peenemünde-West im August 1943 führte zu deren Dezentralisierung in den Osten des Deutschen Reichs. Auf diese Weise etablierte sich von Oktober 1943 bis Juli 1944 in Ostpreußen die Teilverlagerung mit der Erprobungsstelle der Luftwaffe Jesau. So wurde hier die Erprobung der Lenkung der Henschel Hs 293 und Rheinmetall-Borsig PC 1400X fortgesetzt, zunächst über Land bei Allenburg, später über der Ostsee vor der Kurischen Nehrung zwischen Sarkau und Rossitten. Als Trägerflugzeuge kamen He 111, He 177 und Do 217 zum Einsatz. Zusätzlich erfolgte in Jesau von September 1943 bis Oktober 1944 der Einflugbetrieb der Raketenjäger Me 163 B. Diese Flüge führten Werkpiloten der Firma Klemm aus Stuttgart-Böblingen durch, da an den Produktionsstandorten keine derartigen Flüge durchgeführt werden konnten. Die Einfliegerei musste aufgrund der Kriegsentwicklung nach Schlesien ausweichen. Im Oktober 1944 überschritt die Rote Armee die Grenze von Ostpreußen und stand im Deutschen Reich. Ein zu Weihnachten 1944 durchgeführter sowjetischer Aufklärungsflug listete für Jesau 33 Ju 188, 22 Fw 190 und 20 Bf 109 auf. Zwei Wochen später stürmte die 3. Weißrussische Front gen Westen und der Fliegerhorst wurde Ende Januar 1945 nahezu unbeschädigt erobert und umgehend weiterbetrieben. Nach Ende des Zweiten Weltkrieges gelangte der nördliche Teil des einstigen Ostpreußens unter sowjetische Verwaltung und bildet heute die russische Enklave Kaliningrad. Die sowjetische, später russische Heimatluftverteidung, nutzte den Flugplatz Niwenskoje (ehemals Wittenberg) von 1952 bis 2002 und stationierte hier Jagdflugzeuge zur Luftverteidigung. Neben Jagdfliegern operierten auf dem Flugplatz in späteren Jahren zusätzlich ein Hubschrauberregiment der Landstreitkräfte sowie Fliegerkräfte der Grenztruppen. Die einstige Flugplatzkaserne wird mehrheitlich wohnlich und gewerblich nachgenutzt, das Flugfeld hingegen liegt brach und ist zugänglich.

In Jesau fand die Erprobung des Lenkverfahrens der weltweit ersten präzisionsgelenkten Fliegerbombe PC 1400X statt, hier ein Exemplar im Depot des Luftwaffenmuseums Berlin-Gatow, 2015

Nach 1945 veränderte sich durch die sowjetische bzw. russische Nutzung das Aussehen der einstigen Flugleitstelle, 2010

Eine der erhaltenen Flugzeughallen des einstigen Fliegerhorstes Jesau, 2010

2.4.3 Fliegerhorst Cottbus

Flugplatzmuseum
Fichtestraße 1, 03046 Cottbus, Deutschland

www.flugplatzmuseumcottbus.de

GPS: 51°46'26.5"N 14°18'00.8"E (Flugleitung)

Die Historie des Cottbuser Flugplatzes beginnt im Ersten Weltkrieg mit dem Bau einer Fliegerstation. Aufgrund der Entscheidung der Interalliierten Luftfahrtkommision musste dieser Flugplatz 1920 abgerissen werden. Auf diesem Gelände entstand ab 1925 ein Verkehrslandeplatz, im Frühjahr 1933 fiel die Entscheidung zum Ausbau als Fliegerhorst für eine Flugzeugführerschule. Ein Merkmal ist das heute immer noch erkennbare kreuzförmige System aus drei etwa 1000 Meter langen Start- und Landebahnen. In den folgenden Jahren wurden hier zahlreiche Verbände mit Aufklärungsflugzeugen aufgestellt sowie Sturzkampf- und Kampfgeschwader stationiert. Die Focke-Wulf-Werke Bremen richteten hier 1941 ein Zweigwerk zur Serienproduktion der Fw 190 ein, ein Jahr später verlegte man die Produktion der viermotorigen Fw 200 hierher, die bis 1944 anhielt. Das Zweigwerk (auch Werk 11 genannt) brachte hierbei einen ihrer fünf Betriebsteile vollständig auf dem Fliegerhorst unter. Die anderen Betriebsteile verteilten sich über das Stadtgebiet.

Ab Herbst 1944 wurde in Cottbus zusätzlich die umfangreich überarbeitete Ausführung der Fw 190, die Tank Ta 152, hergestellt. Der Einflugbetrieb der Fw 190 fand im nahegelegenen Neuhausen statt. Zwei amerikanische Luftangriffe trafen das Cottbuser Zweigwerk im Jahr 1944 und führten zu einer Reduzierung der Produktionsleistung. Ab Januar 1945 befanden sich Jagd- und Schlachtflugzeuge der Luftwaffe in Cottbus die in die Kämpfe an der Ostfront eingriffen. Die Rote Armee besetzte den Flugplatz im April 1945 und nutzte ihn umgehend weiter für den Vormarsch nach Berlin. Bis Anfang der 1950er-Jahre blieb Cottbus ein sowjetischer Militärflugplatz, im Anschluss avancierte der Flugplatz zur Wiege der Luftstreitkräfte der NVA. Hier operierten Jagdflugzeuge und Kampfhubschrauber, ab 1990 übernahm die Bundeswehr den Militärflugplatz übergangsweise. Mit der Jahrtausendwende wurden einige Gebäude des einstigen Fliegerhorstes unter Denkmalschutz gestellt, der Flugplatz wenige Jahre später gänzlich geschlossen. Das 1994 eröffnete Flugplatzmuseum Cottbus restauriert und stellt auf hohem Niveau mehrheitlich Luftfahrtzeuge der NVA aus und dokumentiert die vielschichtige Flugplatzgeschichte. Auf den Flugbetriebsflächen befindet sich mittlerweile eine Solaranlage, die Kaserne wird als Technologie- und Industriepark nachgenutzt.

Flugleitungsgebäude und Endmontagehalle der Focke-Wulf Werke im Hintergrund, 2008

2.4.4 Fliegerhorst Stargard

Czesława Ta skiego, 73-110 Stargard, Polen

GPS: 53°17'39.5"N 14°59'40.3"E (Fliegerhorst-Kaserne)
GPS: 53°15'45.2"N 14°57'49.7"E (Bogendeckung Me 163)
GPS: 53°17'44.8"N 14°59'19.1"E (Startstellung Wasserfall)

Der Fliegerhorst Stargard in Pommern wurde Mitte der 1930er-Jahre neu angelegt, nach Kriegsbeginn fand hier Blindflugschulung statt. Im Zeitraum 1943/1944 diente der Flugplatz als Ausweichstandort der Askania-Werke aus Berlin-Friedenau zur Produktion von Flugzeuginstrumenten. Anfang 1944 fiel die Entscheidung zur Stationierung der Me 163 auf einem Dutzend Fliegerhorsten. Im mitteldeutschen Raum betraf das die Fliegerhorste Brandenburg-Briest, Parchim, Brandis und Stargard. Letzterer wurde vermutlich aufgrund der Nähe zum Hydrierwerk Pölitz bei Stettin (> Pölitz) ausgewählt. Die Distanz zwischen Startplatz und Schutzobjekt betrug gut 40 Kilometer, die Flugleistungen der Me 163 B ergaben damit auf zwölf Kilometer Flughöhe lediglich eine Flugzeit von einer Minute bei 850 km/h Eigengeschwindigkeit. Im Jahresverlauf erhielt der Fliegerhorst abgesetzt vom eigentlichen Flugfeld eine bis zu 2000 Meter lange befestigte Start- und Landebahn und die entsprechenden Infrastrukturen zur Lagerung und Betankung mit den notwendigen Treibstoffen. Zusätzlich entstand mindestens eine betonierte Bogendeckung, ein Schutzbau zur Unterstellung der Me 163. Bei einem vor einigen Jahren abgerissenen Tiefbunker in der Nähe der Start- und Landebahn handelte es sich vermutlich um den Jägerleitstand zur Führung der Raketenjäger. Die Baumaßnahmen kamen nicht zum Abschluss, einige Gebäude überdauerten als Rohbau die folgenden Jahrzehnte. Im Oktober 1944 erfolgte ein amerikanischer Luftangriff, der Teile der Fliegerhorst-Kaserne schwer beschädigte. Getroffen wurde auch ein Areal bei den Schießständen am Flugfeldrand, hier befand sich ein Startplatz oder Versuchsaufbau für die Flugabwehrrakete Wasserfall C-2. Die II./JG 400 lag mit mindestens zwei Staffeln seit Herbst 1944 in Stargard und versuchte die Einsatzbereitschaft herzustellen. Einsätze wurden soweit bekannt von dort aus nicht geflogen, noch im Dezember erfolgte die Verlegung nach Brandis bei Leipzig. Die Rote Armee besetzte den Fliegerhorst im März 1945, unter polnische Verwaltung gestellt blieb er unter dem Namen Kluczewo bis 1992 ein sowjetischer Militärflugplatz.

Als Konversionsprojekt wurde die Fliegerhorst-Kaserne zu einem Wohn- und Gewerbegebiet umgewidmet. Einige Gebäude mussten abgerissen werden, das ehemalige Flugfeld ist – sofern nicht neu bebaut – zugänglich.

In Stargard stationierte Raketenjäger Messerschmitt Me 163 sollten vorraussichtlich das bei Stettin gelegene Hydrierwerk Pölitz vor Luftangriffen schützen, 1944

Unterirdisches Depot mit zwei Lagerkammern für Raketenjäger-Treibstoffe, 2019

Soweit bekannt existierten bzw. überdauerten nur in Brandis und Stargard Rohbauten von Bogendeckungen zur paarweisen Unterstellung von Raketenjägern Messerschmitt Me 163, 2006

2.4.5 Fliegerhorst Zerbst

Zwischen den Straßen L55 und L57, 39261 Zerbst/Anhalt, Deutschland

www.luftsportverein-zerbst.de
www.driftcamp-burdinski.de

GPS: 52°00'06.0"N 12°07'39.4"E (Fliegerhorst-Kaserne)

Der Baubeginn des Fliegerhorstes Zerbst erfolgte gleichzeitig mit Aufstellung der Luftwaffe 1935, in den folgenden Jahren vornehmlich in Nutzung durch Jagdverbände. Gleichzeitig erfolgten hier Umschulungen auf mehrmotorige Flugzeugmuster, die Jagdfliegerschule 2 bildete hier von 1941 bis 1944 Piloten aus. Die Dezentralisierungsbemühungen der Luftrüstungsindustrie führten vermutlich Mitte 1944 zum Einflugbetrieb in Zerbst von in Lizenz produzierten Focke-Wulf Fw 190 der AGO-Flugzeugwerke Oschersleben. Des Weiteren fiel die Entscheidung zum Ausbau des Fliegerhorstes für den Einflugbetrieb wie auch den Einsatz von Strahljägern Me 262. Daraufhin begann im Winter 1944/45 der Bau einer 3000 Meter langen Start- und Landbahn, die das Flugfeld in nordöstliche Richtung erweiterte. Bei Fertigstellung wäre das eine der längsten Start- und Landebahnen im Deutschen Reich gewesen. In südlicher Richtung entstanden gleichzeitig betonierte Rollwege, die zu an Waldrändern gelegenen Abstellplätzen führten. In Zerbst fand der Einflugbetrieb jener Messerschmitt Me 262 statt, die im Frühjahr 1945 im REIMAG-Hauptwerk A in Walpersberg bei Jena hergestellt wurden. Es handelte sich um einige wenige Flugzeuge. Da dadurch in Zerbst nun auch noch Einsätzverbände mit der Me 262 operierten geriet der Fliegerhorst in das Fadenkreuz der Alliierten. Der Luftangriff Anfang April galt der im Bau befindlichen Start- und Landebahn, die hierbei mindestens zur Hälfte zerstört wurde. Zum Monatsende eroberten amerikanische Truppen Zerbst, Anfang Mai 1945 erfolgte die Übergabe an die Rote Armee. Bis 1992 diente der Flugplatz den sowjetischen Luftstreitkräften als Jagdfliegerbasis. Auf einem Teil des Flugfeldes betreibt der Luftsportverein Zerbst einen Sonderlandeplatz und das DRIFTCamp ein Fahrtrainingsgelände, das weitaus größere Areal dient als Solarpark. Zusätzlich entstand nach Teilabriss von Gebäuden im Kasernenbereich ein Windpark. Ein seit 2015 im Aufbau befindliches Begegnungszentrum informiert die Besucher über die Geschichte des Standortes und regenerative Energien als Schwerpunkt der Nachnutzung. Die Fliegerhorst-Kaserne als nichtöffentliches Gelände kann nicht betreten werden. Außerhalb des Flugplatzes lassen sich noch die Reste betonierter Rollwege in Richtung des südlich gelegenen Waldgebietes sowie hier erhaltene Abstellplätze erkennen.

Seit über 25 Jahren stehen die Gebäude der Fliegerhorst-Kaserne Zerbst leer und verfallen, 2016

Die Werfthalle, in der 1945 die Strahljäger Messerschmitt Me 262 einsatzfähig aufgerüstet wurden, 2016

Eines der Gebäude aus der Zeit als deutscher Fliegerhorst diente in der sowjetischen Epoche als Sporthalle, 2016

2.4.6 Fliegerhorst Lechfeld

Lechfeldkaserne
86836 Lagerlechfeld, Deutschland

www.mgs-lechfeld.de
www.sfg-lechfeld.de

In dem Fliegerhorst Lechfeld manifestieren sich über 150 Jahre deutsche Militärgeschichte, beginnend mit einem Artillerieschießplatz und der Kaserne Lager Lechfeld. Die erste fliegerische Nutzung beginnt 1913, fortgesetzt 1916 mit Schaffung des Flugpark Lechfeld für eine Fliegerschule. Zwischen 1919 und 1933 ruht der Flugbetrieb, aber schon 1934 nimmt der Neubau eines Fliegerhorstes seinen Betrieb als Bombenschule Lechfeld auf. Ein Jahr später als Kampffliegerschule bezeichnet deutet sich die vorrangige Nutzung für die nächsten Jahre an. Ab 1942 wurden hier umfassend die ersten Versuchsmuster des Strahljägers Me 262 im Flug erprobt. Als vorteilhaft hierfür erwies sich die 2000 Meter lange Start- und Landebahn des Fliegerhorstes. In den Kriegsjahren diente der Flugplatz bevorzugt der Erprobung neuer Flugzeuge, so der Me 163 (1941), Me 210 (1942), Me 264 (1943) sowie abschließend Ar 234 und He 162 (1945). Mitte 1944 bildeten sich hier Erprobungs- und Einsatzkommandos, die schließlich die ersten scharfen Einsätze mit dem Strahljäger Me 262 durchführten. Schon kurz zuvor begann die amerikanische Luftwaffe mit dem ersten einer ganzen Reihe von Luftangriffen auf den Fliegerhorst. Kaum dass die Rote Armee an der Oder stand und sich auf die Schlacht um Berlin vorbereitete, verlegte man Teile der Erprobungstelle der Luftwaffe im März 1945 von Rechlin nach Lechfeld und setzte hier das Erprobungsprogramm fort. Soweit das unter den Bedingungen der zunehmenden alliierten Luftüberlegenheit gerade noch möglich war. Bis in das Frühjahr 1945 hinein wurden hier Verbände mit Strahlflugzeugen aufgestellt oder umgeschult, das zeigt die hohe Bedeutung von Lechfeld für die Strahlfliegerei der Luftwaffe. Nachdem Ende April 1945 amerikanische Truppen den Fliegerhorst besetzten, lief die nun zentral gesteuerte Operation »LUSTY« an. Von Lechfeld aus verlegten die Amerikaner im Juni mehrere Me 262, Ar 234 und weitere Flugzeuge auf dem Luftweg von deutschen Piloten gesteuert nach Frankreich, um sie von da in die USA zu verschiffen und dort schließlich zu erproben. Bis heute blieben aus dieser Beutesammlung eine Handvoll an Me 262 in verschiedenen Museen in den USA erhalten. Bis 1947 nutzte die US-Luftwaffe den Flugplatz für eigene fliegerische Zwecke. Die Ära der Bundeswehr begann 1956 mit dem Wiederaufbau des Flugplatzes, von 1958 bis 2013 war hier ein Jagdbombergeschwader stationiert. Die 2008 gegründete und auf dem Fliegerhorst beheimatete Militärgeschichtliche Sammlung stellt eine Dauerausstellung zur seit 1859 währenden Militärgeschichte des Standortes dar.

Bild links: Flugbetrieb mit Messerschmitt Me 262 auf dem Lechfeld, 1944

Bild rechts: Nahezu unverändert dient dieses Gebäude seit über einem Vierteljahrhundert als Flugleitstelle, 2009

Blick in einen Ausstellungsraum der Militärgeschichtlichen Sammlung Fliegerhorst Lechfeld, 2009

2.4.7 Fliegerhorst Brandis

Am Alten Flugplatz, 04821 Brandis, Deutschland

GPS: 51°19'58.1"N 12°39'14.4"E (Flugleitung)
GPS: 51°19'56.3"N 12°38'14.7"E (Bogendeckung Me 163)

Der auch unter dem Namen Polenz oder Waldpolenz bekannte Fliegerhorst Brandis in der Nähe von Leipzig stammt als Neubau aus der Anfangszeit der Luftwaffe und ging nach einjähriger Bauzeit im Oktober 1935 in Betrieb, auffällig ist die später auf 1800 Meter verlängerte Hauptstart- und Landebahn. In den ersten Jahren wurde hier mehrheitlich Blindflugausbildung betrieben, mit Kriegsbeginn wurden Jäger und Nachtjäger stationiert. Teile des KG 1 rüsteten hier ab Ende 1943 auf den schweren Bomber Heinkel He 177 um. Zudem diente der Flugplatz zur Erprobung von neuartigen Prototypen, neben dem Kreisflügelflugzeug Sack AS 6 und dem Versuchssegelflugzeug Horten H IX V1 insbesondere Junkers Ju 287 mit negativer Tragflächenpfeilung und Strahltriebwerken. Der Erstflug des Strahlbombers Ju 287 erfolgte im August 1944, kurz danach stoppte eine Entscheidung alle weiteren Arbeiten, die beiden Prototypen verblieben in Brandis. Ebenfalls im Sommer 1944 begann die kurze Ära der Raketenjäger Messerschmitt Me 163B, als Schutzobjekt galt das Industriegebiet Halle/Leipzig/Merseburg, konkret wohl das 45 Kilometer westlich von Brandis gelegene Hydrierwerk Leuna. Hier versuchte ursprünglich eine Gruppe des neu geschaffenen JG 400, des einzigen deutschen Raketenjäger-Einsatzverbands, die Operationsfähigkeit zu erreichen und bei mangelhafter und provisorischer Treibstoffbevorratung zu halten, um Aufgaben in der Reichsverteidigung durchzuführen. Mitte April 1945 besetzten amerikanische Truppen den Fliegerhorst, eine Inspektionszählung Mitte Mai ergab etwa 130 deutsche Flugzeuge in unterschiedlichsten Konditionen. Im Juli 1945 übernahm die Rote Armee den Fliegerhorst, bis 1992 diente er als sowjetischer Militärflugplatz. Nach Übergabe an die deutsche Verwaltung wurde der Rohbau einer für Me 163 errichteten Bogendeckung wiederentdeckt. Später aufgetauchte Baupläne vermitteln einen Eindruck von dem Bauwerk, das nie fertiggestellt wurde. Die vorgesehene Erdüberdeckung sowie die Rückseite mit Strahlabweiser und Vorderseite mit Torkonstruktion fanden dann in konstruktiv ähnlicher Form in vielen im Kalten Krieg errichteten Bogendeckungen Verwendung.

Nachdem bis 2005 noch ziviler Flugbetrieb möglich war, entstand im Anschluss auf dem Flugfeld der Solarpark Waldpolenz. Die einstigen Fliegerhorst-Bauten werden seitdem sukzessive abgerissen.

Seit mehreren Jahren verfällt die unter Denkmalschutz stehende Flugleitstelle, 2006

Triebwerksmontage am ersten Prototypen der Junkers Ju 287 im Mai 1944 in Brandis. Dieser Flugzeugtyp wurde nicht in die Serienproduktion übernommen.

Der unter sowjetischer Verwaltung baulich veränderte Rohbau war ursprünglich als Schutzbau für zwei Raketenjäger Messerschmitt Me 163 vorgesehen, 2006

2.4.8 Fliegerhorst Leck

Ketelsburgerweg Tor 10, 25911 Leck, Deutschland

www.sportfluggruppe.de

GPS: 54°47'39.6"N 8°57'58.8"E (Splitterschutzdeckungen)
GPS: 54°48'22.4"N 8°58'40.6"E (Munitionslager)
GPS: 54°46'57.0"N 8°57'21.4"E (Flugzeughalle)

Auch wenn die ersten Planungen bzw. Vorarbeiten für einen Fliegerhorst am nordwestlichen Rand von Leck aus dem Jahr 1936 datieren, erfolgte der Spatenstich erst im September 1939. In weniger als zwölf Monaten war der Flugplatz fertiggestellt und eine aus Lübeck hierher verlegte Werftkompanie begann mit periodischen Inspektionen und Wartungsarbeiten an mehrmotorigen Kampfflugzeugen. Ein Merkmal des Flugplatzes stellte das auffällige triangelförmige befestigte System aus drei Start- und Landebahnen mit jeweils 1200 Meter Länge dar. Abgesetzt vom Fliegerhorst entstand im Karlumer Forst ein Munitionslager mit zwei Dutzend Bunkern. Ab 1943 folgten Einsatzverbände, jeweils für ein paar Monate zur Auffrischung und auch zu Umschulungszwecken. Im Jahresverlauf 1944 sollten Teile des KG 53 von Leck aus im Rahmen des Unternehmen »Rumpelkammer« Einsätze gegen England fliegen. Das waren mit je einer Fi 103 bewaffnete modifizierte He 111H, die Flugbomben lagerten indes im Karlumer Forst. Zwischen Februar und März 1945 fanden Baumaßnahmen zur Verlängerung einer der Startbahnen auf 1600 Meter Gesamtlänge statt. Ab Mitte April 1945 sollten von Leck aus die Einsätze mit der He 162 A beginnen, als Einsatzverband wurde das einzige mit diesem Flugzeugtyp ausgerüstete Jagdgeschwader 1 Oesau auserkoren. Aufgrund des fortgeschrittenen Kriegsverlaufes blieb ein umfassender Einsatz im Rahmen der Reichsverteidigung aus. In den letzten Tagen sollen mit der He 162 vereinzelte Luftsiege über westalliierte Jagdbomber gelungen sein. Anfang Mai 1945 eroberten dann britische Truppen den Fliegerhorst, auf dem sich in den letzten Wochen und Tagen auch unzählige Einheitenreste einfanden, gezählt wurden dann schließlich 270 Flugzeuge der deutschen Luftwaffe. Die zahlreichen vorgefundenen He 162 stießen auf besonderes Interesse, sodass diese beispielsweise später in Großbritannien erprobt wurden. Der Fliegerhorst Leck wurde in den folgenden Jahren bis auf eine Flugzeughalle vollständig abgerissen. Nach Gründung der Bundeswehr entstand auf dem ursprünglichen Gelände Ende der 1950er-Jahre ein neuer Fliegerhorst, auf dem bis 1993 ein Aufklärungsgeschwader lag. Die alte Flugzeughalle sowie einige Splitterschutzdeckungen im Norden des Flugplatzes wurden hierbei in den Neubau integriert. Im Anschluss diente der Flugplatz für zwei Jahrzehnte der bodengebundenen Flugabwehr der Luftwaffe als Friedensausbildungsstellung.

Heute führt auf einem Teilbereich des einstigen Militärgeländes die Sportfluggruppe Leck auf Vereinsebene Motor- und Segelflug durch.

Die Flugzeughalle etwa in der Bildmitte stammt vermutlich aus der Zeit von vor 1945, 2010

Von Leck aus wurden Einsätze mit Heinkel He 111 geflogen, die Fieseler Fi 103 gegen Großbritannien abfeuerten, 1944

Der einzige, mit Heinkel He 162 ausgerüstete, Einsatzverband der Luftwaffe war in Leck stationiert, hier ein erhaltenes Exemplar im Berliner Technikmuseum, 2017

2.4.9 Fliegerhorst Deelen

Museum Deelen
Hoenderloseweg 10, 6816 SW Arnhem, Niederlande

www.fliegerhorstdeelen.nl/en

GPS: 52°03'47.4"N 5°53'45.7"E (Feuerwache)
GPS: 52°02'35.2"N 5°53'04.2"E (Tanklager Me 163)
GPS: 52°02'16.9"N 5°52'53.2"E (Flugzeughalle Bf 110)
GPS: 52°02'37.8"N 5°51'13.7"E (Flugzeughalle Bf 109)
GPS: 52°01'59.8"N 5°51'54.1"E (Divisions-Gefechtsstand)

Nachdem die Wehrmacht die Niederlande 1940 besetzt hatte, entwickelte sich der aus dem Jahr 1913 stammende Flugplatz Deelen nach sofort eingeleiteten umfangreichen Baumaßnahmen zum größten Fliegerhorst der deutschen Luftwaffe. Mit 3600 Hektar Fläche war der damit vermutlich auch der größte Flugplatz in Europa. Abweichend vom typischen Aufbau der Fliegerhorst-Architektur im deutschen Reich lag in Deelen der Schwerpunkt bei den neu geschaffenen Infrastrukturen auf Tarnung und Auflockerung. Auf den ersten Blick ließ sich aus der Luft nur das befestigte System der drei Start- und Landebahnen erkennen. Die davon weit entfernt angelegten über 60 Flugzeughallen und unzähligen Funktionsgebäude erhielten durch ihre »Heimatschutzarchitektur« ein gänzlich ziviles Erscheinungsbild. Diese aufgelockerte Bauweise wurde auf vielen Flugplätzen der Deutschen Luftwaffe in den besetzten Niederlanden angewendet. Auch wenn die Funktionen der verschiedenen Gebäude funktionell immer gleich blieben, wurden die jeweiligen Gebäude der lokalen Architektur angepasst um den Schein einer landwirtschaftlich geprägten Gegend aufrechtzuerhalten. Die Tarnung wurde mitunter durch die Aufstellung hölzerner Kühe perfektioniert so das in Gruppen angeordnete Wohnhäuser, Scheunen und Schuppen den Eindruck von Bauernhöfen hinterließen. Die Hauptbauphase endete Mitte 1941, der Fliegerhorst beherbergte mehrheitlich Tag- und Nachtjäger. Im Jahresverlauf 1944 begannen die Vorbereitungen zur Stationierung des Raketenjägers Me 163 in Deelen. Die drei in der besetzten Niederlande gelegenen Fliegerhorste Twenthe, Deelen und Venlo lagen jeweils etwa 70 Kilometer auseinander, waren als Stationierungsort für den neuen Flugzeugtyp vorgesehen und sollten so einen Sperrriegel beim direkten Einflug alliierter Bomber in das Reichsgebiet bilden. Soweit bekannt entstand in Deelen lediglich das Spezialtreibstofflager für die Me 163, hier in der in die Erde eingelassenen splittergeschützten Bausführung. Die deutsche Besetzung endete im September 1944. Der Kernbereich dient nach weiterem Ausbau in den 1950er-Jahren dauerhaft als Militärflugplatz. Das ursprüngliche Flugplatzgelände wurde 2007 zum nationalen Kulturdenkmal erklärt und ist damit das größte seiner Art im Land. Ein Museum informiert seit mehreren Jahren über die Flugplatzgeschichte und die Operation »Market Garden« in der Region. Das Flugplatzgelände ist im Rahmen geführter Besichtigungen für die Öffentlichkeit zugänglich.

Als Scheune getarnte Flugzeughalle zur Abstellung von Flugzeugen der Größenordnung Bf 109 bzw. Fw 190, 2017

Eine weitere als Scheune getarnte Flugzeughalle, vermutlich zur Unterstellung einer Messerschmitt Bf 110 geeignet, 2017

Diese unscheinbare Betonplatte ist vermutlich ein Hinweis auf das darunter liegende unterirdische Treibstofflager für den Raketenjäger Me 163, 2017

2.5 Luftschutz

2.5.1 Entwicklung des zivilen Luftschutzes

Die Versailler Verträge untersagten den Aufbau einer militärischen Luftwaffe in Deutschland, doch schon kurz nach der Machtergreifung der Nationalsozialisten wurde schrittweise daran gearbeitet die Bestimmungen zu umgehen. Nach der Bestellung eines Reichskommissars für die Luftfahrt bereits im Frühjahr 1933 wurde kurze Zeit darauf das Reichsluftfahrtministerium (RLM) gegründet. Zum Minister wurde der Jagdflieger des Ersten Weltkrieges und Mitglied der NSDAP Hermann Göring berufen. Unter seiner Führung wurde die Entwicklung der militärischen Luftwaffe forciert. Daneben wurden dem RLM auch der Reichsluftschutzbund (RLB) unterstellt, der im April 1933 aus der Zwangsvereinigung der beiden bereits existierenden Vereine Deutscher Luftschutz (DLS) und Deutsche Luftschutzliga hervorgegangen war. Als eine der nationalsozialistischen Massenorganisationen waren im RLB 1939 knapp 15 Millionen Menschen organisiert, die nicht nur die sogenannten Luftschutzwarte unterhielten, sondern die Bevölkerung im Rahmen eines Selbstschutzes vor Luftangriffen vorbereiteten und nach Ausbruch des Zweiten Weltkrieges praktisch und psychologisch unterstützten. Durch die Gründung des RLB wird schon früh offenbar, welche tatsächlichen Absichten die Nationalsozialisten verfolgten. Nachdem in einer ersten Phase lediglich Neubauten der Partei- und Staatsführung mit bombensicheren Schutzräumen ausgestattet wurden, wurde der zivile Luftschutz erst Ende der 1930er-Jahre in Vorbereitung des Krieges forciert. In einer ersten Etappe wurden Keller- und Tiefgeschosse von Wohnbauten so verstärkt, dass ein Überleben auch während eine Luftkrieges möglich wurde. Der Vorteil bestand auch darin, dass die Wege aus den Wohnungen ins Kellergeschoss wenig Zeit in Anspruch nahmen. Doch nach Ausbruch des Krieges und nachdem feindliche Flugzeuge im ersten Kriegsjahr zuerst vereinzelt Städte in Nord- und Westdeutschland angegriffen hatten, veränderte sich die Situation im Sommer 1940 grundlegend. Bis dahin oblag Hermann Göring, dem Oberbefehlshaber der Luftwaffe und Reichsminister der Luftfahrt, die alleinige strategische Planung und Weisungsbefugnis bei der Errichtung von Luftschutzbauten in Deutschland. Als Reaktion der deutschen Großangriffe auf englische Städte im Sommer 1940 erfolgte in der Nacht vom 25. zum 26. August 1940 der erste geschlossene Luftangriff der Royal Air Force auf Berlin. Weitere Bombardements auf andere deutsche Städte folgten. Von der NS-Propaganda wurden alliierte Luftangriffe auf die Reichshauptstadt stets für unmöglich erklärt. Die neue Entwicklung versetzte die NS-Führung in höchste Alarmbereitschaft. Zum Schutz der Zivilbevölkerung, deren moralischer Unterstützung während des Krieges, aber auch zum Schutz der zahlreichen Rüstungsbetriebe wurde in einer ersten Konsequenz am 9. September 1940 die Errichtung von gewaltigen Flak-Türmen beschlossen. In den Städten Berlin, Hamburg und Wien sollten diese kolossalen Bauten anfliegende Bomberverbände unter Beschuss setzen können und zugleich in den unteren Etagen auch Schutzräume für die Zivilbevölkerung zur Verfügung stellen. Nach ersten Beschlüssen zum Bau von reinen zivilen Schutzbunkern am 26. September folge am 10. Oktober 1940 schließlich ein umfassender »Führererlass« zum Bau von Zehntausenden Bunkern für die Zivilbevölkerung. Das sogenannte »Führer-Sofortprogramm« wurde in Berlin unter die Kontrolle und Aufsicht Albert Speer als Generalbauinspektor der Reichshauptstadt und für das übrige Staatsgebiet Fritz Todts, als Generalbevollmächtigter für die Regelung der Bauwirtschaft, gestellt. Nach Todts Tod im Februar 1942 erfolgte die gesamte Koordination durch Albert Speer. Das Bauprogramm sah allein für Berlin vor, in kürzester Zeit bis zu 2000 neue Bunker zu errichten, um jeden Bewohner der Stadt – so die NS-Propaganda – einen bombensicheren Platz in einem Bunker zur Verfügung zu stellen. Neben Berlin wurden 60 weitere Städte, die sogenannten Luftschutzorte I. Ordnung, benannt, um priorisierte Städte und Ballungszentren in einer ersten Bauphase mit Bunkerbauten auszustatten. Diese Kategorisierung stützte sich nicht nur auf die Einwohnerzahl, sondern orientierte sich auch an der Existenz wichtiger Rüstungsunternehmen oder einfach an der Lage innerhalb des Reichsgebietes. Doch die vollmundig verkündeten Zielsetzungen wurden bei weitem nicht erfüllt. Bis zum Sommer 1941 konnten in allen ausgewählten Städten lediglich knapp 900 Anlagen mit rund 400.000 Bunkerplätzen für die dort insgesamt etwa 20 Millionen Einwohner fertiggestellt und übergeben werden. Im Verlauf der folgenden Monate wurde das Bauprogramm auf weitere Regionen ausgedehnt und aus ökonomischen Gründen modifiziert. Die verschiedenen Projekte konkurrierten um Material und verfügbare Arbeitskräfte. Die Luftschutzorte II. Ordnung wurden nun vornehmlich mit Luftschutzstollen- bzw. gräben ausgestattet, die zwar schneller gebaut werden konnten und weniger Baumaterial benötigten, aber letztlich nur einen Splitterschutz und keinen Vollschutz bei einem Direkttreffer boten, wie das in den massiveren Hoch- oder Tiefbunkern der Fall war. Die Situation verschärfte sich 1942. Die alliierten Luftstreitkräfte, die sich in ihren Operationen zuvor gezielt auf Rüstungsstand-

B-17G-Bomber der USAAF auf dem Weg nach Deutschland, 1944

orte oder Verkehrsknoten konzentrierten, gingen nun zu Flächenbombardements von Städten und Regionen über. Dadurch sollte die Moral der deutschen Bevölkerung geschwächt werden. Denn, so war das Kalkül, wenn der Rückhalt des NS-Regimes in der Bevölkerung fehle, werde das Volk kriegsmüde. Bis zum Mai 1945 wurden insgesamt im Rahmen des »Führer-Sofortprogramms« etwa 3000 zivile Bunkeranlagen fertiggestellt. Weitaus weniger Anlagen als zuvor propagiert. Für die Bauarbeiten wurden ab 1941 verstärkt auch Zwangsarbeiter, Kriegsgefangene und KZ-Häftlinge eingesetzt, die die Bunker in der Regel selbst aber während eines Luftangriffes nicht aufsuchen durften. Eine perfide und menschenverachtende Ideologie und Praxis des nationalsozialistischen Systems. Doch Luftschutzbunker boten nicht immer die in Aussicht gestellte Zuflucht. Heute sind zahlreiche Fälle dokumentiert, bei denen Bunker durch Luftangriffe zerstört wurden und die Insassen unter sich begruben. Oder der Fall des verheerenden Feuersturms in Hamburg, bei dem die Schutzsuchenden im Sommer 1943 innerhalb der Bunker erstickten. Auch wenn die zivilen Bunker viele Menschenleben retten konnten, bot kein Bunker zu jeder Zeit einen allumfassenden Schutz. Die umgebenden Städte sind vielerorts in eine Trümmerlandschaft verwandelt worden. Nach Ende des Zweiten Weltkrieges beschloss der Alliierte Kontrollrat – das oberste Exekutivorgan der vier Siegermächte in Deutschland – im Dezember 1945 in der Direktive Nr. 22 die Zerstörung aller militärisch nutzbaren Bunkeranlagen. Die Umsetzung wurde in den Besatzungszonen unterschiedlich gehandhabt. Heute mahnen noch vielerorts die Kolosse aus Beton an den Schrecken und die Idiotie des Krieges.

Quer durch Deutschland wurden nach den alliierten Luftangriffen massive Luftschutzbunker oder provisorische Splitterschutzgräben errichtet, 1943

2.5.1.1 Hochbunker Reinhardtstraße / Albrechtstraße, Berlin

Sammlung Boros
Reinhardtstraße 20, 10117 Berlin, Deutschland
www.sammlung-boros.de

GPS: 52°31'24.8"N 13°23'02.4"E

Nach den ersten Luftangriffen auf Berlin und seine Umgebung wurde Albert Speer am 30. September 1940 als Generalbauinspektor für die Reichshauptstadt mit der Projektierung und dem Bau von Luftschutzeinrichtungen für die Zivilbevölkerung in Berlin beauftragt. Das am 10. Oktober 1940 erlassene »Führer-Sofortprogramm« (auch Luftschutz-Sofortprogramm genannt) läutete in Berlin und 60 weiteren Städten eine hektische Bauaktivität ein. In der Nähe von wichtigen Verkehrsknotenpunkten und in den Wohngebieten sollten jetzt Hunderte meist standardisierte Hoch- und Tiefbunker zum Schutz der Zivilbevölkerung errichtet werden. Dieses Bauprogramm verschlang Unmengen an Personal und Baumaterialien. Für die Umsetzung wurden aber nicht nur hiesige Arbeitskräfte, sondern auch Tausende Fremd- und Zwangsarbeitern beschäftigt. Im Verlauf des Krieges sollte die Zahl der unter Zwang beschäftigten Personen einen hohen Anteil ausmachen. Trotzdem entbrannte förmlich ein Kampf um Material und Personal, da auch Teile der Rüstungsindustrie in den bombensicheren Untergrund verlagert werden sollten und die Wehrmacht überdies Ressourcen für gigantische Bauwerke wie den Atlantikwall von der französischen bis zur norwegischen Nordseeküste einforderte. Trotzdem wurden in Berlin bis zum Kriegsende knapp 1000 Bunkeranlagen verschiedenster Größen errichtet. Zu einem der größten Bauwerke der Stadt, das bis in die Gegenwart überdauert hat, zählt heute der oberirdische »Reichsbahnbunker« in der Nähe des Bahnhofs Friedrichstraße. Der Betonkoloss wurde 1943 nach zwei Jahren Bauzeit fertiggestellt und bot 2500 Menschen Schutz in 120 Räumen, die sich auf fünf Etagen verteilten. Im Falles eines Luftangriffes hielten sich im Bauwerk aber weitaus mehr Menschen auf. Bis zu zwei Meter dicke Außenwände boten bis Ende des Krieges Schutz vor den alliierten Fliegerangriffen. Nach dem Zweiten Weltkrieg wurde innerhalb des Bauwerkes vom sowjetischen Geheimdienst NKWD – dem Vorläufer des KGB – kurzzeitig ein Untersuchungsgefängnis betrieben. Im Anschluss folgte eine unterschiedliche Nutzung: ab 1949 zuerst als Lager für Textilien und ab 1957 für Trocken- und Südfrüchte, was dem Koloss den Spitznamen »Bananenbunker« einbrachte. Kurze Zeit nach der deutschen Wiedervereinigung begann ab 1992 die kulturelle Nutzung mit dem legendären Musikclub »Bunker«, der Besucher aus aller Welt anzog. Zwischen 2004 und 2007 entstand ein Penthouse auf dem Bunkerdach. Nach dem Erwerb durch eine Investorengruppe 2011 folgte zwei Jahre später der Weiterverkauf an den Medienunternehmer und Kunstsammler Christian Boros. Heute kann Boros' Sammlung zeitgenössischer Kunst nach Anmeldung besichtigt werden.

Der Reichsbahnbunker in der Nähe des Bahnhof Friedrichstraße zählte zu einem der größten Bunkerbauten in Berlin, 2012

Noch immer sind die Spuren des Krieges, wie hier die Absplitterungen, an vielen Gebäuden in der Stadt zu sehen, 2012

2.5.1.2 Hochbunker Wallensteinstraße, Hannover

Torstenssonstraße / Wallensteinstraße, 30459 Hannover
Deutschland
www.vorbei-ev.de

GPS: 52°20'30.7"N 9°42'47.5"E

In Hannover und Umgebung wurden bis Ende des Krieges von den 64 geplanten Luftschutzbunkern 58 errichtet. Die Landeshauptstadt Niedersachsens zählte zu den Luftschutzorten I. Ordnung, die im Rahmen des »Führer-Sofortprogramms« ab Oktober 1940 verstärkt ausgebaut werden sollten. In Hannover wurden vornehmlich typisierte Bauwerke errichtet. Der Hochbunker in Ricklingen gehörte zu einem der Bautypen von dem etwa zehn weitere bauähnliche Anlagen stadtweit entstanden. Auf vier Etagen sollten den Planungen nach 2000 Menschen Schutz während der alliierten Luftangriffen finden. Doch auch hier waren die Bauwerke im Falle eines wirklichen Angriffes mehrfach überbelegt. Während der knapp 100 Luftangriffe auf die Region verloren etwa 7000 Menschen ihr Leben. Aufgrund der zahlreichen Industrieunternehmen, aber auch wegen der militärischen Standorte zählte die Region zu einem der favorisierten Ziele der Alliierten. So produzierten u. a. die Continental-Werke wichtige Bauteile für die Flugzeugindustrie in Form von Reifen, Hartgummireifen und weiteren Gummierzeugnissen. Die großen Raffinerien der Deurag und Nerag in Misburg lieferten Benzin, Treibstoff und Motorenöl für die Luftwaffe. Der Bunker in Ricklingen sicherte das Überleben von zahlreichen Menschen, während mit Ende des Krieges weite Teile der Stadt einer Trümmerlandschaft glichen.

In den 1960er-Jahren wurde auch das Bauwerk modernisiert und umgerüstet, um auch im Falle eines Atomschlages der Truppen der Warschauer-Pakt-Staaten ein Überleben der Zivilbevölkerung der Bundesrepublik zu ermöglichen. Nach den Planungen sollte innerhalb des Bauwerkes ein Aufenthalt für 14 Tage sichergestellt sein. Im Rahmen einer Instandsetzung von ehemaligen Bunkern aus der Zeit des Nationalsozialismus wurden so quer durch die Bundesrepublik mehr als 1000 Anlagen einer neuen wie alten Funktion zugeführt. Doch mit dem Zusammenbruch des Ostblocks und dem Ende des Kalten Krieges verloren auch diese umgewidmeten Anlagen ihre Funktion. Vielerorts wurden sie sich selbst überlassen. Nur wenige Bauten werden heute museal genutzt und mahnen an die unterschiedlichen Nutzungsepochen.

Der im Kalten Krieg zur Zivilschutzanlage umgenutzte Hochbunker in Hannover, 2014

Treppenhaus und Sitzgelegenheiten in der heute als Museum betriebenen Zivilschutzanlage, 2014

2.5.1.3 Hochbunker Blumenstraße, München

Zivilschutzanlage
Blumenstraße 22, 80331 München, Deutschland

GPS: 48°08'01.7"N 11°34'24.7"E

Im Rahmen des »Führer-Sofortprogramms« wurden neben München in weiteren 60 Städten neue Schutzräume für die Zivilbevölkerung errichtet. In München selbst wurden bis 1945 etwa 50 Hoch- und Tiefbunker im Rahmen des Bauprogramms gebaut. Von diesen Betonbauten ist heute noch etwa die Hälfte vorhanden. Sie stehen größtenteils leer oder wurden zu zivilen Zwecken zugeführt. Der damalige Stadtbaurat Karl Meitingen war für die Umsetzung der Arbeiten zuständig. In München wurde stark darauf geachtet, die Betonbauten an das bestehende Straßenbild anzupassen, daher wurden sie mit traditionellen Gestaltungselementen versehen. Doch der Verlauf des Zweiten Weltkrieges und die Zunahme der Luftangriffe forderte auch hier den Wechsel hin zu einfachen Formen und Gestaltungen. So wurde in den letzten Kriegsjahren etwa auch auf die Tarnanstriche verzichtet, die ohnehin bei Mondschein stark reflektierten und somit teils als Orientierungspunkte für die alliierten Bomberverbände dienten. Mit den Flächenbombardements waren sämtliche Tarnmaßnahmen ab März 1942 hinfällig geworden. Der Hochbunker in der äußeren Gestalt eines Wehrturms wurde 1941 unter der Anwesenheit des damaligen Reichsministers für Bewaffnung und Munition Fritz Todt offiziell eingeweiht. Auf sechs Etagen konnten hier bis zu 1200 Bewohner der Umgebung Schutz finden. Die Wandstärke des Bauwerkes beträgt 1,20 Meter. Nach Ende des Zweiten Weltkrieges konnte sich die Stadtverwaltung erfolgreich den Bestimmungen widersetzen und glaubhaft belegen, dass die Bauwerke nun nur noch dem Zivilschutz dienten und keine militärische Funktion mehr besaßen. Im Rahmen des Zivilschutzes im Zeitalter des Kalten Krieges wurde der Hochbunker Blumenstraße in den 1960er-Jahren schließlich saniert und in die Zivilschutzbindung aufgenommen. Nach seiner Sanierung und Anpassung an die modernen Verhältnisse konnten dort im Kriegs- und Katastrophenfall 750 Personen für bis zu 48 Stunden Schutz finden. In München wurden zahlreiche Bunkerbauten aus dem Zweiten Weltkrieg umgewidmet oder in ihnen sogenannte Mehrzweckanlagen für den Zivilschutz eingerichtet. Ein übergreifendes Konzept für die Nachnutzung der Bunkerbauten ist in München aktuell nicht vorhanden. 2016 wurden Pläne offenbar, innerhalb des Bunkers eine Ausstellung zur Geschichte des Bunkers und des Luftkrieges einzurichten.

Der Hochbunker Blumenstraße wurde bei der Errichtung aufwendig architektonisch gestaltet, damit er sich zur Tarnung ins Stadtbild einfügt, 2012

2.5.2 Luftschutzbunker für Regierung und Militär

Neben den zivilen Bunkerbauten wurden spätestens ab Mitte der 1930er-Jahre die Bautätigkeiten für militärische Bunkerbauten in Deutschland aufgenommen. Hier kann zwischen kriegsvorbereitenden Maßnahme, wie etwa der Errichtung von verbunkerten Nachrichtenknoten, Vermittlungs- und Führungsstellen, und, nach Ausbruch des Zweiten Weltkriegs, einem umfassenden Bauprogramm auf zahlreichen Ebenen unterschieden werden. So wurden nicht nur die Kommandostrukturen der 1935 gegründeten Luftwaffe in verbunkerten Bauten, sondern schrittweise auch die Flugzeugindustrie, aber auch die Produktion bzw. Sicherung der notwendigen Treibstoffe und Mineralöle in bombensichere Gebäude oder in den Untergrund verlegt. Wurden auf den Baustellen vor Ausbruch des Krieges noch deutsche Arbeitskräfte eingesetzt, beutete man in den Jahren des Zweiten Weltkrieges skrupellos Fremd- und Zwangsarbeiter oder Häftlinge aus den nationalsozialistischen Konzentrationslagern aus. Die Unterbringung erfolgte zumeist in provisorischen Lagern. Die mangelhafte Versorgung mit Lebens- oder Arzneimitteln und die miserablen hygienischen Umstände führten zu einer hohen Sterblichkeit der inhaftierten und ausgebeuteten Menschen. Noch bis zum Ende des Krieges wurden immer mehr Menschen für die Bauarbeiten herantransportiert, um die wahnsinnigen Bauprojekte umzusetzen. Der Tod der Menschen wurde dabei stets in Kauf genommen. Anders als die zivilen Bunkerbauten wurden die militärischen Bunker entweder vollständig zerstört oder, so sie in einem der besetzten Länder Europas lagen, teilweise auch nachgenutzt.

Blick in einen museal nachgenutzten Westwall-Bunker, 2012

Ein Gefechtsbunker am sogenannten Westwall an der Grenze zwischen Deutschland und Frankreich, 1939

2.5.2.1 Hauptquartier der Luftwaffe »Großer Kurfürst«, Geltow

Henning-von-Tresckow-Kaserne
Werderscher Damm 21-29, 14548 Schwielowsee, Deutschland

GPS: 52°23'10.5"N 12°58'19.0"E

Im Rahmen der Kriegsvorbereitung der Wehrmacht wurden im Berliner Umland zahlreiche militärische Einrichtungen aufgebaut. Für das Heer entstanden umfassenden Bauten in Zossen und für die Luftwaffe wurde ein Areal bei Geltow bestimmt. In der Nähe zu Potsdam wurde nach Plänen von Ernst Sagebiel ein repräsentativer Kasernenkomplex an der Westseite des Großen Entenfängerberges gebaut. Sagebiel war zur Zeit des Nationalsozialismus einer der bekanntesten Architekten, von dem u. a. auch die Entwürfe für die Zentrale des Reichsluftfahrtministeriums in der Berliner Wilhelmstraße (heute Bundesministerium der Finanzen), für den Gebäudekomplex des neuen Flughafens Berlin-Tempelhof) und die Heeres- und Luftwaffennachrichtenschule Halle (> Halle-Nietleben) stammen. Für den Standort der Luftkriegsschule III wurden ebenfalls der Hauptsitz in Werder bestimmt. Daher wurden zwischen 1936 bis 1939 nördlich von Geltow Unterkunfts- und Kommandanturgebäude sowie umfangreiche unterirdische Luftschutzeinrichtungen errichtet. Die große Bunkeranlage mit der offiziellen Tarnbezeichnung »Großer Kurfürst« hieß im Volksmund »Göring-Bunker«, da sie im Verlauf des Zweiten Weltkrieges als wichtigstes Hauptquartier des Oberkommandos der Luftwaffe diente. Doch der unterirdische Komplex war nicht nur ein militärisches Führungszentrum, sondern auch als ein bombensicherer Einlagerungsort von Kunstschätzen und Kulturgütern. So wurden etwa die Sarkophage von Friedrich Wilhelm I. und Friedrich II. aus der Potsdamer Garnisonkirche in den Luftwaffenbunker vorübergehend ausgelagert. Da die projektierten Anlagen schon bald nicht mehr für die Soldaten reichen, wurden zusätzlich auf dem Kasernengelände 1942 vier Hochbunker der Bauart »Winkel« errichtet. Bei den alliierten Luftangriffen fanden so insgesamt etwa 1000 weitere Angehörige der Wehrmacht Schutz im Bombenkrieg. Die Kaserne wurde während des Zweiten Weltkrieges nicht zerstört. Daher bezogen die sowjetischen Besatzungstruppen den Standort bis in die 1950er-Jahre mit dem Stab der 16. Luftarmee. Nach deren Abzug nach Wünsdorf wurde die Liegenschaft zur Kaserne der Nationalen Volksarmee bestimmt. Noch heute befindet sich der Komplex bei Geltow in militärischer Nutzung der Bundeswehr.

Auch in der Zeit des Kalten Krieges wurde auf dem Kasernengelände im Auftrag der NVA eine großräumige Bunkeranlage errichtet, 2012

Luftschutzturm der Bauart »Winkel« auf dem Gelände der heutigen Henning-von-Tresckow-Kaserne, 2012

2.5.2.2 Ausweichquartier des Oberkommandos der Luftwaffe, Bad Wildungen

Fürstenhof
Brunnenallee 39, 34537 Bad Wildungen, Deutschland

GPS: 51°06'53.2"N 9°06'33.6"E

Für die drei Teilstreitkräfte der Wehrmacht standen zu Beginn des Krieges lediglich besonders ausgestattete Eisenbahnwagen zur Verfügung, aus denen heraus eine mobile Führung des Krieges möglich war. Erst im Verlauf des Zweiten Weltkrieges ging man dazu über, für die obersten Kommando- und Befehlsstrukturen massive Bunkerbauten in der Nähe der Front zu errichten. Quer durch Europa wurden daher zahlreiche verbunkerte Hauptquartiere errichtet. Zu den bekanntesten Standorten zählte die »Wolfsschanze« (> »Führerhauptquartier Wolfsschanze«), so die Tarnbezeichnung des militärischen Führungszentrums im Wald bei Rastenburg in Ostpreußen. Neben den bekannteren größeren sogenannten Führerhauptquartieren wurden auch weitere heute teils weniger bekannte Strukturen geschaffen. Ab 1938 wurde der Bau von insgesamt 17 Bunkern in Bad Wildungen in Auftrag gegeben. Die Planungen seien laut Zeitzeugenaussagen auf direkten Befehl des Oberkommandierenden der Luftwaffe Hermann Göring erfolgt. Teile des Hauptquartiers der Luftwaffe sollten nach der Fertigstellung hier untergebracht werden, um von hier aus die Kämpfe bzw. die Unterstützung der Luftwaffe während des Westfeldzug sicherzustellen. Doch letztlich wurde das Ausweich-Hauptquartier nie bezogen. Bis Ende des Krieges wurden lediglich 15 der geplanten Bunker fertiggestellt und dienten als Luftschutzanlagen der Bevölkerung. Hermann Göring ließ sich als Chef der Luftwaffe in Vergleich zu anderen Ministern des NS-Regimes besonders viele Bunkerbauten an permanenten und temporären Dienstsitzen, aber auch in seinen zahlreichen privaten Residenzen errichten. Vermutlich im Wissen über die Möglichkeiten der ausländischen Luftstreitkräfte.

Heute kann über die Stadtmarketing-Gesellschaft eine Führung vorbei an zahlreichen Bauten, die quer durch die Stadt verteilt sind, organisiert werden. Hier wie andernorts sorgen die Hinterlassenschaften der Geschichte auch dafür, dass Touristen in Gegenden finden, die sie zuvor vielleicht nicht auf dem Urlaubsplan stehen hatten. Für einige Gemeinden ist der sogenannte Dunkle Tourismus, also die Reise zu Orten, an denen zum Beispiel einst militärischen Schlachten stattfanden, oder sich führende Persönlichkeiten des NS-Regimes aufhielten, Fluch, für die anderen ein Segen. Eine kritische Aufarbeitung ist in allen Fällen notwendig.

Einer der 17 Bunkerbauten in Bad Wildungen, 2016

Ein kleinerer Rundbunker am Rande einer Parkanlage in Bad Wildungen, 2016

Sogenannter Torbunker in der Poststraße in Bad Wildungen, 2016

2.5.2.3 »Führerhauptquartier Wolfsschanze«

Gierłoz, 11-400 Ketrzyn, Polen
www.wolfsschanze.pl

GPS: 54°04′48.7″N 21°29′37.3″E

Nach den ersten Monaten des Zweiten Weltkrieges, in denen die militärischen Operationen aus provisorisch errichteten Befehlsstellen befehligt wurden, wurde neben der Errichtung von bombensicheren Abstellplätzen für die sogenannten Führersonderzüge schon bald der Aufbau mehrerer ortsfester »Führerhauptquartiere« im Hinterland der eigentlichen Front beschlossen. In Rastenburg begannen die Bauarbeiten in den ostpreußischen Wäldern im Dezember 1940, um hier eine Kommandozentrale für die Ausweitung des Krieges in Richtung Osten zu schaffen. Die Bauarbeiten wurden unter strengster Geheimhaltung von der »Organisation Todt« (OT) durchgeführt. Die militärisch organisierte OT war nach ihren Chef Fritz Todt benannt und bei der baulichen Umsetzung von staatlichen Schutz- und Rüstungsprojekten federführend, neben dem Bau des West- und Atlantikwalls auch unzählige verbunkerte Hauptquartiere. In der Wolfsschanze wurden in mehreren voneinander abgetrennten Sperrkreisen für die sichere Unterbringung Hitlers und seiner Gefolgschaft sieben massive Hochbunker und 40 verbunkerte Baracken sowie mehrere Wirtschafts-, Wohn- und Verwaltungsgebäude errichtet. Im Umkreis des eigentlichen Führerhauptquartieres unterhielten die Oberkommandierenden des Heeres und der Luftwaffe, des Reichsführers der SS Heinrich Himmler und der Reichsaußenminister Joachim von Ribbentrop weitere eigenständige verbunkerte Quartiere. Hermann Göring selbst konnte im inneren Sperrkreis I der Wolfsschanze über einen eigenen Bunker verfügen. Das gesamte Objekt diente nach seiner Fertigstellung als einer der wichtigsten Dienstsitze Adolf Hitlers und seiner Entourage. Er hielt sich rund 800 Tage hier während seiner Amtszeit auf und leitete von hier sämtliche Amts- und Regierungsgeschäfte. Am 20. Juli 1944 wurde auch hier im Sperrkreis I das Attentat auf Hitler und den inneren Zirkel durch den Generalstabsoffizier Claus Schenk Graf von Stauffenberg unternommen. Durch diesen Versuch ist er heute das bekannteste Mitglied einer militärischen Widerstandsgruppe. Das Attentat, welches dem Sturz der NS-Führung dienen sollte, misslang, und die »Verschwörer«, so auch Stauffenberg, wurden teils noch am selben Tag hingerichtet. Kurz vor dem Einmarsch der Roten Armee Ende Januar 1945 wurde das Objekt vollständig evakuiert und die massiven Bauten von der Wehrmacht gesprengt. Heute dient die Liegenschaft als Mahnung an den Krieg, gleichwohl es bis heute leider noch immer nicht geschafft wurde, eine wissenschaftlich fundierte Dokumentationsstätte aufzubauen.

Der Bunker Herrmann Görings im sogenannten Sperrkreis I im Führerhauptquartier Wolfsschanze, 2011

Bunker mit Warnhinweis im ehemaligen Sperrkreis I, 2011

Eine Gedenktafel im ehemaligen Sperrkreis I in Erinnerung an Graf von Stauffenberg für das Attentat auf Adolf Hitler am 20. Juli 1944, 2011

Schutzbau im Sperrkreis II, 2011

2.6. Reichsluftverteidigung

Die Reichsluftverteidigung sollte als Gesamtsystem aller verfügbaren Kräfte und Mittel der Luftwaffe den Einflug feindlicher Flugzeugverbände in den Luftraum des Deutschen Reichs verhindern oder zumindest erschweren. Hierzu standen in Tag- und Nachtjagd organisierte Jagdflugzeuge sowie die bodengebundene Flugabwehr in Form der Flakartillerie zur Verfügung. Zunächst erfolgten die Einflüge britischer Bomber in zweistelliger Anzahl am Tage, während in den späteren Jahren die Bomberströme fast 1000 Flugzeuge aufwiesen. Funkelektronische Gegenwirkungen erschwerten die Darstellung der Luftlage und somit die Koordination der eigenen Jagdflugzeuge. Die Reichsluftverteidigung war schließlich den britischen Bombern in der Nacht und den amerikanischen Bombern am Tage nicht mehr gewachsen, die zudem Schutz von Begleitjägern großer Reichweite erhielten. Trotz technischer Neuerungen wie Radargeräten, die Einführung von strahl- und- raketengetriebenen Abfangjägern wie Me 262 und Me 163 sowie neuer taktischer Einsatzverfahren ging die Lufthoheit verloren. Mit fernsteuerbaren Flugabwehrraketen zeichnete sich die zukünftige Entwicklung der bodengebundenen Flugabwehr ab, ein Einsatz bei der Reichsluftverteidigung blieb aus.

Vor Einführung von Radargeräten nutzte die Flakartillerie bei Sichtbehinderungen Ringrichtungshörer zur Zielortung, 1939

Die Radarstellung Büffel in der Nähe von Blavand/ Dänemark verfügte über einen zweigeschossigen Befehlsbunker auf dem die drehbare Antenne des Fernsuchradars Mammut positioniert war, 2018

2.6.1 Flakartillerie

Vesterhavsjej, 6792 Römö, Dänemark

GPS: 55°09'08.90"N 08°31'49.25"E (Geschützbettung)

Fliegertruppe, Luftnachrichtentruppe und Flakartillerie als Waffengattungen der Luftwaffe wurden 1935 nahezu gleichzeitig aufgestellt. Die Flakartillerie bildete zum Kriegsbeginn 1939 das Rückgrat der Reichsluftverteidigung und war nicht nur auf die Luftwaffe begrenzt. Auch Heer und Marine verfügten über Flakartillerie, mobil zum Schutz von Truppen auf dem Marsch und ortsfest für beispielsweise Hafenanlagen. Beim Heer war die Flugabwehr der Waffengattung der Artillerie unterstellt. Die fünf verwendeten Hauptkaliber 2-cm, 3,7-cm, 8,8-cm, 10,5-cm und 12,8-cm unterteilten sich in leichte, mittlere und schwere Flak. Eine weiteres Unterscheidungskriterium stellte der stationäre und bewegliche Einsatz dar. Flakbunker sowie betonierte Geschützstellungen dienten in erste Linie dem Objektschutz, ergänzt um die auf gezogenen Straßenlafetten und Eisenbahnwagen montierten Geschütze. Zur Flakartillerie zählten Horchgeräte und Scheinwerfer sowie optische Entfernungsmesser, in späteren Kriegsjahren hielten Radargeräte zur Zielerfassung Einzug in die Bewaffnung. Als Defensivbewaffnung kamen zudem Speerballone und Vernebelungsgeräte zur Anwendung.

Als zentrale Ausbildungseinrichtungen galten u. a. die Flakartillerieschulen in Rerik und Stolpmünde an der Ostseeküste sowie Berlin-Heiligensee, Göppingen, und Baden/Österreich.

Im weiteren Kriegsverlauf wurden immer wieder Verbände der Flakartillerie der Luftwaffe aus der Reichsluftverteidigung herausgelöst und im Bodenkampf der Wehrmacht gegen feindliche Panzerverbände eingesetzt. Personalmangel führte ab 1943 zu einem ausgewählten Ersatz von Teilen der Bedienungsmannschaften durch Luftwaffenhelfer, real standen damit der Hitlerjugend zugehörige Schüler im Kriegseinsatz da sie als Jugendliche die Soldaten der Flakartillerie ersetzen. Als Vorbote einer neuen Waffengattung, der Flugabwehrrakete, gelangten zum Kriegsende einige Exemplare des Raketenwerfer Föhn in den Einsatz. Per Salvenfeuer wurden hier gegen Tiefflieger ungelenkte drallstabilisierte 7,3-cm-Raketensprenggranaten aus Startgestellen abgefeuert. Zu den prägnantesten Zeitzeugen der Flakartillerie zählen insbesondere die betonierten Bettungen der verschiedenen Geschütze. Während in Deutschland vor allem die Flakbunker in den Städten erhalten blieben trifft man im europäischen Ausland teilweise komplett erhaltene Stellungssysteme an. Die große Mehrheit der damals geschaffenen Flak-Stellungen allerdings entsprach der feldmäßigen Ausführung und ist heute kaum noch erkennbar.

Erhaltene Geschützbettung für eine mittlere 3,7-cm-FlaK auf der Insel Römö/Dänemark. Diese Flakstellung war als Stützpunkt Robbe Nord Bestandteil des Atlantikwalls, 2016

2.6.2 Jägerleitung

2.6.2.1 Großraumgefechtsstand Döberitz

Wohnsiedlung,
Unter den Kiefern 31, 14641 Wustermark, Deutschland

GPS: 52°32'17.4"N 12°59'28.0"E

Mit der Zunahme der alliierten Luftangriffe auf Städte, Ballungszentren und Rüstungsstandorte wurden auch intensiv Gegenmaßnahmen aufgebaut. Neben der Entwicklung von neuartigen Waffen war dies auch die Geburtsstunde von Radaranlagen, um die alliierten Bomberverbände frühzeitig zu erkennen. Bei Ausbruch des Krieges und in den ersten Kriegsmonaten existierte noch keine Kommandostruktur, um geeignete Abwehrmaßnahmen zu koordinieren. Neben der optischen, teils auch akustischen Früherkennung durch den Flugmeldedienst, konnten die anfliegenden Bomberverbände mit modernen Radaranlagen am Boden auch in der Nacht erkannt werden, um so deutsche Jagdflugzeuge zu den gegnerischen Flugzeugen heranführen zu können. Ab 1941 wurden daher sogenannte Großraumgefechtsstände errichtet. Bis 1943 wurden knapp zehn solcher Bauten für die verschiedenen deutschen Jagd-Divisionen errichtet, aus denen heraus die Tag- und Nachtjagd gegen die alliierten Bomberverbände koordiniert wurde. Die riesigen Bauten bestanden aus mehreren Arbeitsräumen. Zur technischen Sicherstellungen verfügten sie über eine eigene Notstromversorgung. Der wichtigste Raum im Gebäude war der zentrale Lage- und Gefechtsraum, der sich über mehrere Etagen erstreckte. Auf Karten wurde die aktuelle Luftsituation projiziert und anhand der Lage Gegenmaßnahmen eingeleitet. Der Baukörper an sich wurde in zwei unterschiedlichen Ausführungen errichtet. Die Großraumgefechtsstände Deelen bei Arnheim (»Diogenes«), Grove in Dänemark (»Gyges«) und Stade bei Hamburg (»Sokrates«) wurden vollständig mit Beton ausgeführt, da sie eher in Richtung der Front lagen. Die Bauten in Döberitz bei Berlin (»Dädalus«), bei Pfaffenhofen (»Minotaurus 2«), Schleißheim (»Minotaurus 1«) und bei Metz (»Medusa«) entstanden in Skelettbauweise, wobei der zentrale Raum jeweils verstärkt ausgeführt wurde. Je nach Lage der Bauten waren diese für unterschiedliche Regionen zuständig. Diogenes koordinierte die Luftabwehr für Nordfrankreich, Belgien und die Niederlande. Gyges war für das Gebiet über Dänemark und dem Skagerrak zuständig. Sokrates kontrollierte den Luftraum über Norddeutschland. Döberitz blieb bis 1945 für das mittlere und östliche Reichsgebiet und Minotaurus 1 und 2 blieben für das westliche und südliche Reichsgebiet zuständig. Eine Besonderheit stellte die Leitstelle in Wien-Döbling da, die die Jagdverbände im Südosten des Reichs koordinierte. Anders als die nördlichen Einrichtungen fand die Arbeit nicht in einem Leitbunker, sondern im Schloss Cobenzl statt. Nach Ende des Zweiten Weltkrieges diente der riesige Großraumgefechtsstand in Döberitz den sowjetischen Besatzungstruppen als Kino und Kulturhaus und als Versorgungslager. Nach dem Abzug stand das Gebäude viele Jahre leer. Es wurde 2006 abgerissen. Heute befindet sich an dem Standort eine Wohnsiedlung.

Der inzwischen abgerissene Großraumgefechtsstand Döberitz, 2002

Notstromgenerator im Keller des einstigen Großraumgefechtsstandes, 2002

Die sowjetischen Besatzungskräfte unterhielten im ehemaligen zentralen Lage- und Gefechtsraum ein Kino, 2002

2.6.2.2 Gefechtsstand Deelen

Hoenderloseweg 10, 6816 SW Arnhem, Niederlande

GPS: 52°01'59.8"N 5°51'54.1"E (Divisions-Gefechtsstand)

Der unter dem Namen »Diogenes« geführte Großraumgefechtsstand war mit seinen meterdicken Wänden einer der drei in massiver Bauart ausgeführten Bauwerke. Das war notwendig aufgrund seiner Lage in den besetzten Niederlanden, unmittelbar im Einflugbereich der zunächst nur von Großbritannien aus operierenden westalliierten Bomberverbänden. Unmittelbar am Rand des Fliegerhorstes Deelen gelegen wurden von hier aus auch die direkt dort stationierten Tag- und Nachtjäger befehligt. Nordfrankreich, Belgien und die Niederlande waren das zugewiesene Operationsgebiet der 3. Jagddivision deren fliegende Komponente zeitweise aus nicht weniger als sechs Jagd- und Nachtjagdgeschwadern bestand. Hinzu kamen die FlaK-Artillerie mit Geschützen und Suchscheinwerfern aller Kaliber sowie die Luftnachrichtentruppe mit Radargeräten. Der Bau der mehrgeschossigen Bunkeranlage begann im August 1942 und wurde in einer Rekordzeit von 12 Monaten fertiggestellt.

Ab Spätsommer 1944 war die Region im Rahmen einer Luftlandoperation direkten Kampfhandlungen ausgesetzt so das nach Sprengung der technischen Ausrüstung der Bunker aufgegeben wurde. Nach Kriegsende verblieb das benachbarte Gelände in militärischer Nutzung, bis 1996 waren hier dauerhaft Militärflugzeuge stationiert.

Inzwischen sind geführte Besichtigungen des zivil nachgenutzten Großraumgefechtsstands »Diogenes« sowie der einzelnen außerhalb des Militärflugplatzes gelegenen authentisch erhaltenen Flugzeughallen und Gebäuden nach Anmeldung möglich. Der einstige Großraumgefechtsstand gilt als einziges erhaltenes Bauwerk seiner Art das für die Öffentlichkeit zugänglich ist. In den Räumlichkeiten befindet sich eine Außenstelle des niederländischen Staatsarchives.

Der ursprüngliche großzügig ausgelegte Bunkereingang des Großraumgefechtsstandes am Rand des Fliegerhorstes Deelen, 2017

Der ehemalige Großraumgefechtsstand »Diogenes« stellt mittlerweile das einzige Bauwerk seiner Art dar, das in Form von öffentlichen Führungen zugänglich ist, 2017

Der Raum mit der Netzersatzanlage im Großraumgefechtsstand wurde in den letzten Jahren aufwendig für Besucher hergerichtet, 2017

2.6.3 Radarstationen

2.6.3.1 Radarstation »Distelfink« bei Douvres

Musée du Radar 1944
URoute Basly, 14440 Douvres-la-Délivrande, Frankreich
www.musee-radar.fr

GPS: 49°17'08.6"N 0°24'10.4"W

Im Hinterland der strategischen Verteidigungslinien ließ die Wehrmacht ein Netz an Radaranlagen errichten, die als Frühwarnsystem etwaige Luftoperationen erfassen sollte. Nur so wurde im Verlauf des Zweiten Weltkrieges die Koordination von entsprechenden Gegenmaßnahmen erst effektiv möglich. Unter dem Codenamen »Distelfink« ließ die Wehrmacht Ende 1942 bei Douvres-la-Delivrande eine der größten deutschen Radaranlagen im Hinterland des sogenannten Atlantikwall errichten. Dieser »Verteidigungswall« sicherte auf eine Länge von knapp 2700 Kilometern die Seegrenzen der besetzten Länder West- und Nordeuropas. Auf einer Fläche von etwa 10 Hektar wurden unterschiedliche Radarsysteme aufgebaut, die den Luftraum über mehrere hundert Kilometer in Richtung Großbritannien überwachten. Auf der Liegenschaft wurden neben den typisierten Betonbunkern auch Holzbaracken errichtet. Zudem gab es auf dem Gebiet der Radarstation ein über 50 Meter hohes »Wassermann« Radar sowie zwei Freya-Stationen und zwei Würzburg-Riese Radare. Die auch als FuMG 65 Würzburg Riese bekannten Geräte wurden von Telefunkern entwickelt und stellten das Rückgrat der deutschen Fernortung der alliierten Flugzeugflotten dar. Im Verlauf des Krieges wurden auf allen Seiten unterschiedliche Radarsystem entwickelt, so existierten zum Ende des Krieges mehr als 5 unterschiedliche Würzburg-Systeme mit einer Gesamtzahl von mehr als 4000 Geräten. Das vornehmliche Ziel stellte die Führung von Nachtjägern (> Deelen, Döberitz) und die Koordinierung der Flakabwehr (> Berlin) dar. Nachdem die Alliierten durch eine Kommandoperation auf eine Radarstation im Hinterland der Kanalküste Kenntnisse über die genaue Funktionsweise erhielten, konnten die Würzburg-Radaranlagen ab Sommer 1943 durch den Abwurf von Stanniol-Streifen effektiv gestört werden. Die Weiterentwicklung der Anlagen und der Einsatz von parallelen Radar-System versuchte die Täuschmittel zu erkennen.

Mit der erfolgreichen Landung der Alliierten in der Normandie wurde auch das Gebiet der Radaranlage »Distelfink» in der Nähe von Caen im Juni 1944 in schwere Kämpfe verwickelt. Knapp 200 Wehrmachtsangehörige verteidigten die Anlage, doch letztlich gelang es Soldaten der

Würzburg-Riese Radar auf dem Gelände des Museums, 2009

Blick in den ehemaligen Kommandobunker der Radarstellung »Distelfink«, 2016

22. britischen Dragon Guards das Gelände der Radarstation unter Kontrolle zu bringen. Die durch die Kämpfe fast vollständig zerstörte Anlage wurde durch die Briten eingehend untersucht und die noch brauchbaren Teile geborgen, um sie im Heimatland genaustens zu untersuchen.

Seit 1994 informiert am historischen Ort das Radarmuseum über die einstige Funktion. Das Würzburg-Riese Radar im Mittelpunkt der Anlage, ist eines von zwei Anlagen die nach dem Krieg als Kriegsbeute nach England verschifft wurden und 1957 wieder zurück nach Frankreich kamen.

Schmaler Treppenabgang in das Zweite Untergeschoss des Kommandobunkers, 2016

2.6.3.2 Kommandobunker Bertha G52 / Typ L487

Bunker Museum Terschelling
Tigerpad 5, 8881 GB, West-Terschelling, Niederlande
www.bunkersterschelling.nl

GPS: 453°22'13.4"N 5°13'50.8"O

Von der spanisch-französischen Grenze bis hoch an die norwegisch-russische Grenze entstanden entlang der Küste zwischen 1942 und 1944 mehrere tausend Bunker, die als Verteidigungslinie der deutschen Wehrmacht dienen sollten. Der rasante und umfassende Bau des sogenannten Atlantikwalls war auf der einen Seite nur durch die schonungs-

Sockel eines Würzburg-Riese Radars auf der Insel Terschelling, 2010

lose Ausbeutung lokaler Arbeitskräfte und Ressourcen, als auch durch die Typisierung von militärischen Zweckbauten möglich. Wie aus einem Katalog konnten je nach Zweck und Funktion aus einem Festungsbaukatalog entsprechende Bunkertypen (Regelbauten) ausgewählt werden, die dann in kürzester Zeit in hoher Stückzahl errichtet wurden. Neben den Gefechtsbunkern (> Berlin) existierten Geschützbunker sowie Kommandobunker zur Auswertung der verschiedenen Lagesysteme beziehungsweise Lagemeldungen. Zu einem der wichtigsten Bunkerbauten des gestaffelten Verteidigungssystems des Atlantikwalls, zählte der bombensichere Kommandobunker »Bertha« auf der Insel Terschelling. Auf dem Gebiet der Niederlande wurden an insgesamt drei Standorten Bunker des Typs L487 wie der Kommandobunker »Bertha« errichtet, sowie weitere fünf baugleiche Anlagen in Dänemark und ein neunter auf Helgoland. Zwischen Winter 1942 und Frühjahr 1943 wurden das Bauwerk auf Terschelling aus 3000 Kubikmetern Stahlbeton fertiggestellt. Diese 20 mal 20 Meter großen Befehlsbunker mit ihren 2 Meter dicken Wänden, erfüllten auf zwei Ebenen unterschiedliche Funktionen zur Befehls- oder Datenverarbeitung. Dazu waren etwa 30 spezialisierte Soldaten zuständig, die in 20 größeren und kleineren Räumen arbeiteten. Darunter existierten Mannschaftsunterkünfte, eine Küche, Lüftungssysteme, ein Transformatorraum sowie eine Telefonzentrale. Zur autarken Versorgung mit Elektrizität verfügte der Bunker über einen eigenen Generator für die Notstromversorgung. Von hier aus wurden die von den Radarstatio nen (> siehe Distelfink) erfassten Luftlagedaten nicht nur an die militärischen Dienststellen weitergeleitet, sondern auch dem zivilen Luftschutzdienst der deutschen Städte übermittelt, um so entsprechende Maßnahmen (Luftalarm) auslösen zu können. Das Herzstück im Kommandobunker »Bertha« war der sogenannte Seeburgtisch. Über ein für damalig Verhältnisse hochmodernes Verfahren wurde jeweils die Position der feindlichen und eigenen Flugverbände auf einem Auswertetisch projiziert, um die Piloten der Jagdflugzeuge in Richtung der Gegner zu leiten.

Heute informiert das Bunker Museum Terschelling über die Historie der Liegenschaft. Dazu wurden mehrere erdüberdeckte Bunkerbauten vom Sand und Schutt befreit, um diesen Aspekt der Geschichte interessierten Besuchern vermitteln zu können. Neben dem Kommandobunker können eine Flugabwehrbettung, ein Kantinenbunker sowie ein Gefängnisbunker besichtigt werden

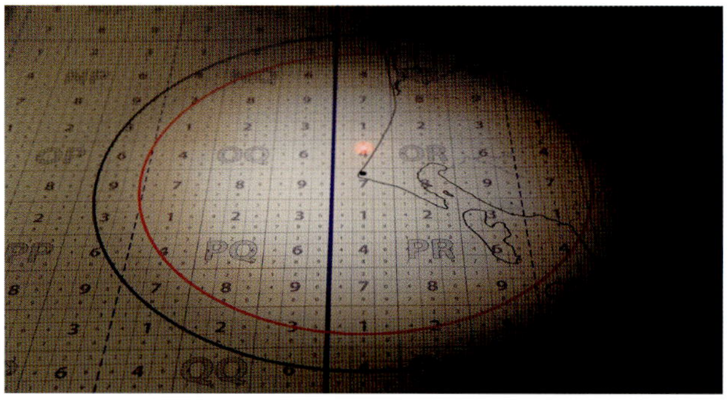

Modell eines Seeburgtisches im Bunkermuseum Blavand, 2018

2.6.4 Flaktürme

Die alliierten Luftangriffe auf Verkehrsknoten, Industrieanlagen und Rüstungsstandorte der Wehrwirtschaft in Deutschland oder den besetzten Gebieten in Europa führten auch dazu, das die unterschiedlichen Forschungs-, Entwicklungs- und Standorte der Serienproduktion der verschiedensten Projekte für die nationalsozialistische Luftwaffe zerstört oder stark beeinträchtigt wurden. Dies führte nicht nur zur Verlagerung zahlreicher Standorte an weniger bedrohte Gebiete oder in den bombensicheren Untergrund (> Kapitel 3.2), sondern als erste Konsequenz ordnete der »Führerbefehl zur Aufstellung von Flaktürmen in Berlin« am 9. September 1940 die Errichtung von gewaltigen Flaktürmen in Berlin an, deren Ausführung kurze Zeit später auf Hamburg und Wien ausgeweitet wurde, um alle drei Metropolregionen vor den alliierten Bomberverbänden zu schützen Am 26. September wurde daneben auch der umfassende Bau von Luftschutzanlagen für die Zivilbevölkerung beschlossen, die bis zu diesem Zeitpunkt nur vereinzelt errichtet worden waren. Am 10. Oktober 1940 schließlich wurde per »Führererlass« der Bau von Zehntausenden von Bunkern für die Zivilbevölkerung angeordnet.

2.6.4.1 Berlin

Flakturm III L-Turm Humboldthain
Volkspark Humboldthain, 13357 Berlin
www.berliner-unterwelten.de

GPS: 49°17′08.6″N 0°24′10.4″W

Ein Führerbefehl im September 1940 wies den Bau von gewaltigen Flakturmpaaren an vier unterschiedlichen Standorten in Berlin an. Jeder Standort bestand aus einem massiven Gefechtsturm mit mehreren Flakgeschützen und einem kleineren Leitturm mit verschiedenen Radar- und Telekommunikationseinrichtungen. Die schnelle bauliche Umsetzung wurde nicht zuletzt durch den Einsatz von Fremd- und Zwangsarbeitern möglich, sodass bereits im April 1941 das erste Turmpaar im Tiergarten fertiggestellt werden konnte. Allein der Bau des Gefechtsturms schlug mit 45 Millionen Reichsmark zu Buche und benötigte unter anderem 100 000 Kubikmeter Beton und 10 000 Tonnen Stahl. Ein halbes Jahr später wurden die beiden Türme im Volkspark Friedrichshain der Wehrmacht übergeben, noch einmal sechs Monate später die im Volkspark Humboldthain. Die geplanten Flaktürme in der Hasenheide wurden dagegen nicht mehr ausgeführt. Stattdessen entschied man das Bauprogramm auf

Überreste des Flakturm Humboldthains in Berlin, 2005

Blick in den gesprengten Teil des einstigen Flakturms Humboldthain der teilweise besichtigt werden kann, 2012

Der ehemalige Leitturm Humboldthains ist nicht zu besichtigen, 2005

die Städte Hamburg und Wien auszuweiten. Diese militärischen Zweckbauten erfüllten mehrere Funktionen: primär als Kolosse für die Installation von Flakbatterien entworfen, boten die mehrere Meter dicken Außenwänden einigen tausend Zivilisten Schutz bei den Luftangriffen, daneben wurden die Bauwerke zur Einlagerung von Kunstschätzen, aber auch für die Fertigung von Rüstungsgütern genutzt. Alle Flaktürme wurden in der Propaganda des NS-Regimes zu baulichen Meisterleistungen und zu wahren Kampffestungen stilisiert. Aber eine weitere Bombardierung der drei Metropolen konnten sie nicht verhindern oder den Kriegsverlauf beeinflussen. In der Nachkriegszeit wurden dann alle Gefechts- und Leittürme in Berlin als Abenteuerspielplätze genutzt. Der Alliierte Kontrollrat forderte mit der Direktive Nr. 22 vom 6. Dezember 1945 die Zerstörung sämtlicher militärischer Bunkeranlagen. So unternahmen die Alliierten anschließend mehrere Versuche, die Kolosse zu sprengen. Doch der Erfolg war nicht zufriedenstellend, da man aufgrund der Lage der Bauwerke inmitten der Innenstadt nur mit Vorsicht vorgehen konnte. Nach mehreren Monaten waren beide Türme im Tiergarten komplett zurückgebaut. Die baulichen Trümmerhüllen der Türme in den Parkanlagen Humboldthain und Friedrichshain halfen beim Wiederaufbau und bei der Beseitigung der Bombenschäden in der Stadt. Mit Millionen Kubikmetern Trümmerschutt zu beseitigen, wurden alle Türme übererdet und danach zu Parkanlagen umgestaltet.

Heute kann als einziger der erhalten Flakturmruinen in Berlin der ehemalige Gefechtsturm Humboldthain in den Sommermonaten besichtigt werden. Dazu haben Mitglieder des Vereins »Berliner Unterwelten e. V.« in unzähligen Arbeitsstunden rund 1 400 Kubikmeter Trümmerschutt im Inneren des Bunkers bewegt, um eine sichere Exkursion zu ermöglichen.

2.6.4.2 Hamburg

»Medienbunker« Heiligengeistfeld
Feldstraße 66, 20359 Hamburg

GPS: 53°33′23.2″N 9°58′11.4″O

»Energiebunker« Wilhelmsburg
Neuhöfer Straße, 21107 Hamburg
www.vjuimenergiebunker.de

GPS: 53°30′36.0″N 9°59′23.7″O

Neben dem Bau der drei Flakturmpaare in Berlin erhielt Hamburg in den Stadtteilen St. Pauli und Wilhelmsburg ab 1942 ebenfalls zwei entsprechende Turmbauten zur Abwehr der alliierten Bomberverbände. Alle Bauten entstanden nach den Plänen des Architekten Friedrich Tamms und konnten nur durch den Einsatz von Zwangs- und Fremdarbeitern im Verlauf des Zweiten Weltkrieges fertiggestellt werden. Wie auch in Berlin stellten die Betonbauten zum einen riesige Luftschutzbunker für die Zivilbevölkerung und zugleich auch Geschützbunker für die Luftabwehr dar. Dazu waren die zivilen und militärischen Bereiche nicht nur zwingend voneinander getrennt, sondern selbst die Treppenhäuser verliefen parallel dazu im Gebäude, um die Wege der Luftschutzsuchenden bzw. der Soldaten und Flakhelfer klar voneinander zu trennen. Doch auch der Kampfwert der Anlagen war bescheiden, da lediglich Ziele in einer Entfernung von maximal 21 und einer Schusshöhe von 15 Kilometern bekämpft werden konnten. Daher war auch der verheerenden Angriffe der Alliierten zwischen dem 25. Juli und dem 3. August 1943 auf Hamburg nicht zu verhindern. Durch die Angriffsserie »Operation Gomorrha« wurde die Stadt an mehreren Tagen mit einer gezielten Mischung von Luftminen, Spreng-, Phosphor- und Stabbrandbomben angegriffen, sodass sich eine Feuerwalze über sie ausbreitete. Durch die Angriffe und deren Folgen verloren insgesamt etwa 34 000 Menschen ihr Leben, weitere 125 000 wurden teils schwer verletzt.

Anders als in Berlin wurden lediglich die beiden Leittürme in Hamburg nach dem Krieg gesprengt und vollständig abgetragen, die beiden Gefechtstürme existieren bis in die Gegenwart. Der einstige Gefechtsturm auf dem Heiligengeistfeld (Flakturm IV / »Medienbunker«) fasste 18 000 Personen und war während des Krieges mehrfach überbelegt. Der Bunker wurden in den letzten Jahrzehnten von mehreren Firmen nachgenutzt und 1990 zu einem Bürohaus samt Diskothek umgebaut. Nach aktuellen Plänen soll das Dach des Bunkers mit einem Stadtgarten begrünt werden. Im zweiten erhaltenen Gefechtsturm in Wilhelmsburg (Flakturm VI / »Energiebunker«) wurden nach Ende des Zweiten Weltkrieges durch Sprengungen zwar die Struktur der Etagen und Räume nahezu vollständig zerstört, doch das Bauwerk blieb äußerlich intakt. Im Rahmen der Internationalen Bauausstellung Hamburg (IBA) wurde zwischen 2011 und 2013 der Schutt vollständig entfernt und das Bauwerk für 30 Millionen Euro zu einem »Energiebunker« mit einem Biomasse-Blockheizkraftwerk, einem Wasserspeicher sowie einer Solarthermieanlage umgebaut.

Während der Öffnungszeiten kann das Innere des Flakturms heute besichtigt werden. Über den Umgang mit den baulichen Hinterlassenschaften des NS-Regimes in Form der Bunkerbauten wird auch in Hamburg kontrovers gestritten. Inzwischen stehen zahlreiche Bunker unter Denkmalschutz und zählen so als steinerne Mahnmale der Geschichte.

Kirmes auf der Freifläche vor dem einstigen Flakturm Heiligengeistfeld in Hamburg, 2010

Blick in die Ruine des Flakturms Wilhelmsburg, 2010

2.6.4.3 Wien

Haus des Meeres
Fritz-Grunbaum-Platz 1, 1060 Wien, Österreich
www.haus-des-meeres.at

GPS: 48°11′51.5″N 16°21′10.0″E

Flakturmruinen Augarten
Obere Augartenstrase, 1020 Wien, Österreich

GPS: 48°13′33.0″N 16°22′23.4″E

Flakturmruinen Arenbergplatz
Neulinggasse/Ziehrerpark, 1030 Wien, Österreich

GPS: 48°11′55.2″N 16°23′33.6″E

Nach dem Einmarsch der deutschen Wehrmacht am 12. März 1938 in Österreich wurde das bis dahin eigenständiges und souveränes Land in das Deutsche Reich und die nationalsozialistische Herrschaft eingegliedert. Nach Berlin und Hamburg wurden auch in Wien auf direkten Befehl Hitlers ab Herbst 1942 drei Flakturmpaare, bestehend jeweils aus einem Gefechtssturm und Leitturm errichtet, um die historische Innenstadt vor feindlichen alliierten Bomberverbänden zu schützen. Zu dieser Zeit lag Wien noch nicht im Fokus der alliierten Verbände. Erfahrungen aus dem Bau der Flaktürme in Berlin und Hamburg flossen direkt in die Umsetzung der Bauten in Wien ein. Zwischen Dezember 1942 und Oktober 1943 wurde das erste Flakturmpaar im Wiener Arenbergpark errichtet. Die Form des Baukörpers verändert sich und die Wandstärken nahmen bereits zu. Wie bei den projektierten Gebäuden zuvor nahmen die Bauwerke neben der Luftabwehr weitere Funktionen ein. Neben der Luftschutzanlage für die Zivilbevölkerung, waren hier eine Krankenstationen, der Radiosender Wien sowie Produktionsstätten von Rüstungsbetrieben, zum Beispiel der Flugmotorenwerke Ostmar untergebracht. Das nächste Flakturmpaar entstand zwischen Oktober 1943 und Juli 1944 in der Stiftskaserne bzw. im Esterhazypark. Der Mangel an Baustoffen führte auch zu einer weiteren Modifikation, daher ist der neun Etagen hohe Gefechtsturm auf dem Gelände der Kaserne fast rund (genauer: 16-eckig) ausgeführt. Der elf Etagen hohe und schmale Leitturm im Esterhazypark behielt seine rechteckige Grundform. Das Flakturmpaar im Wiener Augarten (40) entstand zwischen Juli 1944 und Januar 1945. Der dortige Gefechtsturm ist ebenfalls fast kreisrund und besitzt 13 Etagen. Er ist damit der höchste aller bis dahin gebauten Flaktürme.

Als großer Unterschied zu den Bauten in Berlin und Hamburg wurden die Türme in Wien nicht gesprengt. Heute prägen noch immer alle sechs Türme das Wiener Stadtbild.

Die beiden Bauten im Augarten stellen den letzten Entwicklungsstand dar, 2009

Doch nur zwei Türme werden heute dauerhaft nachgenutzt. Neben dem ehemaligen Leitturm im Esterhazypark, der ab 1956 als »Haus des Meeres« zahlreiche Aquarien enthält, wird auch der einstige Gefechtsturm in der Stiftskaserne noch immer militärisch genutzt. Über die Nichtnutzung der anderen, inzwischen unter Denkmalschutz stehenden Türme wird in Wien regelmäßig kontrovers diskutiert. Einige wünschen sich den Abriss der Türme da sie an die düstere Zeit der deutschen Besetzung erinnert und andere Partien würden die Betonkolosse gern einer neuen Nutzung überführen.

Das Haus des Meeres befindet sich in einem einstigen Flakturm, 2009

Die Flakturmruine im Augarten ist fast baugleich mit dem Bunker in Hamburg, 2009

In das Haus des Meeres im Flakturm Esterhazypark ist die Dauerausstellung »Erinnern im Innern« integriert. Hier wird umfassend über die Flaktürme im Stadtgebiet von Wien informiert, 2019

Die Dauerausstellung »Erinnern im Innern« im Flakturm Esterharypark befindet sind in den Räumen in denen ursprünglich die Auswertung der Flakmessgeräte vorgenommen wurde, 2019

2.6.5 Die Luftnachrichtentruppe der Luftwaffe

Die Aufstellung der Luftnachrichtentruppe als eine der Waffengattungen der Luftwaffe ging einher mit der Schaffung der Fliegertruppe und der bodengebundenen Flugabwehr (FlaK) im Jahr 1935. Aufgabe war zunächst die grundsätzliche Sicherstellung aller Arten von Kommunikationsverbindungen auf Fliegerhorsten, zwischen den Führungsstäben und bei der FlaK-Artillerie. Auch die Bordfunker in mehrsitzigen Kampfflugzeugen der Fliegertruppe waren fachlich dem Luftnachrichtendienst unterstellt. Als primäres Kommunikationsmittel galten damals Drahtnachrichtenverbindungen. Hierzu wurde ein Luftwaffen-Grundnetz geschaffen das Reichsluftfahrtministerium, Luftkreiskommandos, Fliegerhorste, Erprobungsstellen, Fliegerausbildungs-Regimenter, FlaK-Regimenter, Luftnachrichten-Abteilungen, Luftparks, Luft-Munitionsanstalten, Luftkriegsschulen, FlaK-Schießschulen, Übungsplätze, Wetterstellen und Flugwachkommandos miteinander verband. Das betreffende Grundnetz existierte faktisch parallel zu den beiden anderen Wehrmachtsgruppierungen, dem Heer und der Marine sowie dem Leitungsnetz der Deutschen Reichspost.

Weitere Kommunikationsmittel waren neben den klassischen Funkverbindungen in späteren Jahren neuentwickelte Richtfunkverbindungen im Dezimeterwellenbereich. Eine wichtige Rolle im Aufgabenbereich der Luftnachrichtentruppe spielte die Flugsicherung und Funknavigation sowie die Funkaufklärung. Die bahnbrechende Entwicklung von Funkmeßtechnik (Radar) führte ab 1939 zur Einführung und den Betrieb dieser neuen Technik in Obhut des Luftnachrichtendienstes. Auf diese Weise fand sie Verwendung im Flugmelde- und Jägerleitdienst zur Erstellung eines Luftlagebildes. Die technologische Miniaturisierung ermöglichte fortan den Einsatz in Flugzeugen als Bordfunkmeßstation und somit völlig neuer taktischer Einsatzverfahren. Die Verwendung und Abwehr dieser Technologie im Zweiten Weltkrieg stellte einen fortlaufenden Wettlauf mit der Zeit dar um eigene Vorteile vor dem Gegner und somit Gefechtserfolge zu erlangen. Trotz aller personellen und technischen Kapazitäten gelang es der Luftnachrichtentruppe beispielsweise im Rahmen der Reichsluftverteidigung nur unzureichend den Kampf der Fliegertruppe und FlaK-Artillerie gegen gegnerischen Bomberströme derart zu unterstützen das hier von einem Erfolg die Rede hätte sein können.

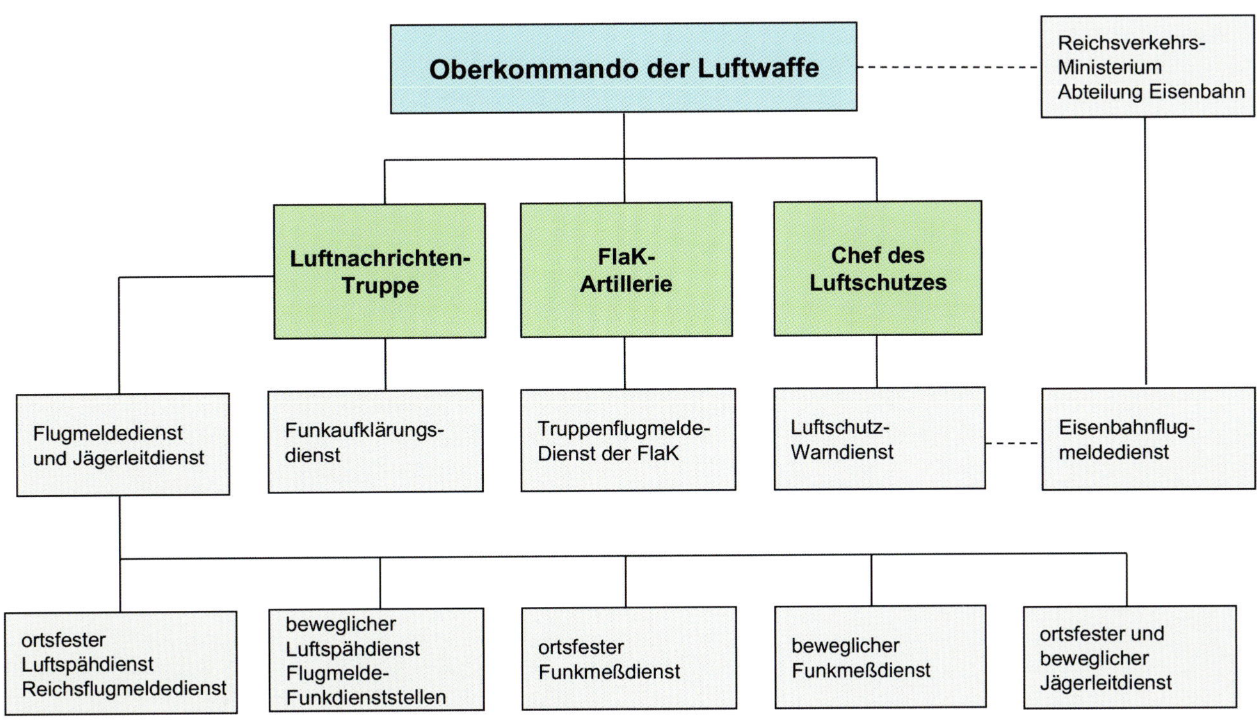

Die Luftnachrichtentruppe und die Zusammenarbeit mit den Waffengattungen und Organisationen der Luftverteidigung mit Stand vom 28.4.1944

3. FLUGZEUGINDUSTRIE

3.1 Flugzeugwerke, Depots und Instandsetzungseinrichtungen

Nach dem Ersten Weltkrieg stand vor allem auch die Flugzeugindustrie in Deutschland unter dem Verdikt von Versailles. Jeglicher militärischer Flugzeugbau war strikt verboten. Während sich die Luftfahrtnationen der siegreichen Entente ohne Einschränkungen technologisch und taktisch weiterentwickelten, sah sich die Weimarer Republik gezwungen, Militärflugzeuge unter einer falschen Etikettierung zu unterhalten. Vermeintlich zivile Flugzeuge mit auffälligen Leistungsparametern konnte die Interalliierten Luftfahrt-Überwachungskommission (ILÜK) aber jederzeit verbieten, so dass das wirtschaftliche Risiko erheblich war. Eine Lockerung trat 1926 mit den Pariser Vereinbarungen ein. Der Reichswehr war es aber auch weiterhin verboten, militärische Flugzeuge zu besitzen und zu betreiben. Offenbar war der ILÜK aber entgangen, dass die Bayerischen Motorenwerke einen neuen, leistungsstarken Zwölf-Zylinder-V-Motor als BMW VI konstruiert hatten, der das Interesse der Sowjetunion auf sich zog. Die Lizenzproduktion lief 1930 unter der Bezeichnung M-17 an und öffnete der deutschen Motorenindustrie einen Weg zum Aufbau neuer Kompetenzen. Auch Junkers und Heinkel gelangen in der zweiten Hälfte der 1920er-Jahre Exporterfolge mit dem Passagierflugzeug G 24 - als Bomber JuG-1 - und dem Flugboot HD 55 als Aufklärer Kr-1. Unter dem Eindruck der Weltwirtschaftskrise finanzierte das Reichsverkehrsministerium den Fortbestand solcher Firmen wie Junkers, Dornier, Heinkel sowie BMW und grenzte so die reichseigenen Flugzeugbestellungen mit dem Hauptnutzer, der Deutschen Lufthansa ein. Mit der »Machtübergabe« an die Nationalsozialisten verstärkten sich die im Verborgenen betriebenen Aufrüstungsbestrebungen der längst im Aufbau befindlichen Luftwaffe. Erste Aufträge gingen an die Flugzeug- und Motorenherstel-ler Heinkel, Dornier, BMW, Siemens & Halske und Argus. In kürzester Zeit gelang dem Deutschen Reich der luftfahrttechnologische Anschluss an das Weltniveau. Während des Zweiten Weltkrieges produzierte die deutsche Luftrüstungsindustrie von September 1939 bis März 1945 über 100.000 Flugzeuge.

Eine Heinkel HD 37 mit BMW VI, etwa 130 dieser Flugzeuge flogen als Lizenzmuster I-7 bei der Roten Armee.

Kaum unterzeichneten Deutschland und die Sowjetunion im Jahr 1939 ihren Nichtangriffspakt und teilten sich daraufhin das zwischen ihnen liegende Polen auf, intensivierten sich die wehrwirtschaftlichen Beziehungen. Noch vor Jahresende besichtigte eine sowjetische Delegation u. a. ausgewählte Flugzeugwerke, das führte zur Bestellung von Bf 109E, Bf 110C, Do 215B, Fw 58B/C, Bü 131D, Bü 133, He 100, Ju 88A. Unmittelbar nach Auslieferung erfolgte in der Sowjetunion die Auswertung und Erprobung dieser Muster. Der spätere Raketenkonstrukteur Boris Jewsejewitsch Tschjortok aus dem bei Moskau gelegenen Werk 293 in Chimki nach Besichtigung der deutschen Technik:

»Indem wir die Bordfunkstationen einschalteten, überzeugten wir uns von der Zuverlässigkeit der Verbindung zwischen den Flugzeugen. Unsere Flugzeuge, die wir in der Bewaffnung hatten, verfügten weder über eine Funkverbindung untereinander noch mit dem Boden. Die unmittelbare Begegnung mit der deutschen Technik zeigte, daß sich die sowjetische Luftwaffe, einer der stärksten der Welt, in einer Krise befand und der deutschen Luftwaffe unterlegen war.«

3.1.1 Heinkel-Flugzeugwerke, Oranienburg

Ehem. Flugplatz: Flugpionierstraße, 16515 Oranienburg, Deutschland

GPS: 52°44'39.7"N 13°10'17.5"E (ehem. Hauptzufahrt Flugzeugwerk)
GPS: 52°44'18.1"N 13°13'09.0"E (Einflughalle Werkflugplatz)
GPS: 52°43'26.4"N 13°13'41.3"E (Luftschutzbunker Höhenversuchsstelle)

Die 1922 in Warnemünde gegründeten Ernst Heinkel Flugzeugwerke entwickelten sich nicht nur zum größten Industriebetrieb in Mecklenburg, sondern zählten auch zu den wichtigsten deutschen Flugzeugwerken. Wegen Platzmangels in Warnemünde eröffnete man ein neues Werk 1935 in Rostock-Marienehe, dort den Standardbomber Heinkel He 111 produzierend und aufgrund des Aufbau der Luftwaffe aber schon bald an Kapazitätsgrenzen stoßend. Daraufhin forderte das Reichsluftfahrtministerium in Berlin den Bau eines Zweigwerkes mit dem Ziel, einen Monatsausstoß von 100 Bombern zu erreichen. Die den Bedingungen eines Luftkrieges untergeordneten Bau- und Planungsrichtlinien führten neben der Lage eines zukünftigen Flugzeugwerkes außerhalb der Stadt auch zu einer aufgelockerten Bebauung mit Mindestabständen von Gebäuden zueinander und deren Begrenzung auf maximale Grundflächen. Nach der politisch motivierten Rekordbauzeit von zwölf Monaten ging im Mai 1937 das neue Werk (Werk I, Oberwerk) im Germendorfer Wald bei Leegebruch nahe Oranienburg in Betrieb. Die Anforderungen des Luftschutzes führten zu einer Trennung zwischen Produktionsstätte und Werkflugplatz (Werk II, Unterwerk), welcher von 1936 bis 1938 zwischen Leegebruch und Oranienburg entstand und fünf Start- und Landebahnen erhielt. Beide Werkteile waren über eine breite Betonstraße und die Werkbahn miteinander verbunden. Auf dem Werkflugplatz befand sich zudem die Versuchsstelle für Höhenflüge. Das zugehörige Werk III befand sich in Berlin-Reinickendorf im Industriegebiet an der Flottenstraße und stellte vorrangig Stanz- und Formteile her. Im Zusammenhang mit Heinkel in Oranienburg stehen zwei aufgrund der Kriegsbedingungen nicht vollständig errichtete Wohnsiedlungen für die Arbeitskräfte. Dahinter stand das RLM, welches in der zweiten Hälfte der 1930er-Jahre den Bau von nahezu 35.000 Wohnungen und Siedlungsstellen an Standorten der Luftfahrtindustrie förderte. Das etwa mittig zwischen dem Ober- und Unterwerk gelegene Dorf Leegebruch mit ursprünglich 350

Sogenannte Einfliegerhalle des einstigen Werkflugplatzes Rostock-Marienehe der Heinkel-Werke, 2005

Teilweise erhalten gebliebener Verbindungsrollweg bzw. Straße zwischen Werksiedlung Leegebruch und Flugplatz Oranienburg, 2006

Spanischer Nachbau der Heinkel He 111 nach Kriegsende als CASA 2.111 im Luftwaffenmuseum Berlin-Gatow, 2015

Einwohnern wurde von 1936 bis 1939 um eine Werksiedlung mit 1200 Wohnungen in mehrheitlich Einzel- und Doppelhäusern erweitert und stellte neben einer Gartenstadt eben auch ein uniformes NS-Wohnquartier dar. Im Stadtgebiet von Oranienburg entstand im Zeitraum 1937/38 die Werksiedlung, ugs. Weiße Stadt, für bis zu 2500 Bewohner. Im Jahr 1943 setzte sich die Belegschaft des Oranienburger Flugzeugwerkes von über 14.000 Beschäftigten je zur Hälfte aus deutschen Arbeitskräfte und Zwangsarbeitern, Kriegsgefangenen und KZ-Häftlingen zusammen. Auf dem Werksgelände und im Umfeld existierten daher mehrere Barackenlager. Der Anteil von KZ-Häftlingen am Produktionsprozess stieg stetig an, das Werk selbst galt seit 1942 als Außenlager des nahegelegenen Konzentrationslagers Sachsenhausen. Im Taktverfahren wurden in Oranienburg von 1937 bis 1943 über 2000 He 111 hergestellt. Es folgten von 1940 bis 1944 knapp 300 He 177 und als Lizenzfertigung von 1940 bis 1942 gut 700 Junkers Ju 88. Ab 1944 konzentrierte sich das Werk auf die Teileproduktion und Endmontage von Focke-Wulf Fw 190 und Fieseler Fi 103. Die zu Jahresbeginn 1945 geplante Serienproduktion der Dornier Do 335 kam nicht zustande. Im Gegensatz zu Oranienburg blieben Ober- und Unterwerk zunächst von Luftangriffen verschont, jeweils im Frühjahr 1944 und 1945 fanden entsprechende Bombardierungen statt. Die Luftwaffe nutzte den Werkflugplatz über den heimischen Einflugbetrieb und die Aktivitäten der Höhenversuchsstelle hinaus ab 1943 für kurzzeitige Stationierungen. Das befestigte Pistensystem bot sich ideal für eine Nutzung durch Ar 234, Me 163 und Me 262 an. Nach Kriegsende wurde das Oberwerk vollständig demontiert und bis 1953 gesprengt. Der Werkflugplatz blieb bis 1994 sowjetischer Militärflugplatz mit Frontbombern, Transportflugzeugen und zuletzt Hubschraubern. Die einstige Heinkel-Werksiedlung in Oranienburg diente zeitgleich als Kaserne des Flugplatzes.

Die Einflughalle blieb als markantestes Gebäude des Flugzeugwerkes auf dem Flugplatz erhalten, steht seit 1999 unter Denkmalschutz, aber verfällt zusehends.

3.1.2 Arado-Flugzeugwerke, Rostock

Werftallee, 18119 Rostock-Warnemünde, Deutschland

GPS: 54°09'51.6"N 12°05'18.4"E
(Arado-Flugzeugwerk Warnemünde)
GPS: 54°09'23.4"N 12°03'57.0"E (Werksiedlung Warnemünde)
GPS: 52°34'17.8"N 12°20'20.3"E (Zweigwerk Rathenow)
GPS: 51°51'52.2"N 12°41'08.7"E
(Verwaltung Zweigwerk Wittenberg)

Eng mit dem wirtschaftlichen Aufstieg von Rostock verbunden waren die beiden großen lokalen Flugzeughersteller Arado und Heinkel, die sich im Zuge der Aufrüstung zum bedeutendsten Industriezweig Mecklenburgs entwickelten und die Hafenstadt zu einem wichtigen Zentrum der Luftfahrtindustrie machten. Die Arado Flugzeugwerke GmbH, ein 1936 verstaatlichtes Unternehmen mit dem ursprünglichen Hauptsitz in Rostock-Warnemünde, produzierte dort seit der ersten Hälfte der 1920er-Jahre verschiedenste Flugzeugmuster. Gemäß den restriktiven Bestimmungen des Versailler Vertrages zunächst nur für Kunden im Ausland in Kleinstserien. Vor Ort existierte bereits seit dem Ersten Weltkrieg eine Seefliegerstation zwischen Warnemünde und der Hohen Düne östlich der Warnow. Hier erfolgte der Einflugbetrieb, die Produktion fand dann aber seit 1924 im Flugzeugwerk zwischen Warnemünde und Groß Klein statt. Die fertigen Flugzeuge mussten zunächst umständlich über die Warnow gebracht werden. Die »Machtübergabe« an den Nationalsozialismus führte zu einer massiven Wiederaufrüstung. Der Großteil der luftfahrtindustriellen Aufträge ging an Heinkel, aber auch Arado ging nicht leer aus. Um einen höheren Produktionsausstoß zu erreichen fiel die Entscheidung, die Laakbucht am Breitling aufzuspülen und auf der neu entstandenen Landfläche einen Werkflugplatz anzulegen. Für dieses mit mit einem aufwendigen Drainagesystem versehene Flugfeld entwickelten sich die Ortsbegriffe Warnemünde-Arado und Warnemünde-Industriehafen. Nach gleichzeitiger Erweiterung der Fabrikationsstätte entwickelte sich die Herstellung von Flugzeugen fortan zum Kerngeschäft für Arado, andere Produktionszweige wurden abgegeben. Der ursprüngliche Flugplatz Warnemünde gelangte indes zu Ausbildungszwecken unter die Hoheit der Luftwaffe und Marine, die dort Flugzeugführerschulen betrieben. Auch als Warnemünde-Breitling, Warnemünde-Ost oder Warnemünde-See bezeichnet musste aufgrund der nun ausschließlichen militärischen Nutzung auch die Walther-Bachmann-Flugzeugbau KG den Standort verlassen und fand in Ribnitz eine neue Bleibe. Die Verlegung des Konstruktionsbüros und der Geschäftsverwaltung von Arado nach Brandenburg/Havel hatte die Errichtung eines neuen Hauptwerkes im dortigen Ortsteil Neuendorf zu Folge. Arado errichtete im mitteldeutschen Raum weitere eigene Flugzeugwerke in Rathenow und Wittenberg. Hierbei handelte es sich um Zweigwerke zur Teileproduk-

Die Neptun-Werft nutzt einige Bauten des einstigen Flugzeugwerkes nach, 2016

tion ohne eigene Werkflugplätze. Zusätzlich wurden hier in Lizenz beispielsweise Teile des Bombers Heinkel He 177 hergestellt. Zur Deckung des Bedarfs an Arbeitskräften entstanden auch in den Zweigwerken Rathenow-Heidefeld und Wittenberg an der Elbe KZ-Außenlager. Unterdessen entwickelten sich das Schulflugzeug Ar 66 und das maritime Bordaufklärungsflugzeug Ar 196 zu den Hauptmustern der Produktion in Warnemünde. Bestimmend für das Arado-Flugzeugwerk in Warnemünde war der Zeitraum 1935 bis 1945 mit der Lizenzproduktion von mindestens 4500 Heinkel He 51, He 59, He 60 und Messerschmitt Bf 109 sowie Focke-Wulf Fw 190. Im Jahr 1943 waren hier 3540 Personen tätig. Zuletzt als Zweigwerk für Focke-Wulf arbeitend zog es von 1942 bis 1944 mehrere schwere britische und amerikanische Luftangriffe auf sich, die erheblichen Schäden hinterließen. Unter diesem Gesichtspunkt erscheinen Angaben über die angeblich vorgesehene Produktion der vierstrahligen Ar 234C in diesem Werk fraglich. Zudem verfügte der Werksflugplatz weder über eine ausreichende Flugfeldgröße noch über eine befestigte Start- und Landebahn, wie sie für eine derartige Nutzung notwendig wäre. Die damaligen Planungen sahen den Bau von über 3800 Ar 234C bis zum Frühjahr 1946 vor, der größte Teil an dieser Flotte sollte die Bomberversion werden. Anfang Mai 1945 besetzte die 2. Baltische Front der Roten Armee Warnemünde. Nach einer kurzzeitigen Nutzung durch Jagdflugzeuge stand die Demontage und Sprengung der Werk- und Kasernenanlagen auf den beiden Warnemünder Flugplätzen an. Eine erneute dauerhafte militärische Nutzung des einstigen Fliegerhorstes etablierte sich ab 1956 mit der Stationierung von Schiffsverbänden der DDR-Volksmarine, fortgesetzt nach 1990 als Marinehafen Kaserne Hohe Düne der Bundeswehr. Das Gelände der Arado-Flugzeugwerke hingegen entwickelte sich schon ab 1946 zur Warnow-Werft Warnemünde. Heute stellt dort u. a. die Neptun-Werft Flusskreuzfahrtschiffe her. An Arado erinnert heute in und um Warnemünde so gut wie nichts mehr.

Eine 1943 an Bulgarien gelieferte Arado Ar 196A-5 im Luftfahrtmuseum Plowdiw-Krumowo, 2010

3.1.3 Industriewerk Heiligenbeil

Ulitza Shabinskogo, Mamonowo 238450,
Kaliningradskaja Oblast, Russland

GPS: 54°27'34.5"N 19°57'28.6"E (Industriewerk)
GPS: 54°28'20.9"N 19°57'52.2"E (Fliegerhorst)
GPS: 54°28'40.4"N 19°55'49.8"E (Werksiedlung)

Das Reichsluftfahrtministerium berücksichtigte neben dem Aufbau der Luftwaffe auch die Schaffung von industriellen Werftkapazitäten zur Überholung, Instandsetzung und Umrüstung der eingesetzten Flugzeuge. So entstand etwa gleichzeitig mit dem Bau des Fliegerhorstes Heiligenbeil in der unmittelbaren Vorkriegszeit etwas abgesetzt von den Flugbetriebsflächen eine umfangreiche Industrieanlage. Diese als Industriewerk Heiligenbeil GmbH bezeichnete Werft, ein Tochterunternehmen der Schichau-Werft Elbing, diente als zentrale Einrichtung in der Provinz Ostpreußen zur Reparatur und Instandsetzung von Flugzeugen und Motoren. Die überlieferte Angabe von Flugzeugrümpfen legt nahe, dass zunächst nur Teile von Flugzeugen instandgesetzt und diese mit der Reichsbahn nach Heiligenbeil und wieder zurück gelangten. Zusätzlich sollen Umbauten und Umrüstungen an den verschiedensten Flugzeugtypen stattgefunden haben. Die Infrastrukturen eines derartigen Werftbetriebes eigneten sich grundsätzlich auch als Endmontagewerk oder selbst als Produktionsstätte eines Flugzeugwerkes. Zu den ersten dort betreuten Flugzeugtypen gehörten Focke-Wulf Fw 44 Stieglitz, Heinkel He 72 Kadett, Klemm-Leichtflugzeuge sowie Junkers W 33 und W 34. Später folgten Ju 52, Fieseler Fi 156 Storch, Messerschmitt Bf 109 und Bf 110, Dornier Do 17 und Do 217 sowie Heinkel He 111 und Focke-Wulf Fw 190. Ausschlaggebend für diesen Standort war sicherlich auch die gute Verkehrsanbindung der Kreisstadt Heiligenbeil an die Reichsstraße 1, die Reichsautobahn zwischen Elbing und Königsberg sowie die Eisenbahnstrecke Marinburg-Königsberg. Für einen Teil der 500 Beschäftigten entstand vor den Toren der Stadt in Richtung Frisches Haff eine Werksiedlung als Unterkunft, bestehend aus 150

Ein um 1940 errichteter betonierter Luftschutzbunker an der Hauptzufahrt, 2010

Ein- und Zweifamilienhäusern. Zwischen Werksiedlung und Industriewerk existierte eine Buslinie. Der Flugbetrieb auf dem Fliegerhorst begann 1936 mit der III./KG 153, damals ausgerüstet mit Dornier Do 17Z. Mit der Dezentralisierung der Flugzeugproduktion im Deutschen Reich erhielt das Industriewerk die zusätzliche Aufgabe, die Endmontage von Focke-Wulf Fw 190 durchzuführen. Spätestens zu diesem Zeitpunkt entstand ein betonierter Verbindungsrollweg zwischen Fliegerhorst und Produktionsstätte, der Einflugbetrieb fand dann auf dem Flugfeld statt. Mehrere Luftangriffe der Royal Air Force hatten in der Folge das Industriewerk zum Ziel, sodass große Teile bis zum Kriegsende beschädigt bzw. zerstört wurden. Auf diesem Gelände befand sich auch ein Lager für zwangsweise zur Arbeit verpflichtete sowjetische, belgische und französische Kriegsgefangene. Zusätzlich existierte im Bereich der Stadt Heiligenbeil ein Außenlager des Konzentrationslager Stutthof. Im Frühjahr 1945 entwickelte sich mit dem Vormarsch im Rahmen der Ostpreußischen Operation (13. Januar bis 25. April) der 3. Weißrussischen Front der Roten Armee nach Westen der Heiligenbeiler Kessel mit zahlreichen Verlusten sowie weiteren schweren Zerstörungen. Es handelte sich um die letzte große Kesselschlacht an der Ostfront, bei der ungefähr 150.000 deutsche Soldaten eingeschlossen wurden. Im Jahr 1947 in Mamonowo umbenannt lag die Stadt abgeschieden nur zwei Kilometer von der sowjetischen-polnischen Staatsgrenze entfernt, das gesamte Kaliningrader Verwaltungsgebiet war indes für Jahrzehnte für Ausländer unzugänglich. Der Flugplatz diente zunächst als Einsatzbasis weiter, später als Reserveflugplatz. Die militärische Nutzung hielt bis zur Jahrtausendwende an, erhalten blieb dort bis heute beispielsweise die Werfthalle. In das einstige Industriewerk zog ein Gemüsezuchtbetrieb ein. Einige administrative sowie Wirtschaftsgebäude blieben erhalten, immer wieder zeugen Bodenfunde von der damaligen Zeitepoche. So wurde 2004 ein während der Rückzugskämpfe vergrabener Panzerschrank mit Dokumenten der Wehrmacht nach längerer Suche im Grenzsperrgebiet wiederentdeckt. Mamonowo befindet sich heute im Grenzsperrgebiet und kann regulär nur auf der durch die Stadt führenden Hauptstraße passiert werden. Russlands am weitesten westlich positionierte Flugabwehrstellung befindet sich nahe der einstigen Werksiedlung. Im Stadtgebiet betreut der Volksbund Deutsche Kriegsgräberfürsorge seit 2002 einen Soldatenfriedhof, auf dem 4700 Gefallene der Kämpfe von 1945 liegen.

Das Haupttor des Industriewerkes Heiligenbeil mit dem Schriftzug des Nachnutzers Agrofirma Mamonowskaja, 2010

3.1.4 Sprengstoffwerk »DAG-Fabrik« Bromberg

85-001 Bydgoszcz, Polen
www.exploseum.pl

GPS: 53°04'15.2"N 18°04'26.0"E (Museum)

Neben den eigentlichen Flugzeugwerken der Luftfahrtindustrie galt auch die Versorgung mit Sprengstoffen für die entsprechende Bewaffnung als einer der elementarsten Rüstungszweige. An zahlreichen Standorten wurden daher auch auf dem Gebiet des Deutschen Reiches Spreng-, Pulver- und Kampfstoffe erforscht, hergestellt oder weiterentwickelt. Als Standorte wurden zumeist strukturschwache und abgelegene Regionen bestimmt. Zu einem der wichtigsten und größten Werke zählte zwischen 1942 und 1945 das Sprengstoffwerk der »Dynamit Nobel Aktien-Gesellschaft« (DAG) mit ihrer Produktionsstätte in Bromberg. Nur durch den schonungslosen Einsatz von Zwangsarbeitern und Kriegsgefangenen war die Massenproduktion der kriegswichtigen Sprengstoffe möglich. Bromberg zählte zu den wenigen Rüstungswerken, in denen auch der Sprengstoff Amatol hergestellt wurde. Amatol besaß im Vergleich zum Trinitrotoluol (TNT) bessere Verarbeitungseigenschaften, reagierte unempfindlicher auf Erschütterungen und Temperaturextreme und war daher für die deutschen Fernwaffen geradezu prädestiniert. Der Sprengstoff und kam deshalb als Bombenladung der in Serie gefertigten Flugbombe Fi 103 und der Rakete Aggregat 4 zum Einsatz. Pro Waffe wurden in der Fi 103 etwa 850 Kilogramm und in der A4 knapp 1000 Kilogramm verbaut. Der gewaltige Bedarf des Sprengstoffes wird offenbar, wenn man den Gesamtbedarf der etwa 12.000 Marschflugkörper vom Typ Fi 103 undder knapp 6000 A4-Raketen zusammenaddiert. Allein das Fernwaffenprogramm der Nationalsozialisten verschlang etwa 16 Millionen (!) Kilogramm Amatol. Die DAG-Fabrik Bromberg geriet nach dem Ende des Zweiten Weltkrieges zeitweise in Vergessenheit, da in dem umliegenden Areal noch immer Sprengstoffe hergestellt wurden. Erst mit der Verkleinerung der Gesamtliegenschaft und der teilweisen Umwandlung in ein Gewerbegebiet wurde ein musealer Betrieb möglich. Seit 2011 informiert in mehreren historisch erhaltenen und eigens sanierten Gebäuden das »Exploseum Bromberg« über die Geschichte des einstigen Rüstungswerkes. Je nach Gebäudeteil wird über die verschiedensten Aspekte und Hintergründe des Werkes berichtet.

Ausstellungsbereich im Exploseum über weitere Sprengstoffwerke, 2017

3.1.5 Luftzeugamt Biesenthal

Telekomstraße, 16359 Biesenthal , Deutschland

GPS: 52°47'06.4"N 13°39'46.4"E (Luftzeugamt)

Das Nachschubwesen der Wehrmacht stützte sich auf eine Vielzahl unterschiedlichster Einrichtungen zur Lagerung und Bevorratung von Munition, Treib- und Schmierstoffen, Ersatzteilen und Ausrüstung. So unterhielt die Luftwaffe neben Dutzenden Munitionsanstalten und Tanklagern auch Luftzeugämter, mit entsprechend unterstellten Luftparks und Flieger-Geräte-Ausgabestellen. Diese deckten den gesamten Ausrüstungsbedarf, von Uniformteilen über Handfeuerwaffen bis hin zu Flugzeugmotoren. Auch die Rückführung zur einer möglichen Instandsetzung oder Verwertung von bruchgelandeten Flugzeugen der Luftwaffe mittels Bergekommandos gehörte zum Aufgabenbereich. Als eines der großen Depots im mitteldeutschen Raum galt das Luftzeugamt 1/III Finow in der Nähe von Eberswalde. Auch als Vorwerk Finow bzw. Luftzeugamt Biesenthal bezeichnet, befand es sich am Fuchsberg, unmittelbar neben dem Fliegerhorst Finow gelegen, und stand somit auch administrativ und organisatorisch mit diesen im Zusammenhang. Die Errichtung erfolgte ab 1938, in Betrieb ging es 1941. Das Luftzeugamt 1/III mit seinem Materialbestand befand sich zuvor bei Maltershausen, in der Nähe des Fliegerhorstes Jüterbog-Altes Lager. Die dortige, augenscheinlich sehr ähnliche, Lagereinrichtung wurde seitdem als Luftpark bezeichnet. Für die Errichtung des Gleisanschlusses von Finow zum Vorwerk zeichnete sich die Bauleitung der Luftwaffe verantwortlich. Der fortan hier beschäftigte Personalbestand setzte sich aus etwa 300 Zivilisten, 100 Soldaten und 80 bis 100 Fremd- und Zwangsarbeitern zusammen. Das führte ab 1943 zur Einrichtung einer Buslinie zwischen dem Vorwerk und Bahnhof Finow. Ein Dutzend Rüsthallen und Lagerhäuser befanden sich auf dem zuletzt über 300 Hektar großen Gelände, gerade die architektonische Gestaltung der markanten Lagerhäuser lässt auffällige Parallelen zu klassischen Flugzeughallen auf den Fliegerhorsten der Luftwaffe oder Endmontagehallen auf Industriehäfen erkennen. Einige der Gebäude lassen eine Nutzung als Waffenmeisterei und Instandsetzungseinrichtung für optische Geräte in dieser Zeitepoche für möglich erscheinen. Das auch mit Beuteflugzeugen ausgestattete KG 200, ein spe-

Eine der gut erhaltenen Rüsthallen des Luftzeugamt Biesenthal, 2015

zieller Fliegerverband der Luftwaffe, operierte 1944 vom Fliegerhorst Finow aus zusätzlich mit einem gemischten Flugzeugbestand vorwiegend britischer und amerikanischer Produktion. Die Bevorratung mit Ersatzteilen, die aus über Deutschland und den besetzten Gebieten abgestürzten und notgelandeten Flugzeugen stammten, stellte das Luftzeugamt sicher. Ebenfalls fanden Umrüstungen für besondere Missionen sowie Erprobungen des Geschwaders statt. Das Kriegsende im April 1945 überstand das Luftzeugamt offenbar ohne Schäden oder Selbstzerstörungen. Der gute Erhaltungszustand und die hohe Bauqualität der Gebäude führten zu einer artverwandten Nachnutzung durch die sowjetischen Streitkräfte in Deutschland. Das betraf in besonderer Weise ganz grundsätzlich auch die verschiedensten anderen Lagereinrichtungen der Wehrmacht, die vereinbarten Regeln des Potsdamer Abkommens zur Entmilitarisierung Deutschlands vom August 1945 fanden hier nur eingeschränkte Umsetzung. Aufgrund der verklinkerten Stahlbetonkonstruktion der Gebäude schied auch eine Demontage beispielsweise zur Schrottgewinnung im Rahmen von Reparationsmaßnahmen aus. Das einstige Luftzeugamt Finow galt fortan als eines der beiden zentralen Lager für Fliegermunition und -bewaffnung in der DDR. Da dort nun auch, im Gegensatz zu früheren Zeiten, große Mengen an Munition gelagert wurde, entstand in den letzten Jahren ein größerer Munitionslagerbunker. Das Depot wurde 1994 von den russischen Streitkräften in einem verheere den Zustand an die deutsche Verwaltung übergeben.* Kurz zuvor ließen sich am Rand des Depots noch aufge stapelte Übungsatombomben entdecken. Die fast ein halbes Jahrhundert andauernde Nutzung hinterließ beispielsweise Artefakte, die auf Luft-Luft-Raketen hinwiesen, die aus den 1950er-Jahren stammten. Mindestens eine der einsturzgefährdeten Lagerhallen fiel in sich zusammen, für das Gelände ließ sich bis heute keine Nachnutzung finden, es verkommt zusehends zum Abenteuerspielplatz. Von den für diese Lagereinrichtungen typischen 40 mal 60 Meter großen »Flugzeughallen« blieb eine in guten Zustand erhalten. Ein Ausstellungsraum des Luftfahrtmuseums Finowfurt thematisiert anschaulich die Geschichte des Luftzeugamtes.

* russische Übergabeprotokolle der Liegenschaft FO 100 (MS3) von 1994 datieren den Altbaubestand vollständig auf das Jahr 1934

Abseits des Fliegerhorstes Finow, das Gebäude Nummer 6, eine »Flugzeughalle«, 2006

Seit über einen halben Jahrhundert zeigt sich diese Rüsthalle im Originalzustand der Errichtung, 2006

Das weitläufige Gelände des einstigen Luftzeugamtes, links der Lagerbereich, 2009

3.1.6 Messerschmitt GmbH, Regensburg

Lilienthalstraße, 93049 Regensburg, Deutschland

GPS: 49°00'52.8"N 12°03'24.2"E (Flugzeugwerk, Verwaltungsgebäude)
GPS: 48°59'07.0"N 12°11'44.5"E (Fliegerhorst)
GPS: 48°54'10.9"N 12°12'12.7"E (Waldwerk Gauting)
GPS: 48°59'12.0"N 12°16'35.4"E (Waldwerk Stauffen)

Die Bayerische Flugzeugwerke AG (seit 1938 Messerschmitt AG) gründete sich 1923 in Augsburg und erhielt im Sommer 1936 einen Großauftrag des RLM zum Großserienbau der Messerschmitt Bf 108 und Bf 110. Das machte eine Ausweitung der Werkanlagen in Haunstetten erforderlich, die aber wurde seitens der Stadt Augsburg nicht genehmigt. Daher gründete sich umgehend die Tochtergesellschaft Bayerische Flugzeugwerke Regensburg GmbH (Umbenennung 1940), zum in Prüfening neu geschaffenen und in den folgenden Jahren ständig erweiterten Werkkomplex gehörte ein Werkflugplatz am Donauufer für den Einflugbetrieb. Das erste Muster, das Reise- und Verbindungsflugzeug Bf 108, wurde von 1938 bis 1942 gut 500-mal in Regensburg gebaut. Die 1937 in Augsburg angelaufene Produktion des meistgebauten Jagdflugzeuges der Welt musste nach Regensburg verlegt werden, um Platz zu schaffen für den Großserienbau des Zerstörer Bf 110 in Haunstetten. Von der Messerschmitt GmbH Regensburg wurden so von 1939 bis 1944 etwa 10.000 Bf 109 der verschiedensten Bauserien hergestellt, es handelte sich damit um die Hauptfabrikationsstätte für diesen Flugzeugtyp. Da die Produktionskapazitäten in Prüfening nicht ausreichten, etablierte sich das Werk II auf dem nahegelegenen Fliegerhorst Obertraubling, dieser wurde von 1936 bis 1938 angelegt. Hier begannen 1941 Endmontage und Einflug des Lastenseglers Me 321 und ab Ende 1942 die der etwa ein Jahr anhaltenden motorisierten Nachfolgeausführung Me 323 mit etwa 100 Exemplaren. Gleichzeitig erfolgte dort die Endmontage von 70 Raketenjägern Me 163B zu Erprobungszwecken. Nach einem ersten schweren Luftangriff im Sommer 1943 auf das Werk I in Prüfening verlegte man zusätzlich eine Endmontagelinie der Bf 109 zum Werk II. Das Werk I diente zuletzt als Reparaturwerft von Bf 109 aus den Einsatzverbänden. Beide Werkteile lagen im Fokus der westalliierten Luftaufklärung und wurden immer wieder zum Ziel der Bomberverbände. Nach einem weiteren Luftangriff Ende Februar 1944 (Operation »Argument«) fiel unmittelbar darauf die Entscheidung zur

Schwere Schäden nach dem letzten Luftangriff im April 1945 in der als Einflughalle verwendeten Werft auf dem Fliegerhorst Obertraubling.

Forcierung der bereits eingeleiteten Dezentralisierung der Flugzeugproduktion. Flugzeugwerke und deren Ausweichproduktion auf Fliegerhorsten der Luftwaffe waren mehr oder weniger schutzlos den massiven westalliierten Bomberverbänden ausgeliefert. Eine Lösung bot die provisorische Endmontage in Waldgebieten in der Nähe von Fliegerhorsten oder Autobahnen sowie eine Verlegung der Teileproduktion an unverdächtige Orte, die sich schnell und ohne Aufwand zu diesem Zweck umnutzen ließen. Voraussetzung hierfür war die zu diesem Zeitpunkt noch funktionsfähige Verkehrsinfrastruktur. Im Werk II in Obertraubling verblieb zunächst die Endmontage der Bf 109 mit reduzierten Einflugbetrieb, die Rümpfe und Tragflächen kamen ab Juni 1944 aus dem Waldwerk »Gauting« mit einer Produktionsfläche von 5000 Quadratmetern, zwischen Alteglofsheim und Hagelstadt gelegen und über die Reichsstrasse 15 mit dem Fliegerhorst verbunden. Auf dem Weg wurden die fertigen Flugzeuge mit demontierten Tragflächen auf ihren Hauptfahrwerken bei Dunkelheit von LKW etwa zehn Kilometer zum Bestimmungsort gezogen. Später verlegte man einen Teil dieser Fertigungslinie auf den Flugplatz Micheldorf bei Cham und zusätzlich begann auch die Rumpfmontage der Me 262 im Waldwerk »Gauting«. Von dort wie auch aus Obernzell bei Passau gelangten Rümpfe der Me 262 zu einem weiteren Waldwerk in der Region. Das bei Wolfskofen angelegte Waldwerk »Stauffen« mit einer Produktionsfläche von 4400 Quadratmetern diente seit Herbst 1944 zur Endmontage der Me 262. Ein spezielles etwa fünf Kilometer langes Gleis transportierte die unter provisorischen Zuständen montierten Flugzeuge auf Transportwagen fixiert über den Trassenverlauf der im Rohbau befindlichen Reichsautobahn 3 zum Einflugbetrieb nach Obertraubling. Beide Waldwerke blieben von der westalliierten Aufklärung unentdeckt, Luftangriffe blieben daher aus. Der Einflugbetrieb auf den Flugfeldern der beiden Werke I und II gestaltete sich zunehmend komplizierter, da sich die Grasnarbe aufgrund Schlechtwetterperioden und eingeebneter Bombentrichter als für derartige Flugzeuge ungeeignet erwies. Die hohe Anzahl endmontierter Me 262 auf dem Flugfeld führte zu einem weiteren Luftangriff im Februar 1945. Wenig später begann in Oberntraubling der nicht fertiggestellte Bau einer längst überfälligen befestigten SLB, des Weiteren die Verlängerung der schnurgeraden Fliegerhorststraße, um diese als provisorische Startbahn für Einflüge verwenden zu können. Insgesamt verließen 330 bis 345 Me 262 Regensburg in Richtung der Einsatzverbände. Die beiden Werkteile lagen zum Kriegsende in Trümmern, nur wenige erhalten gebliebene Gebäude verweisen heute auf das Flugzeugwerk und den Fliegerhorst. Aus deren Trümmern entwickelte sich Neutraubling. Ein beschilderter Rundweg sowie das zurzeit in Umgestaltung befindliche städtische Heimatmuseum informieren über die Geschichte des einstigen Fliegerhorstes.

3.1.7 Focke-Wulf Flugzeugbau, Bremen

Airbus-Allee, 28199 Bremen, Deutschland

GPS: 53°03'08.6"N 8°47'38.5"E (Flugzeugwerk)
GPS: 53°04'04.1"N 8°51'24.2"E (Werksiedlung)

Die Hansestadt Bremen zählte vor und während des Zweiten Weltkrieges zu den bedeutendsten Standorten der deutschen Rüstungswirtschaft. Neben Schiffbauwerften befanden sich hier die Luftfahrtfirmen Focke-Wulf Flugzeugbau, Weser-Flugzeugbau und Focke-Achgelis. Das Focke-Wulf Flugzeugwerk wurde 1923 auf dem Flugplatz Neuenlander Feld gegründet, der mittlerweile über 100 Jahre alt ist. Erste eigene Produktionshallen folgten 1926. Unmittelbar nach der zwangsweisen Fusion mit den Albatros Flugzeugwerken im Jahr 1931 begann die Herausdrängung des Konstrukteurs Henrich Focke aus seiner Firma. Ein leistungsfähiges Flugzeugwerk entstand 1934 am nordöstlichen Rand des außerhalb der Stadt gelegenen Werkflugplatzes, im Bereich der heutigen Hünefeldstraße. Das Reichsluftfahrtministerium bestimmte Focke-Wulf zum Großserienhersteller für Schul- und Übungsflugzeuge der Luftwaffe. Zusätzlich erreichten die Muster Fw 44, Fw 56 und Fw 59 vergleichsweise hohe Exportzahlen. Mit Kriegsbeginn wurde aus dem Flughafen ein Fliegerhorst der Luftwaffe, die, wie auch auch der Einflugbetrieb von Focke-Wulf, von dem kurz zuvor angelegten befestigten Start- und Landebahnsystem profitierte. Aufgrund des sich stetig steigernden Produktionsumfanges existierten in und um Bremen zur Hochzeit etwa ein Dutzend Werkteile, die als Teilezulieferer fungierten. Die Belegschaft stieg über die Jahre auf bis zu 32.500 Beschäftigte an. Der Produktionsprozess war ständigen Änderungen unterworfen, wie die viermotorige Focke-Wulf Fw 200 zeigt, ursprünglich ein für die Lufthansa entworfenes Langstreckenverkehrsflugzeug. Der Serienbau der militärischen Varianten dieses Behelfs-Kampfflugzeuges begann 1940 in Bremen, wechselte 1941 nach Wenzendorf zu Blohm & Voss und fand abschließend von 1942 bis 1944 im Zweigwerk Cottbus statt. Es fand vielfältige Verwendungszwecke, beispielsweise im Luftkrieg über dem Atlantik, wo einige als Träger für funkferngesteuerte Seezielflugkörper Henschel Hs 293 neue technologische Kriegsschauplätze aufzeigten. Die von Kurt Tank entwickelte Fw 190, ein Jagdflugzeug, Jagdbomber und auch Schlachtflugzeug, stellte mit etwa 20.000 Exemplaren ab 1941 das Hauptmuster von Focke-Wulf dar und avancierte neben der Messerschmitt Bf 109 zum Standardjagdflugzeug der Luftwaffe. Ein Viertel der Gesamtproduktion entfiel auf das Stammwerk in Bremen, zudem befanden sich große Zweigwerke in Cottbus, Sorau, Marienburg sowie in Posen, zusätzlich produzierten

Der Werkflugplatz diente nach Kriegsende als amerikanischer Militärflugplatz, 1946

weitere Flugzeugwerke dieses und andere Muster in Lizenz. Im besetzten Frankreich beispielsweise auch das Flugzeugwerk SNCASO in Bordeaux-Merignac, das etwa 300 Focke-Wulf Fw 189 herstellte, ein zweimotoriger taktischer Aufklärer. Lediglich 500 Kilometer von Großbritannien und 100 Kilometer vom offenen Meer entfernt gelegen zog die Industriestadt von 1940 bis 1945 etwa 170 Luftangriffe auf sich, die zu einer 50- bis 60-prozentigen Zerstörung der Stadt führten. Auf die ständige Luftbedrohung durch westalliierten Bomber reagierend, zogen auch die für Konstruktion, Entwicklung und Erprobung zuständigen Werkteile weiter in das Landesinnere. Hierzu zählte die erstmals 1937 geflogene zweimotorige Focke-Wulf Fw 187, vom dem lediglich drei Exemplare existierten. Mit diesen schweren Jägern gelangten einige Feindabschüsse, eine Serienproduktion erfolgte nicht. Außerdem nutzte die Werkschutzstaffel mehrere Fw 190. Nach dem ersten schweren Luftangriff auf das Flugzeugwerk Anfang 1943 stellten die Westalliierten fest, dass die Produktion der Fw 190 zu diesem Zeitpunkt bereits auf andere Standorte dezentralisiert war. Die bodengebundene Luftverteidigung für den Großraum Bremen bestand Ende 1943 aus 77 Flak-Batterien mit Geschützen aller Kaliber. Teilweise befanden sich bis zu drei Batterien in einer Flak-Stellung. Nach dem Kriegsende im April 1945 lag Bremen in der britischen Besatzungszone. Der Werkflugplatz Neuenlander Feld diente nach Beseitigung der schweren Zerstörungen bis 1948 als amerikanischer Militärflugplatz für Transportflüge. Im Anschluss begann die dauerhafte zivile Nutzung als Verkehrsflughafen Bremen.

Trotz Kriegsschäden und nachfolgender baulicher Veränderungen sind immer noch vereinzelte Spuren sichtbar, die auf Focke-Wulf Flugzeugbau verweisen. Auch erinnert beispielsweise eine Gedächtnissplatte in der Bremer Böttcherstraße an den Rekordflug einer Fw 200 im Jahr 1938 von Berlin nach New York. Der historisch begründete Bezug der Hansestadt zur Fliegerei bildete die Voraussetzungen zur Entwicklung als Standort der europäischen Luft- und Raumfahrtindustrie.

Eine der erhaltenen Flugzeughallen dient heute als Terminal E der Fluggesellschaft Ryanair, 2018

An der Fassade der Böttcherstraße 4 in der Innenstadt von Bremen erinnert diese Gedenktafel an einen Rekordflug, 2018

3.1.8 Focke-Wulf Zweigwerk Posen

Im Waldgebiet Robakowo Las zwischen 62-023 Borówiec und Robakowo, Polen

www.31blt.wp.mil.pl/"www.31blt.wp.mil.pl
www.fotopolska.eu/Twierdza_Poznan_Twierdza_fortowa

GPS: 52°24'06.7"N 16°54'29.6"E (Messegelände, Pavillon 2)
GPS: 52°19'13.5"N 16°58'50.0"E (Bunker Fliegerhorst Kreising)
GPS: 52°17'16.5"N 17°04'10.9"E (Montagehalle Waldwerk)

Bei dem 1942 geschaffenen Focke-Wulf Flugzeugbau GmbH Werk Posen handelte es sich um das größte Zweigwerk dieses Herstellers. In Posen existierten ab 1943 zwei Werkteile, auf Teilen des Messegeländes am Zentral-Bahnhof etablierte sich das Werk 9 und auf dem Fliegerhorst Kreising als Neubau das Werk 13. Der Produktionsschwerpunkt lag zunächst auf der Focke-Wulf Fw 190, aber nach einer Umorientierung war für Kreising die Großserienproduktion der Focke-Wulf Ta 154 vorgesehen, die entsprechenden Vorbereitungen wurden bereits eingeleitet. Ein US-Luftangriff im Mai 1944 beschädigte die beiden Werkteile Messegelände und Kreising fast vollständig, sodass eine Verlagerung der Produktion notwendig wurde. Etwa sieben km südöstlich vom Fliegerhorst Kreising entstand in einem Waldgebiet eine getarnte Produktionsstätte, vermutlich unter der Bezeichnung »Waldhütten und Waldwerke Posen«. Im Gegensatz zu ähnlichen Waldwerken in Bayern, deren Gebäude mehrheitlich aus Holz bestanden, wurden in Posen massive Gebäude errichtet. Auf diese Weise blieb bis heute ein entsprechendes Gebäude mit den Abmessungen von 200 mal 15 Metern erhalten. Im Zusammenhang mit der Dezentralisierung sind die Forts I, II, III und IX zu sehen, deren Gräben mit einem Dach versehen und als zusätzliche Produktionsstätte genutzt worden sein sollen. Diese befinden sich in unmittelbarer Nähe vom Werk Kreising. Im Februar 1945 eroberte die Rote Armee die zur Festung erklärte Großstadt Posen. Nach Kriegsende wurde aus Posen endgültig Poznan, und der Fliegerhorst Kreisau avancierte in den 1950er-Jahren zur polnischen Jagdfliegerbasis Krzesiny. Heute zeugen auf dieser 31. Taktischen Fliegerbasis zwei gewaltige Fundamentflächen von den Dimensionen der beiden Haupthallen. Erhalten blieb dort ein haushoher Betonbunker unklarer Bestimmung. Die Montagehalle zwischen Borówiec und Robakowo ist frei zugänglich.

In schlechtem Zustand zeigt sich die Montagehalle im Waldwerk Posen, 2016

3.1.9 Junkers Flugzeugwerke, Dessau

Technikmuseum Hugo Junkers,
Kühnauer Straße 161a, 06846 Dessau, Deutschland

www.technikmuseum-dessau.de

www.hugo-junkers.info

GPS: 51°50'09.2"N 12°12'41.9"E (Junkers-Verwaltung)
GPS: 51°48'47.3"N 12°10'33.5"E (Gedenkstein Erstflug Junkers F 13)

Die Junkers Flugzeug- und Motorenwerke AG bildeten sich 1936. Die Vorgängerfirmen standen schon seit der »Machtübergabe« an die Nationalsozialisten 1933 unter direkter Kontrolle des Reichsluftfahrtministeriums. 1936 wurde Prof. Hugo Junkers aus dem Unternehmen gedrängt, der bereits seit dem Ersten Weltkrieg Flugzeuge und Motoren konstruierte und herstellte. Eine Besonderheit stellte die Tatsache dar, dass somit Flugzeuge und Motoren von einem Hersteller geliefert wurden. Es handelte sich um eines der größten Flugzeugwerke in der Zeit des Nationalsozialismus, mit dem beispiellosen qualitativen und quantitativen Potenzial einer ausgebildeten Belegschaft. Verwaltung, Konstruktionsbüro und Stammwerk mit Werksflugplatz befanden sich in Dessau, die mehrheitlich im Nahbereich liegenden Zweigwerke von Junkers nahmen ab 1935 die Produktion auf, um den steigenden Bedarf der Luftwaffe zu decken. Zusätzlich produzierten die Werke anderer Hersteller Junkers-Flugzeuge in Lizenz. Zum Kriegsende zählten 57 funktionsfähige, beschädigte sowie komplett zerstörte Zweigwerke und Produktionsstätten zu den Junkers Flugzeug- und Motorenwerken. Das ursprüngliche Dessauer Flugzeugwerk befand sich seit dem Ersten Weltkrieg an der Bahnlinie nach Köthen bei Alten. Mitte der 1920er-Jahre nahm der zwischen Alten und Klein Kühnau angelegte und in dieser Form bekannt gewordene Werkflugplatz seinen Betrieb auf und das Flugzeugwerk wurde um den angrenzenden Neubau des Flugmotorenwerkes erweitert. Beide Werkteile dienten neben klassischen Produktionszwecken auch der Entwicklung und Erprobung von neuen Flugzeugen und Triebwerken. Der Werkflugplatz diente gleichermaßen dem Einflug serienproduzierter Flugzeuge wie auch dem Erstflug der zahlreichen Neuentwicklungen, unzählige Junkers-Prototypen erhoben sich hier erstmals in die Luft. Eine erste befestigte Start- und Landebahn entstand 1928 und befand sich auf dem Flugfeld parallel zur Eisenbahnstrecke. Diese wurde mit der Eröffnung eines neuen Werkteils 1935, das zwischen Dessau und Flugfeld gelegene sogenannte Neuwerk als Hauptfabrikationsstätte, durch eine größere Start- und Landebahn ersetzt. Hinzu kam die Fliegertechnische Vorschule in Alten. Abschließend folgte 1938 der Neubau eines Entwicklungswerkes für Flugmotoren und Strahltriebwerke angrenzend an das alte Junkers-Werk unter dem Namen Otto-Mader-Werk. Die Industriebauten umschlossen das Flugfeld in südliche und östliche Richtung, mehrere Werkssiedlungen entstanden im Norden sowie in Klein Kühnau. Insgesamt bildeten die Flugzeuge und Motoren von Junkers einen Ausrüstungsschwerpunkt in der Luftwaffe. Die Junkers Flugzeug- und Motorenwerke AG beschäftigte Anfang 1943 in Dessau über 30.000 Personen, auch aufgrund der bedeutenden Rolle als Rüstungsstandort flogen die Westalliierten von 1940 bis 1945 etwa 20 Luftangriffe auf Dessau, hierbei wurden schätzungsweise 70 bis 80 Prozent der Bebauung zerstört. Das führte zu erheblichen Verlagerungen, davon betroffen auch Entwicklung und Erprobung. Unter diesen Bedingungen entstand ab Frühsommer der Raketenjäger Ju 248, vorgesehen zur perspektivischen Ablösung der Me 163, auf der das neue Muster konstruktiv basierte. In Anlehnung an dieses Muster wurde die Ju 248 in Me 263 umbenannt. Der erste Prototyp der Me 263 erhob sich Anfang Februar 1945, gezogen von einer Me 110 in Dessau in die Luft. Insgesamt entstanden bis Kriegsende drei Versuchsmuster. Ende April 1945 eroberten die amerikanischen Truppen Dessau, ab Juli lag die Region dann endgültig in der sowjetischen Besatzungszone. Amerikanische Spezialisten machten in den Büros und Werkhallen reiche Beute, aber eine Kommission der SMAD ging später noch einen Schritt weiter. Der erste Schritt, die Bildung des besonderen Technischen Büros Nr. 1 (OTB-1), bündelte vor Ort alle personellen Kapazitäten an verfügbaren Konstrukteuren und Wissenschaftlern und führte zu Auskunftsberichten der Tätigkeiten und Ergebnisse von 1933 bis 1945. Daraus entwickelte sich das Versuchskonstruktionsbüro Nr. 1 (OKB-1) in Federführung des Ministeriums für Luftfahrtindustrie der UdSSR, als größtes in der sowjetischen Besatzungszone bestand es im Mai 1946 aus etwa 3000 mehrheitlich deutschen Ingenieuren und Arbeitern allein in Dessau. Die Flugzeuggruppe des OKB-1 erhielt Regierungsaufträge die Projekte EF 126 und EF 131 fortzuführen, die dazu notwendigen Werkteile wurden in Dessau wiederaufgebaut. Aus Geheimhaltungs- und Vertragsgründen endete im Oktober 1946 das Nachkriegskapitel von Junkers in Dessau, nahezu alle Werkanlagen wurden als Reparation demontiert, der Standort geschliffen. Der Werkflugplatz diente seitdem als Militärflugplatz und steht heute in einem kleineren Teilbereich der allgemeinen Luftfahrt zur Verfügung. Die Spuren des Junkers Flugzeugwerkes in Dessau sind vielfältig, einzelne Verwaltungsgebäude und der Rest vom Windkanal blieben erhalten.

Das zur Jahrtausendwende eröffnete Technikmuseum Hugo Junkers auf dem Flugplatzgelände thematisiert anschaulich die Geschichte des Standortes.

Teilweise erhalten gebliebener Windkanal auf dem Gelände des Flugzeugwerkes, 2011

Ausstellungshalle des Technikmuseums Hugo Junkers mit einer Ju 52, 2011

3.2 Flugzeugindustrie im Untergrund

Ende der 1930er-Jahre besaß das Deutsche Reich eine der schlagkräftigsten Luftstreitkräfte der Welt. Die Luftwaffe zeichnete sich für zahlreiche erfolgreiche militärische Interventionen in den ersten Monaten des von den Nationalsozialisten angezettelten Zweiten Weltkrieges verantwortlich. Bis zum Sommer 1941 behielt die Luftwaffe die Lufthoheit in den von der Wehrmacht besetzten Gebieten Europas. Die Alliierten konnten bis dato nur bedingt durch Luftangriffe die deutsche Rüstungsindustrie zerschlagen. Doch mit dem Überfall auf die Sowjetunion im Juni 1941 mussten an zahlreiche wichtige Luftwaffenverbände an die Ostfront verlegt werden. Spätestens als die Vereinigten Staaten von Amerika im Dezember 1941 als Kriegspartei auftraten, verschoben sich die Machtverhältnisse endgültig. Die Luftstreitkräfte der Alliierten intensivierten die Luftangriffe auf das Deutsche Reich. Die Amerikaner flogen fortan ihre Einsätze bei Tag und die Briten bei Nacht. Nach und nach wurde so die deutsche Rüstungsproduktion entscheidend geschwächt. Mit den Flächenbombardements ab Februar 1942 auf deutsche Städte sollte die Bevölkerung schrittweise demoralisiert werden. Doch auch die gewaltigen Flak-Türme in Hamburg, Berlin und Wien sowie die propagierten Wunderwaffen konnten den Verlauf des Krieges nicht beeinflussen. Spätestens zu Beginn des Jahres 1944 erlangten die Alliierten die Lufthoheit über das nationalsozialistische Deutschland und die von ihm besetzten Gebiete in Europa. Fertigungsanlagen und wichtige Verkehrsknoten wurden nun zum regelmäßigen Ziel der alliierten Luftstreitkräfte, sodass die Verlagerung der Rüstungsproduktion in den bombensicheren Untergrund für alle kriegswichtigen Unternehmen beschlossen wurde. Keine Flugabwehr und kein Scheinwerk – so die Bezeichnung der hölzernen Nachbauten ganzer Industrieunternehmen – konnte den Erfolg der Alliierten verhindern. Nur durch den schonungslosen und verbrecherischen Einsatz von KZ-Häftlingen, Zwangsarbeitern und weiteren Internierten konnten die zahlreichen teils größenwahnsinnigen Projekte begonnen werden. Diese sogenannte Untertageverlagerung (U-Verlagerungen) war keine Ausnahme. Nach den zunehmenden alliierten

Soldat der 89. Infanterie Division der US-Armee im Bunker 1 des Me 262-Flugzeugwerkes »Lachs« im Walpersberg, April 1945

Luftangriffen ab 1940/41 auf deutsche Rüstungsunternehmen, Zulieferbetriebe oder Verkehrsknoten hatte man schrittweise begonnen, alle wichtigen Rüstungsstandorte in bombensichere oder unterirdische Anlagen zu verlagern, um dort einen störungsfreien Produktionsablauf zu ermöglichen, umso den dringend benötigten Nachschub nicht abreißen zu lassen. Aber so wenig die ab 1943/44 forcierte Untertageverlagerung der deutschen Rüstungsindustrie brachte, so hoch war der Preis, den sie letztlich forderte. Für die eilig begonnenen Ausbauarbeiten wurde ein Großteil der zur Verfügung stehenden Baustoffe wie Beton und Stahl verbraucht. Unstimmigkeiten in der Zuordnung und den sich daraus ergebenden Veränderungen verzögerten die Fertigstellungstermine zusätzlich. Um die eigens entwickelten Pläne des nationalsozialistischen Regimes umzusetzen und die deutsche Kriegswirtschaft aufrechtzuerhalten, wurden daneben in der zweiten Hälfte des Zweiten Weltkrieges unzählige Fremd- und Zwangsarbeiter, KZ-Häftlinge und Kriegsgefangene beim Bau und Betrieb solcher unterirdischen und Bunker- und Stollenanlagen eingesetzt, wo sie unter fürchterlichen Bedingungen bis zur Erschöpfung ausgebeutet wurden. Die Zahl derer, die in Europa auf den unzähligen Baustellen oder in den schon angelaufenen unterirdischen Betrieben dabei ihr Leben verloren, geht in die Hunderttausende. Ein Großteil der noch heute existierenden Bunker, die vor 1945 zu diesen Zwecken errichtet wurden, trägt dieses geschichtliche Erbe, das vielerorts erst spät und zum Teil bis heute nicht thematisiert und bei der Nachnutzung nicht berücksichtigt wurde.

Ein Großteil der ehemaligen Projekte befindet sich heute ohne eine Nachnutzung. Einige wenige werden noch immer von der Bundeswehr als unterirdische Anlagen betrieben. Andere dienen Bergbauunternehmen als Standort, und weitere Liegenschaften wurden museal aufgearbeitet. Seit einigen Jahren ist ein zunehmendes Interesse der Bevölkerung an diesen Hinterlassenschaften der Geschichte zu erkennen. Mehrere bürgerschaftliche Initiativen kümmern sich vielerorts um die geschichtliche Aufarbeitung der teils jahrelang verdrängten Geschichte. Auf den folgenden Seiten werden einige dieser ehemaligen Untertageverlagerungen vorgestellt. Schon während der Planungs- und Bauphase erhielten diese Objekte einen Decknamen. Umgewidmete alte Schachtanlagen wurden bei mit Tiernamen bezeichnet, alte Stollenanlagen mit Fisch- und Amphibiennamen, ehemalige Bunkeranlagen mit Begriffen aus der Pflanzenkunde, neue Bunkeranlagen erhielten männliche Vornamen, neue Stollenanlagen geologische Bezeichnungen und Verkehrstunnel Vogelnamen.

3.2.1 Untertageverlagerung »Malachit«, Halberstadt

Gedenkstätte Langenstein-Zwieberge
Vor den Zwiebergen 1, 38895 Langenstein, Deutschland
www.stgs.sachsen-anhalt.de

GPS: 51°50'39.7"N 11°01'24.2"E

Mit der Verlagerung der Rüstungsindustrie in den bombensicheren Untergrund entstanden auch für die Flugzeugindustrie sogenannte Untertageverlagerungen. In massiv geschützten Bunkern, aber auch in eigens aufgefahrenen oder umgebauten Stollenanlagen entstanden ganze Taktstraßen, um den Nachschub an militärischen Flugzeugen sicherzustellen. Als eines der größten unterirdischen Werke zählte das Stollensystem bei Halberstadt, welches für die Teileproduktion der Junkers Flugzeug- und Motorenwerke AG vorgesehen war. Durch die Übernahme der Aktienmehrheit befanden sich die Junkers-Werke spätestens ab 1934 im Besitz des Reichsluftfahrtministeriums. Für die Bauarbeiten am komplexen Stollensystems unter den Thekenbergen kamen insgesamt knapp 7000 Häftlinge des Konzentrationslagers Buchenwald zum Einsatz, die im nahegelegenen und eigens errichteten KZ-Außenlager Langenstein-Zwieberge untergebracht waren. Aufgrund der menschenunwürdigen Lebens- und Arbeitsbedingungen und der mangelhaften Versorgung starben mehr als die Hälfte der KZ-Häftlinge innerhalb eines Jahres. »Vernichtung durch Arbeit« war eine Methode des Völkermordes durch die Nationalsozialisten. Die Arbeiten am unterirdischen Rüstungswerk erhielten die Tarnbezeichnung »Malachit« und begannen im April 1944, zehn Monate später waren Stollen mit einer Länge von etwa 13 Kilometer aufgefahren. Etwa 70.000 Quadratmeter unterirdische Nutzfläche wurde so binnen kürzester Zeit und mit primitivsten Mitteln geschaffen. Erste Maschinen wurden noch im Winter 1944/45 installiert, doch eine Produktion lief nie an. Als die US-amerikanischen Truppen das Lager am 11. April 1945 befreiten, hielten sich nur noch die Kranken und nicht gehfähigen Insassen hier auf. Die übrigen Häftlinge wurden einige Tage zuvor auf einen Todesmarsch in Richtung Osten getrieben. Nach Ende des Zweiten Weltkrieges fiel die unterirdische Anlage lange Zeit in Vergessenheit, obwohl man am Standort der Massengräber bereits 1949 eine erste Gedenktafel einweiht hatte. 20 Jahre später wurden eine erste Mahn- und Gedenkstätte und Ende der 1970er-Jahre ein Museum eingeweiht. Der überwiegende Teil des Stollensystems wurde zu der Zeit als Depot der Nationalen Volksarmee ausgebaut. Heute informiert die Gedenkstätte Langenstein-Zwieberge an die Geschichte des Lagers. In den Sommermonaten ist ein Blick in einen der ehemaligen Zugangsstollen möglich.

Die sogenannte Nachtigallenschlucht als einer der Zugänge zur unterirdischen Stollenanlage bei Halberstadt, 2005

In der Zeit des Kalten Krieges wurde der Komplex im Auftrag der NVA zum Komplexlager 12 umgebaut, 2005

3.2.2 Untertageverlagerung »Anhydrit«, Ellrich

Bischhofferöder Straße, 99755 Ellrich, Deutschland

GPS: 51°33'59.2"N 10°43'15.9"E (Anhydrit)

In der Nähe der Ortschaft Woffleben – nördlich des Kohnsteins – wurde ab 1943/1944 ein weiteres Stollensystem aufgefahren. Unter dem Decknamen »Anhydrit« wurden zwei Untertageverlagerungen zusammengefasst. Nach der Fertigstellung sollte hier eine Produktionsstätte der Junkers-Werke angesiedelt werden. Eine Stollenanlage befand sich im Himmelsberg bei Woffleben und eine weitere im Mühlberg bei Niedersachswerfen. Für die umfangreichen Baumaßnahmen entstanden weitere Lager und Baracken zur Unterbringung der hierher verschleppten Zwangsarbeiter. Die Arbeiten liefen aber nur schleppend an. Erst die Gründung des Jägerstabes (> Großeutersdorf) beschleunigte den Ausbau ab Frühjahr 1944. Das Werk B3(a)/Anhydrit sollte nach seiner Fertigstellung als unterirdisches Werk die Produktion von Strahltriebwerken aufnehmen. Für die Bauarbeiten wurden knapp 3000 Bauhäftlinge eingesetzt. B3b war zur Erweiterung der Fernwaffen-Produktionsstätte des »Mittelwerkes« vom Konzentrationslager Mittelbau-Dora auf der gegenüberliegenden Bergseite vorgesehen, aber die Planungen und Vorarbeiten wurden bald niedergelegt, um die Arbeitskräfte beim Sonderbauvorhaben SIII im Jonastal einzusetzen. Doch im März 1945 bezogen die Henschel Flugzeugwerk AG/Flugzeugwerke Schönefeld AG den unterirdischen Bereich, um die Hs-Rakete 117 (Schmetterling) und 298 (Taifun) zu fertigen. Auf einer unterirdischen Fläche von 5500 Quadratmetern sollten bis zu 1200 Personen diese neuartigen Waffen ab März 1945 in Serie produzieren. Neben der Serienproduktion war auch ein unterirdisches Entwicklungswerk vorgesehen. Mit dem Einmarsch der Alliierten wurden die Produktionsanlagen demontiert und die Raketenteile abtransportiert. Einige Zeit später wurde die Anlage gesprengt. Unter der Bezeichnung B3b (»Anhydrit-Ost/Hydra«) war eine Erweiterung des Komplexes 3a auf 120.000 Quadratmetern vorgesehen. Doch nach zwei Monaten wurden die Arbeiten bereits im Oktober 1944 wieder eingestellt. In den verschiedenen Lagern zur Unterbringung der Arbeitskräfte starben viele Menschen. Am 4. und 5. April 1945 wurden diese Lager erst geräumt und die gehfähigen Personen auf Todesmärsche in Richtung des Konzentrationslagers Bergen-Belsen getrieben. Einige Baracken dienten nach Ankunft der Alliierten als Unterkunft der Displaced Persons, die hier nun auf ihre Heimreise warteten. Der Komplex B3a diente ab den 1970er-Jahren auch als Depot der Nationalen Volksarmee der DDR.

Einer der unterirdischen Hauptstollen der ehemaligen U-Verlagerung »Anhydrit«, 2015

Hinterlassenschaften in der ehemaligen unterirdischen Rüstungsanlage bei Ellrich, 2015

3.2.3 Untertageverlagerung »Bulldogge«, Morsleben

Endlager Morsleben
Am Schacht 105, 39343 Morsleben, Deutschland

GPS: 52°13′19.5″N 11°06′07.5″E

Neben der Verlagerung der Rüstungsindustrie in Stollensysteme innerhalb von festen Gesteinsarten wurden von den Nationalsozialisten auch mehrere Salzbergwerke in Beschlag genommen. Seit Ende des 19. Jahrhunderts wurde bereits bei Morsleben der Kalibergbau betrieben, der aber schrittweise eingestellt wurde. Bereits ab Mai 1937 dienten Bereiche des inzwischen als Reserveanlage vorgehaltenen Betriebes als Munitionsanstalt der Luftwaffe. In den weiten unterirdischen Gängen lagerte fortan Munition für Flak-Geschütze. Im Februar 1944 wurden in den unterirdischen Salzstock die beiden Rüstungsunternehmen die Berliner Askania-Werke und das Luftfahrtgerätewerk Hakenfelde GmbH verlagert, die nun in mehreren hundert Metern Tiefe im Rahmen des Jägerprogramms (> Großeutersdorf) Teile für die Me 262 und des Fernwaffenprogramms der A4 und der Fi 103 unterirdischen produzierten. Die beiden unterirdischen Schächte »Marie« bei Beendorf und »Bartensleben« bei Morsleben erhielten dabei die Decknamen »Bulldogge« und »Iltis«. Ab dem Sommer 1944 wurden knapp 2500 Häftlinge aus mehreren Konzentrationslagern zu den Arbeiten herangezogen, die nun in Zwölf-Stunden-Schichten unterirdisch als Arbeitssklaven ausgebeutet wurden. Die Unterbringung erfolgte in einem eigens errichteten Lager bei Beendorf welches aus je einem Männer- und Frauenlager bestand und formell dem Konzentrationslager Neuengamme bei Hamburg unterstand. Unter der Bezeichnung KZ-Außenlager Benndorf/SS-Arbeitslager A3 wurden hier die Insassen unter einfachsten Bedingungen zusammengepfercht. Das Leiden der hierher verschleppten Menschen endete nach der Evakuierung der Lager ab dem 10. April 1945 mit Eisenbahnwagen in Richtung Norden an unterschiedliche Orten. Viele verloren auch bei diesen Evakuierungstransporten ihr Leben. Ab 1965 wurden Teile des Salzstocks zum Zentralen Endlager Grube Bartensleben (ZEGB) für radioaktive Abfälle der DDR bestimmt. Seit 1998 wird in Morsleben kein Atommüll mehr eingelagert. Seitdem laufen umfangreiche Sicherungsmaßnahmen zur Stabilisierung des unterirdischen Systems. Greenpeace kritisiert seit langer Zeit den baulichen Zustand des Zentralteils des Salzstocks. Die Standfestigkeit wurde auch seit 1969 von Wissenschaftlern immer wieder in Frage gestellt. Ab 2003 wurden vom Bund mehr als 100 Millionen Euro investiert, um das Atomlager bergbaulich zu sichern.

Unterschiedliche Fässer mit radioaktiven Abfällen im Endlager des Salzstocks Morsleben, 2001

3.2.4 Projekt »Doggerstollen« / B7, Hersbruck

Dokumentationsstätte KZ Hersbruck / Infotafeln
Amberger Straße 76, 91217 Hersbruck, Deutschland
www.kz-hersbruck-info.de

GPS: 49°29'29.6"N 11°29'04.8"E

Mit dem Projekt »Doggerstollen« sollte ein unterirdisches Rüstungswerk auf mehr als 100.000 Quadratmetern entstehen. Nach der Fertigstellung war die Produktion von BMW-Flugzeugmotoren vorgesehen, die bis dahin in den ungeschützten Rüstungswerken Allach bei München untergebracht waren. Die Arbeiten wurden im Frühjahr 1944 aufgenommen. Zwischen Mai 1944 und April 1945 sind rund vier der geplanten 18 Kilometer Stollen in den Sandstein getrieben worden, wovon etwa 750 Meter ausbetoniert wurden. Elf Zugänge sollten nach der Fertigstellung den Zugang ins System und so eine reibungslose Rüstungsproduktion ermöglichen. Für die Arbeiten kamen rund 9500 KZ-Häftlinge zum Einsatz, die in einem Außenlager bei Hersbruck untergebracht wurden. Die Häftlinge wurden auch auf der Baustelle von Mannschaften der SS bewacht und von deutschen Bergleuten angewiesen. Das KZ-Außenlager Hersbruck war auch zugleich das größte Außenlager des Konzentrationslagers Flossenbürg und geht auf ein Lager des Reichsarbeitsdienstes zurück. Dieses diente mit der Beschlagnahmung durch die SS als Kommandantur und Unterkunftsquartier der SS, und das umliegende Areal wurde zum Barackenlager umgewidmet. Bis Ende des Krieges verloren hier und in den unterirdischen Stollen etwa 4000 Menschen ihr Leben. Die Überlebenden wurden im April 1944 auf einem Todesmarsch in Richtung des Konzentrationslagers Dachau gezwungen. Nach dem Krieg wurde nicht nur das Lager abgerissen und aus dem Gedächtnis getilgt, sondern die Zugänge zum System wurden allesamt zubetoniert. Erst seit 1998 erinnert eine Gedenktafel an das Schicksal der hier ums Leben gekommen Menschen. Seit mehreren Jahren engagiert sich der Verein Dokumentationsstätte KZ Hersbruck für die Aufarbeitung der hiesigen Geschichte. Für die Zukunft ist es geplant, einen Teil des ausgebauten Stollens als authentisches Mahnmal der Geschichte der Öffentlichkeit zugänglich zu machen. Zwei Tafeln am Standort des ehemaligen KZ-Außenlagers informieren über die Geschichte der einstigen Doggerwerke. Ab Herbst 2017 sollen die einsturzgefährdeten Bereiche des einstigen unterirdischen Rüstungswerkes bergbaulich gesichert werden.

Gedenk- und Informationstafeln am Zugang zur unterirdischen Stollenanlage bei Hersbruck, 2015

Blick durch das Tor der Anlage, 2015

Baufortschritt der Stollenanlage bei Hersbruck, 1945

3.2.5 Untertageverlagerung »Maulwurf« / Salzbergwerk, Tarthun

K1301, 39240 Tarthun, Deutschland

GPS: 51°55′15.4″N 11°29′29.4″E

Das Kalibergwerk Brefeld bei Tarthun wurde ab 1891 aufgefahren. Der eigentliche Abbau begann wenige Jahre später. Nachdem die Nachfrage nachließ, endete der Abbau 1924. Im Rahmen der militärischen Aufrüstung des Landes fiel auch das Salzbergwerk bei Tarthun in militärische Nutzung. Ab 1935 wurde hier ein unterirdisches Munitionsdepot für die Luftwaffe eingerichtet. Üblicherweise erfolgte die Bevorratung von Munition bei Heer, Marine und Luftwaffe in oberirdischen Munitionslageranstalten. Spätestens ab 1944 dienten Teilbereiche des Komplexes aber auch als Rüstungsstandort. Ab dem Herbst 1944 wurden in dem unterirdischen Salzbergwerk Tarthun bei Magdeburg unter der Ausbeutung der Arbeitskraft von KZ-Häftlingen Rümpfe der He 162 montiert. Die Heinkel He 162 war ein mit einem Strahltriebwerk angetriebenes Jagdflugzeug. Das auch als »Volksjäger« bezeichnete Flugzeug entstand im Rahmen des Jägernotprogramms. Eigens und schnell ausgebildete Piloten – zumeist Jugendliche aus der HJ – sollten so alliierte Bomberverbände abwehren oder die begleitenden Jäger bekämpfen. Spätestens ab 1944 intensivierten die Alliierten die Luftangriffe auf industrielle Zentren und städtische Ballungsräume. Um die Flugzeuge schneller fertigen zu können, und da im vierten Kriegsjahr nicht mehr alle Rohstoffe frei verfügbar waren, wurde einfaches Material wie etwa Holz verwendet. Neben der He 162 wurden auch weitere Abfangjäger projektiert, die massenhaft produziert werden sollten. Das Jägernotprogramm vom Juli 1944 sah den Wettbewerb unter den führenden Flugzeugbauern vor, welches Werk mit welchem Muster die Umsetzung eines schnellen und leicht zu fliegenden Billigjägers umsetzen könne. Doch letztlich überholte der Verlauf des Krieges die tatsächliche Umsetzung. Ende April 1945 standen die ersten Abfangjäger zur Verfügung. Beim ersten und letzten Einsatz konnte ein unbestätigter Abschuss verzeichnet werden. Die Flugzeuge besaßen eine relativ kurze Flugzeit und mangelhafte Bewaffnung. Die im Rahmen des Jägernotprogramms projektierten Flugzeugtypen nahmen wichtige Technologien vorweg, die noch Jahrzehnte später, wie etwa die Pfeil- oder die Deltaflügel, den Flugzeugbau dominierten.

Massiver Überbau des Förderschachtes bei Tarthun, 2015

Der versiegelte Schachtzugang zum unterirdischen Salzstock, 2015

Mitte April 1945 entdeckten amerikanische Truppen im Salzbergwerk Thartun etwa 100 Rümpfe der He 162 in verschiedenen Baustadien.

3.2.6 Untertageverlagerung »Goldfisch« / A8 und »Brasse« A8b, Neckarelz

Neckarstraße, 74847 Obrigheim, Deutschland

GPS: 49°20'19.2"N 9°05'44.1"E

Nachdem sich die Luftangriffe auf die Flugzeugmotorenwerke der Daimler-Benz Motoren GmbH in Genshagen südlich Berlins Anfang 1944 häuften, wurde vom Jägerstab (> Großeutersdorf) die Verlagerung in den bombensicheren Untergrund beschlossen. Nach Erkundungen im Februar 1944 begannen im März 1944 die Umbauarbeiten an den beiden ehemaligen Gipsgruben »Friede« und »Ernst« im badischen Obrigheim. Im vermeintlich bombensicheren Süddeutschland sollte die Produktion der 1500 PS starken Zwölfzylinder-Flugzeugmotoren vom Typ DB 603 und DB 605 möglichst reibungslos weiterlaufen. Die größere von beiden Anlagen mit geplanten 50.000 Quadratmetern die Grube »Friede« erhielt den Tarnnamen »Goldfisch«, die zweite Produktionsstätte mit einer Größe von 9000 Quadratmetern die Tarnbezeichnung »Brasse«. Der Komplex Brasse sollte nach Fertigstellung das Daimler-Benz-Motorenwerks aus Sindelfingen aufnehmen. Mitte März wurden die ersten 500 Häftlinge aus dem Konzentrationslager Dachau hierher verschleppt. Das ehemalige Schulgebäude in Neckarelz wurde zum KZ-Außenlager für knapp 800 Personen umfunktioniert. Daneben entstanden im Umfeld weitere sechs Lager, sodass im Sommer 1944 die unterirdische Rüstungsproduktion langsam anlaufen konnte. Laut Planungen sollten so 500 Motoren-Neubauten und 350 Motoren-Instandsetzungen umgesetzt werden. Doch diese Zahlen wurde auch durch den Einsatz der knapp 1400 Häftlinge nicht erreicht. In allen Lagern und Kommandos waren insgesamt etwa 10.000 Menschen eingesetzt. Ende März 1945 wurden die Produktionsstätte verlassen und etwa 4.000 gehfähige Personen vor den vorrückenden amerikanischen Truppen in mehreren Todesmärschen »evakuiert«. Das Werk wurde nach Ende des Krieges demontiert und die Fabrikationsanlagen als Reparationsleistung beschlagnahmt.

Über die Geschichte informieren heute die KZ-Gedenkstätte Neckarelz (auf dem Gelände der Clemens-Brentano-Schule: Mosbacher Straße 39, 74821 Mosbach-Neckarelz / www.kz-denk-neckarelz.de) und der knapp 2,5 Kilometer lange Geschichtslehrpfad »Goldfischpfad« mit zahlreichen Informationstafeln.

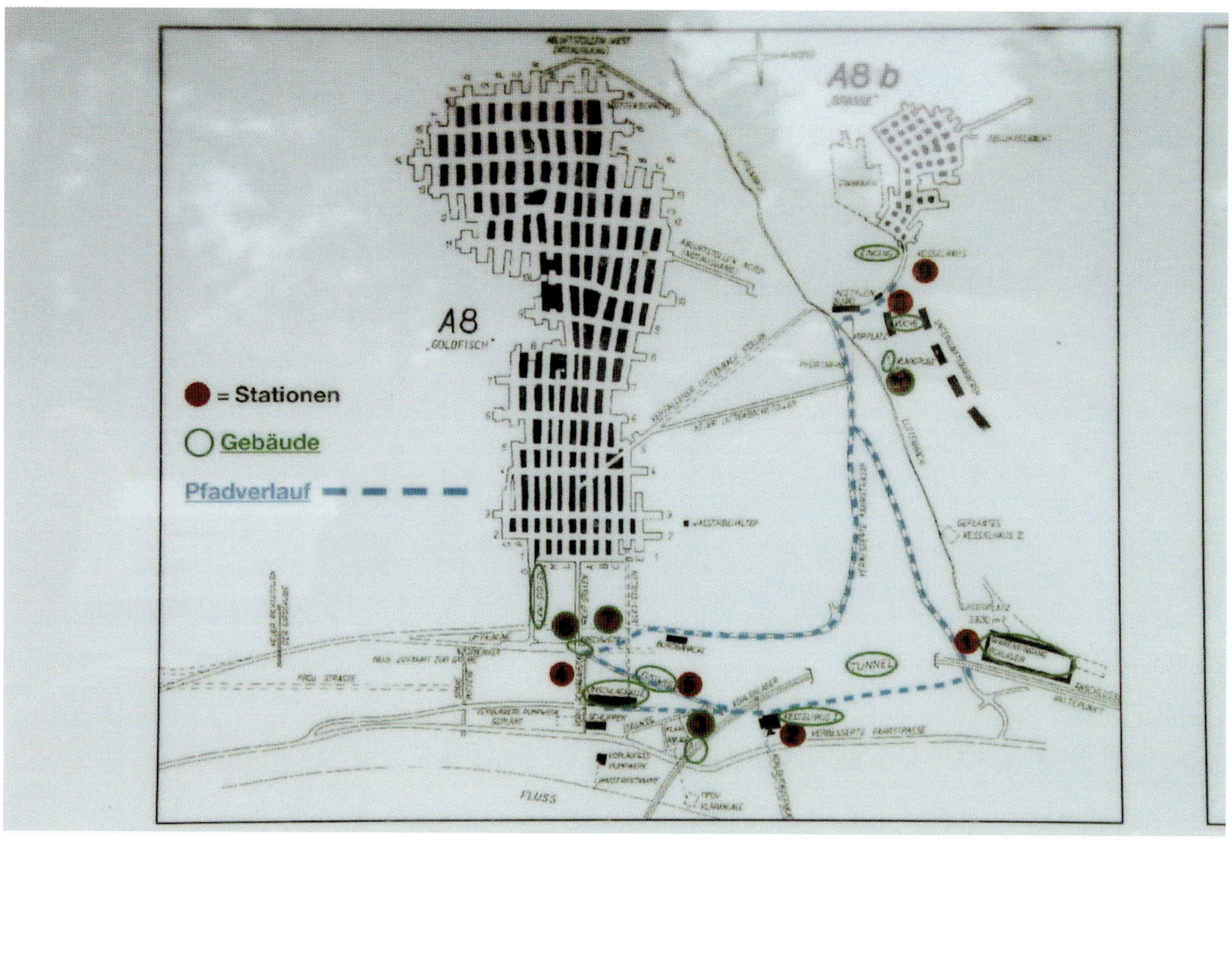

Informationstafel des heutigen Geschichtslehrpfades »Goldfischpfad« vor einem Stolleneingang, 2000

Stollenmund des einstigen Rüstungswerkes, 2000

Blick in die KZ-Gedenkstätte auf dem Schulhof in Neckarelz, 2012

Als Anschauungsobjekt in der Gedenkstätte dient ein Flugzeugmotor von Daimler-Benz. Hierbei handelt es sich um einen DB 605T mit angeflanschter Höhenladerzentrale. Im Rumpf der Höhenaufklärer Henschel Hs 130E und Dornier 217P untergebracht, wurden hiermit deren Antriebsmotoren mit komprimierter Luft versorgt, 2012

3.2.7 Untertageverlagerung »Zechstein«, Janská

Janská 110, 405 02 Janská, Tschechien
www.podzemirabstejn.cz/de

GPS: 50°48'07.3"N 14°22'09.7"E (Museumsstollen) / 50°48'03.7"N 14°22'20.5"E (Stollen)

In Rabstein bei Böhmisch Kamnitz (Ceská Kamenice) wurden bereits im Herbst 1942 entlang eines Tales die angesiedelten Unternehmen konfisziert und der Bremer Firma Weser-Flugzeugbau GmbH – dem viertgrößten Flugzeughersteller des Deutschen Reichs – übergeben, deren Fabrikationsanlagen bei den alliierten Bombenangriffen zerstört worden waren. Das auch als Weserflug bezeichnete Unternehmen war im Flugzeugbau und daher auch in der Rüstungsproduktion tätig. Die ersten Fabrikationsanlagen und das Stammpersonal zog 1942/43 ins besetzte Tschechien. Die Produktion wurde in mehrere Zonen (Werk A-B-C-D-E) unterteilt. Die Beschäftigten der Firma erhielten im Werk A das Quartier »Neu Bremen«. In den folgenden Monaten wurde auch der Bedarf an Arbeitskräften immer größer, sodass im Umfeld mehr als 30 Arbeitslager und zwei Gefangenenlager aufgebaut wurden. In den letzten Kriegsmonaten waren in Rabstein und Umgebung insgesamt 6000 Personen aus 18 Ländern eingesetzt. Ab 1944 fanden umfangreiche Baumaßnahmen zur Schaffung von unterirdischen Produktionsräumen statt. Für die Bauarbeiten wurden die im August 1944 aus dem Konzentrationslager Flossenbürg hierher verschleppten Häftlinge eingesetzt und der Standort als offizielles KZ-Außenlager für etwa 700 Häftlinge betrieben. Zwischen August 1944 und April 1945 höhlten die Häftlinge im Sandsteinmassiv des Tales der Kamnitz etwa 17.500 Quadratmeter unterirdischen Raum aus. Die geplanten 80.000 Quadratmeter wurden bis Ende des Krieges nicht fertiggestellt. Die ursprünglichen Planungen sahen u. a. die Produktion des einmotoriges Kampfflugzeuges Junkers Ju 87 vor. Unzählige KZ-Häftlinge verloren durch die mangelhafte Versorgung und schlechte Unterbringung ihr Leben. Eine genaue Zahl konnte bis heute nicht ermittelt werden. Während der Zeit des Kalten Krieges war das gesamte Tal für die Allgemeinheit nicht zugänglich.

Seit einigen Jahren existiert in einem kleinen Stollensystem ein provisorisches Museum. Bei angemeldeten Führungen kann auch ein weiteres größeres Stollensystem welches für die Produktion von Teilen vorgesehen war besichtigt werden.

Bauten des einstigen Verlagerungsobjektes der Bremer Firma Weser-Flugzeugbau GmbH, 2015

Teil der Ausstellung zur Geschichte des Tales in einem unterirdischen Stollen, 2015

Einkerbung an einer Stelle eines unterirdischen Stollens, 2015

Die zahlreichen Stollen besaßen bis Ende des Zweiten Weltkrieges einen unterschiedlichen Ausbauzustand, 2015

3.3 Triebwerksproduktion

Am weitesten verbreitet war der Doppelsternmotor BMW 801, hier in der Flugwerft Schleißheim des Deutschen Museums München, 2012

Drei große Firmen produzierten in Deutschland in den 1930er-Jahren Flugzeugmotoren: BMW, Daimler-Benz und Junkers. Neben Propellern antreibenden Stern- und Reihenmotoren kamen im Kriegsverlauf Strahltriebwerke, Flüssigkeitsraketentriebwerke sowie Verpuffungsstrahltriebwerke hinzu, letztere mehrheitlich führerlose Fluggeräte antreibend. Von der Anzahl der größte Hersteller waren die Junkers Motorenwerke mit 68.248 Exemplaren des Kolbenmotors Jumo 211 für Ju 87, Ju 88, He 111 und Me 323. Die Bayerischen Motorenwerke erreichten mit 61.000 Exemplaren des Sternmotors BMW 801 die vergleichsweise größte Verbreitung bei neun Flugzeugtypen von Blohm & Voss, Junkers, Dornier, Focke-Wulf und Arado. Im Anschluss folgte Daimler-Benz mit 42.400 Kolbenmotoren DB 605, die ausschließlich in der Messerschmitt Bf 109 Verwendung fanden, dem meistgebauten Flugzeug der Luftwaffe. Die Junkers Motorenwerke stellten schließlich mit dem Jumo 004 das erste einsatzreife Strahltriebwerk der Welt im Großserienbau her. Spätestens mit dem ebenfalls in Serie hergestellten Flüssigkeitsraketentriebwerk Walter HWK 105-509 sah sich die Luftwaffe mit dem unlösbaren Problem der Sicherstellung von drei unterschiedlichen Hauptarten an Flugbetriebsstoffen konfrontiert.

Das Flüssigkeitsraketentriebwerk Walter HWK 105-509 diente hauptsächlich als Antrieb für den Raketenjäger Messerschmitt Me 163, Luftwaffenmuseum Berlin-Gatow, 2012

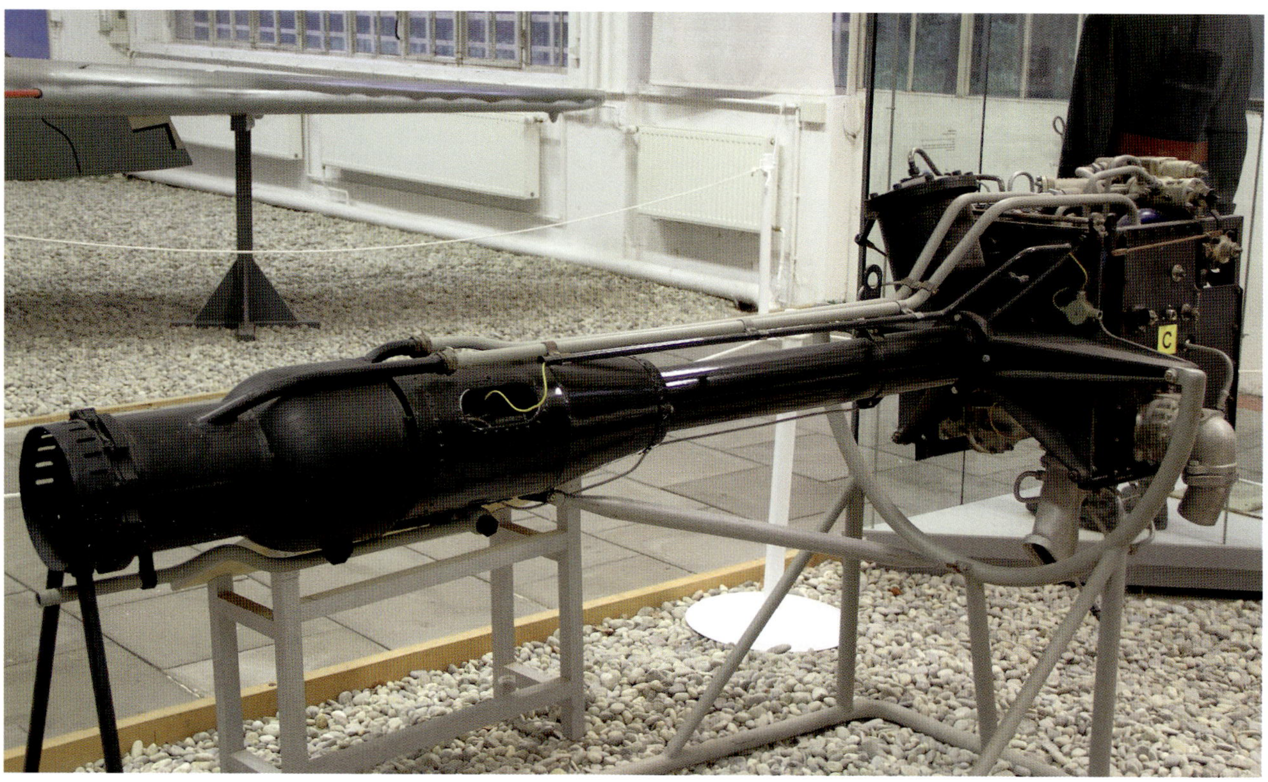

Das nicht in den Serieneinsatz gelangte Strahltriebwerk Heinkel HeS 011, hier ausgestellt im EAA Museum in Oshkosh/USA, 2018

Die in Serie produzierten Strahltriebwerke BMW 003 (oben) und Jumo 004 (unten), Technikmuseum Berlin, 2017

3.3.1 Mitteldeutsche Motorenwerke, Leipzig-Taucha

Am Veitsberg, 04425 Taucha, Deutschland

www.mitteldeutsche-motorenwerke.de

GPS: 51°23'20.4"N 12°28'27.7"E (Verwaltungsgebäude)
GPS: 51°23'15.8"N 12°28'04.5"E
(Fliegertechnische Vorschule Portitz)
GPS: 51°22'31.5"N 12°29'22.0"E (Werksiedlung Taucha)
GPS: 50°44'06.8"N 15°17'31.9"E (Werk Morchenstern)
GPS: 50°42'06.6"N 15°19'09.2"E (Werk Plaw)

Das Industriegebiet Halle-Leipzig im mitteldeutschen Raum stellte im Dritten Reich ein Zentrum der Wehrwirtschaft dar. In dieser Zeit verdoppelten sich dort die Anzahl der Standorte der Luftrüstungsindustrie. Die Planungen für ein Motorenwerk im Wald zwischen Taucha und Portitz begannen zum Jahresbeginn 1935, der Baubeginn erfolgte im Sommer. Noch vor der vollständigen Fertigstellung von Motorenwerk und Werksiedlung startete Ende 1936 die Produktion des Diesel-Gegenkolbenmotors Jumo 205C, von der Junkers Ju 86 und Blohm & Voss Ha 139 verwendet. Bis 1944 fertigten die MMW (auch als MiMo bezeichnet) über 20.000 Junkers-Kolbenmotoren der Typen Jumo 205, 211 und 213. Hinzu kamen Verdichterschaufeln für das Strahltriebwerk Jumo 004. Die Belegschaftsstärke erreichte Ende 1942 den Höchststand von über 9000 Personen. Mehrfach wurde das Werk von US-Luftangriffen getroffen, daraufhin begann die teilweise Verlagerung der Produktionsanlagen in den Reichsgau Sudetenland. Hierfür wurde die Iser GmbH gegründet die vorherige Textilbetriebe im tschechischen Plavy (Plaw) und Smrzovka (Morchenstern) nutzte. In Leipzig-Taucha endete die Produktion im April 1945, und US-Truppen besetzten das Werk. Im Mai erfolgte die Ablösung durch die Rote Armee. Die Werkanlagen wurden nach Abbau und Entnahme der Maschinen und Ausrüstung (Reparationen) von 1947 bis 1948 nahezu vollständig demontiert, abgerissen und abschließend deren Fundamente gesprengt. Später richtete die Volkspolizei einen Teilbereich wieder her, und zusätzlich kam hier der Zivilschutz mit einer Schulungseinrichtung unter. Das prägnante Verwaltungsgebäude, Teile der Fliegertechnischen Vorschule sowie ein Spitzbunker blieben über die Jahre erhalten. Zahlreiche Ruinen und Gebäudereste verbergen sich im Unterholz des einstigen Werkgeländes. Eine private Interessengemeinschaft beschäftigt sich seit mehreren Jahren mit der historischen Aufarbeitung des Geländes, das ehemalige Verwaltungsgebäude steht seit 2015 unter Denkmalschutz.

Nach 80 Jahren zeigt sich das Verwaltungsgebäude der Mitteldeutschen Motorenwerke in einem desolaten Zustand, 2017

3.3.2 REIMAG-Werk E, »Schneehase«, Kamsdorf

Grubensteig 4, 07334 Kamsdorf, Deutschland
www.besucherbergwerk-kamsdorf.de

GPS: 50°37'39.0"N 11°26'30.9"E (BMW-Maschinendepot)

Das der Messerschmitt Me 262 als Antrieb dienende Turbinenluftstrahltriebwerk Jumo 004 sollte ebenso wie das Flugzeug selbst teilweise unterirdisch und somit vor Luftangriffen geschützt ab Ende 1944 in Großserie produziert werden. Weniger als 20 Kilometer von Walpersberg entfernt, dem REIMAG-Hauptwerk A, fanden sich geeignet erscheinende Stollen mit einer Grundfläche von mehreren hunderttausend Quadratmetern Nutzfläche. Die Grube Vereinigte Reviere Kamsdorf förderte ursprünglich Kupfer-, Silber- und Eisenerze und erhielt im Oktober 1944 den Decknamen »Schneehase«. Früheren Planungen zufolge sollten in Kamsdorf die BMW-Motorenwerke ihre Produktion aufnehmen. Ursprünglich war im Walpersberger REIMAG-Werk die Produktion der Focke-Wulf Fw 190 bzw. Ta 152 vorgesehen. In der entsprechenden Höhenjägervariante dienten hier Daimler-Benz DB 603 bzw. Junkers Jumo 213 als Antrieb. Die ersten Werkzeugmaschinen waren bereits mit der Eisenbahn von Markkirch im Elsass nach Mitteldeutschland unterwegs und mussten dann übergangsweise in mehreren provisorisch errichteten großen Holzhallen zwischen Kaulsdorf und Kamsdorf eingelagert werden. Der Wechsel von BMW zu Jumo erfolgte im November und die Herrichtung zu einer unterirdischen Triebwerksfabrik unter dem ausbeuterischen Einsatz von Zwangsarbeitern und Häftlingen begann umgehend. Die nassen Wände sowie Tropfwasser führten zur Aufstellung von Holzüberdachungen für die darunter zu montierenden Marschinen. Bis März ließen sich 30.000 Quadratmeter Produktionsfläche für die Teilefertigung der Triebwerke der Erichswerke GmbH nutzen, ein Schmalspurnetz verband die Teilbereiche. Obwohl sich später Einzelteile des Jumo 004 in der weitläufigen Stollenanlage anfanden, haben vermutlich keine oder nur wenigen Triebwerke das REIMAG-Werk E in Richtung Walpersberg verlassen. Nachdem die amerikanischen Truppen die Region im April 1945 eroberten, folgte die Rote Armee bald darauf und versuchte sich in der Sprengung von Teilen der kilometerlangen Stollenanlage. Neben dem fortgesetzten Abbau von Kalkstein und Düngekalkmergel begann 1984 für den Zivilschutz der DDR die Errichtung einer nie fertiggestellten Führungsstelle.

Das 2001 eröffnete Besucherbergwerk Kamsdorf ermöglicht Führungen durch das weitläufige Grubenfeld.

Hergerichtete Grubenbahn im Besucherbergwerk, 2009

Bild links: Vor Ort aufgefundene Turbinenschaufel des Strahltriebwerkes Jumo 004, 2009

Bild rechts: Hauptzugang in das Stollensystem des Besucherbergwerkes Kamsdorf, 2009

Einbauten in einem Stollen zum Bau einer Führungsstelle der Zivilverteidigung der DDR, 2009

3.3.3 Zittwerke AG, Zittau

Rolnicza 25, 59-921 Sieniawka, Polen

GPS: 50°53'23.1"N 14°50'32.7"E (Montagehalle)
GPS: 52°42'24.6"N 13°26'33.4"E (Triebwerksprobelaufstand)

Einer der ausgelagerten Produktionsstandorte der Junkers Flugzeug- und Motorenwerke AG befand sich in der schlesischen Stadt Zittau. Die dort im März 1944 gegründeten Zittwerke AG stellten von November 1944 bis März 1945 knapp 400 Turbinenluftstrahltriebwerke Jumo 004 her. Da die dort vorhandenen und nun umgenutzten Fertigungsstätten nicht ausreichten, fiel die Entscheidung zum Ausbau der 1937 für die Wehrmacht errichteten Infanterie-Kaserne. Diese befand sich zwischen Kleinschönau und Großporitsch, ein ursprünglich als Exerzierplatz, im Ersten Weltkrieg als Kriegsgefangenenlager sowie später als Notlandeplatz genutztes Gelände. Der Bau der Kaserne wurde 1939 unterbrochen und für den Bedarf der Zittwerke 1944 nach Anpassung an die neuen Bedürfnisse fortgesetzt, zudem erhielt der nun als Triebwerksfabrik genutzte vormalige Kasernenkomplex einen Gleisanschluss. Möglicherweise fanden mit Einzug der Zittwerke in die Kaserne lediglich Umbauten oder bauliche Anpassungen statt. Dennoch ergänzte man die Infrastruktur um ein Heizhaus, Verladebahnhof sowie eine Montagehalle zur Triebwerksmontage. Eine Besonderheit stellt der für Probeläufe der Jumo 004 neu errichtete Triebwerksprüfstand dar, ein kompaktes Gebäude, das die Kontrolle mehrerer gleichzeitig laufender Triebwerke ermöglichte. Zur Sicherstellung mit Kerosin gehörte ebenso eine Pumpstation mit Vorratsbehältern. Zeitgenössische Baupläne zeigen die perspektivische Errichtung von zwei weiteren gleichartigen Gebäuden, um Probeläufe mit dem Strahltriebwerk Jumo 004 durchzuführen. Neben deutschen Facharbeitern waren hier Fremdarbeiter, Kriegsgefangene sowie Häftlinge des KZ Groß Rosen beschäftigt. Zusätzlich waren Motorenschlosser der Fliegertechnischen Vorschule aus Dessau-Alten in Zittau tätig. Der am Kasernenrand gelegene Notlandeplatz soll sporadisch in Nutzung für Verbindungsflüge gestanden haben. Nach dem Einmarsch der Roten Armee im Mai 1945 in Zittau lag die Kaserne auf dem Gebiet Polens und diente für einige Monate als Kriegs- und Zivilgefangenenlager für Wehrmachtsangehörige. Während einige Gebäude der Kaserne nach Sanierung in den letzten Jahren für Wohnzwecke sowie als psychiatrisches Krankenhaus dienen, verfallen mittlerweile andere im rückwärtigen Bereich bzw. wurden teilweise abgerissen. Der weltweit einmalige Probelaufstand für die Triebwerke Jumo 004 blieb als Ruine erhalten.

Bild links: Auf dem Urnenhain an der Görlitzer Straße in Zittau erinnert dieser Gedenkstein an die Opfer der Triebwerksfabrik, 2005

Bild rechts: Mit dieser 1944, zwischen zwei bestehenden Garagen, errichteten Halle entstand ein fast 400 Meter langes Fließband zur Montage von Strahltriebwerken Jumo 004, 2015

Einblick in zwei Doppelprüfstände, an der Rückseite die Öffnungen für den Schubstrahl der Jumo 004, 2015

Der 1944 errichtete Probelaufstand mit seinen vier Doppelprüfständen zeigt sich heute in einem ruinösen Zustand, 2015

3.3.4 BraMo Basdorf/Zühlsdorf

An der Bramo, 16515 Zühlsdorf, Deutschland

GPS: 52°42'28.4"N 13°26'12.3"E (Werksiedlung)
GPS: 52°42'24.6"N 13°26'33.4"E (Zwangsarbeiterlager)

Die Brandenburgische Motorenwerke GmbH (BraMo) eröffneten 1938, das in einem Waldgebiet getarnt gelegene Rüstungswerk Basdorf, welches zum Großserienbau und zur Generalüberholung von Sternmotoren diente. Neben Reihenprüfständen befand sich hier auch ein Schwenkprüfstand für den Sternmotor BraMo 323, der als Antrieb für den Hubschrauber Focke-Achgelis Fa 223 diente.

Nachdem die BraMo von der BMW-Flugmotoren GmbH 1939 übernommen wurde, forderte das RLM eine Erweiterung des Werkes in Basdorf. Das neue Werk Zühlsdorf entstand von 1940 bis 1942 südlich des ursprünglichen BraMo-Werkes, auf der anderen Seite der Ortsverbindungsstraße Basdorf-Zühlsdorf. Auch als Werk Zühlsdorf (Süd) bezeichnet konnten hier zusätzlich Turbinenluftstrahltriebwerke erprobt werden. Die Entwicklung von Flüssigkeitsraketentriebwerken führte im Rahmen eines dritten Bauabschnittes zur Errichtung des Werkes Zühlsdorf (Ost). Hier befanden sich komplexe Prüfstände auf denen beispielsweise hybride Kombinationen von Strahl- und Raketentriebwerken getestet wurden. Von 4000 in Basdorf geplanten Werkwohnungen ließen sich nur 300 errichten. Bis Frühjahr 1942 war in dem Flugmotorenwerk ausschließlich deutsches Personal beschäftigt. Zusätzlich entstand dann in Basdorf ein kasernenartiges Barackenlager für Fremd- und Zwangsarbeiter, eines der größten seiner Art im Großraum Berlin-Brandenburg. Nach einem Luftangriff der Royal Air Forces im Januar 1944 auf das Werk Basdorf/Zühlsdorf kam es zu ersten Beeinträchtigungen in der Produktion. Im Jahresverlauf folgten weitere US-Luftangriffe, was zu einer starken Reduzierung der Produktionskapazitäten führte. Aufgrund des im Werk Zühlsdorf hergestellten Turbinenluftstrahltriebwerkes BMW 003 bestand ein besonderes Interesse der Sowjetunion an diesem Hochtechnologiestandort. Im April 1945 eroberte die Rote Armee die Region, und auf Befehl wurde beispielsweise die Erprobung eines sogenannten Raketenzusatzgerätes 109-718 wieder aufgenommen und fortgesetzt. Ab 1946 begann die umfassende Demontage und der Abriss der Infrastrukturen. Später betrieb hier des Ministerium für Staatssicherheit ein Funksendezentrum. Nach der Wende wurden einige der im Kalten Krieg errichteten Gebäude abgerissen, in den letzten Jahren entstand eine Solaranlage auf Teilen der freigeräumten Flächen. Das ehemalige Zwangsarbeiterlagers ist für eine Umnutzung zu einem Wohngebiet vorgesehen.

Bild links: Splitterschutzzelle des Werkluftschutzes im einstigen Werkteil Zühlsdorf (Ost), 2017

Bild rechts: Generatorenfundamente zum Betrieb von Strahlturbinen BMW 003 (im Hintergrund Gebäudesockel des Prüfstandes) in Zühlsdorf (Ost), 2017

Die hölzernen BMW-Werkwohnungen der Basdorfer Waldsiedlung, ugs. auch Milch-Siedlung, benannt nach dem Generalfeldmarschall der Luftwaffe Erhard Milch, 2017

Die freigelegten Fundamente eines Doppelprüfstandes für Strahltriebwerke BMW 003 im Werkteil Zühlsdorf (Ost), im Hintergrund die Strahlabweiserwand, 2020

3.4 Treibstoffversorgung

Im Rahmen der militärischen Aufrüstung wurden spätestens ab Mitte der 1930er-Jahre mehrere Industriezweige auf die Vorbereitung eines Krieges umgestellt. Neben dem Bau von militärischen Land-, Wasser- und Luftfahrzeugen spielte der Aufbau von Fabriken zur Produktion von Munition, Bomben und Bewaffnung eine wichtige Rolle. Von elementarer Bedeutung war daneben auch die Errichtung von Industrieanlagen zur Produktion von Mineralölen ein. Deutschland war schon seit jeher auf den Import von Leicht- und Schwerölen angewiesen. Die heimische Förderung deckte nur einen kleinen Teil des eigentlichen Bedarfs. Um die Unabhängigkeiten in der Mineralölproduktion zu erreichen, wurden in den 1930er-Jahren mehrere Werke zur Produktion von synthetischem Benzin aufgebaut. Die als Hydrierwerk bezeichneten Industrieanlagen wurden im Rahmen des Vierjahresplans errichtet. Das Wirtschaftsprogramm sollte das gesamte Land ab dem Oktober 1936 binnen vier Jahren vollständig auf die wirtschaftliche und militärische Kriegsfähigkeit vorbereiten. Zum »Bevollmächtigten für den Vierjahresplan« wurde am 18. Oktober 1936 durch Adolf Hitler Hermann Göring ernannt, der dadurch seinen Einfluss im nationalsozialistischen Deutschen Reich weiter ausbauen konnte. Nach der Fertigstellung der Hydrierwerke konnten deren Kapazitäten einen großen Teil der Treibstoff versorgung abdecken. Mit der Besetzung Rumäniens ab dem Sommer 1940 fielen auch die Ölförderanlagen im Umland der rumänischen Stadt Ploieşti unter die Kontrolle der Wehrmacht. Der Zugriff auf diesen Rohstoff sicherte wiederum die Versorgung mit Mineralölen für die militärischen Organisationen. Zunehmend aber wurden die Anlagen in Rumänien zum Ziel auserkoren, da diese erkannt hatten, dass die Versorgung mit Treibstoffen eine Schwachstelle der deutschen Kriegswirtschaft darstellte. Mit dem Verlust der Erdölförderanlagen in Rumänien durch den dortigen politischen Putsch in Rumänien und den Einmarsch der Roten Armee im Land wurde die Mineralölversorgung im August 1944 entscheidend geschwächt. Die Auswirkungen auf den Krieg waren vielfältig. Jagdflugzeuge blieben am Boden und waren in ihrer Mobilität entscheidend eingeschränkt. Doch auch die Land- und Seestreitkräfte und der zivile Bereich waren vom Mangel betroffen. Durch diese Schwächung konnten so zahlreiche Industrieanlagen nicht mehr durch deutsche Luftfahrzeuge geschützt werden. Bereits im Juni 1944 sollte durch den ausgerufenen Mineralölsicherungsplan (Geilenberg-Programm) der Versuch unternommen werden, den drohenden Zusammenbruch der Treibstoffversorgung zu verhindern. Die Industrieanlagen wurden daher teils in den Untergrund verlegt oder mit Luftschutzanlagen zum Schutz der Beschäftigten ausgestattet. In den letzten Monaten des Krieges arbeitet etwa 350.000 Menschen (darunter etwa 100.000 KZ-Häftlinge und Zwangsarbeiter) in diesem kriegswichtigen Industriezweig.

Nachschub mit Treibstoffen durch das Transportflugzeug Messerschmitt Me 323 »Gigant« in Nordafrika, 1943

3.4.1 Hydrierwerk Pölitz

Spółdzielcza, 72-010 Police, Polen
www.skarb.police.pl

GPS: 53°33'31.6"N 14°33'06.4"E

Nördlich Stettins wurde ab 1937 im Auftrag der I.G. Farbenindustrie AG (kurz I.G. Farben) ein Hydrierwerk aufgebaut. Für die zahlreichen Beschäftigten der Hydrierwerke Pölitz AG entstanden im Umfeld mehrere Wohnsiedlungen. Die Produktion lief letztlich 1939/40 an. Die Stadt selbst wurde 1939 auch durch seine wirtschaftliche Bedeutung in Stettin eingemeindet. In technisch aufwendigen Verfahren wurden seitdem kriegswichtiges Kerosin und Benzin für die Wehrmacht hergestellt. Dazu wurde vornehmlich Steinkohle aus Oberschlesien über die Oder nach Pölitz transportiert und anschließend im Bergius-Pier-Verfahren in leichtes Benzin umgewandelt. Nach Ausbruch des Zweiten Weltkrieges wurden auch in diesem Werk spätestens ab 1941/42 Zwangsarbeiter und KZ-Häftlinge zur Arbeit verpflichtet und ausgebeutet. Anders als die regulären Arbeitskräfte wurden die hierher verschleppten Menschen unter einfachsten Bedingungen einquartiert und in der Regel nicht mit persönlicher Schutzausrüstung, die an etlichen Arbeitsplätzen notwendig waren, ausgestattet. Für die Unterbringung wurden im Umfeld des Werkes mehrere Barackenlager aufgebaut. Die insgesamt sieben Hydrierwerke, die 1939/40 ihren Betrieb aufnahmen, besaßen eine jährliche Produktionskapazität von mehr als einer Million Tonnen. Ab 1940 wurden allein im Hydrierwerke Pölitz 700.000 Tonnen pro Jahr produziert. Es zählte zu den größten Herstellern im Bergius-Pier-Verfahren. Das ab 1927 produzierende Stammwerk der I.G. Farben in Leuna kam auf eine Kapazität von 650.000 Tonnen. Ab 1941 wurden die Werke zunehmend zum Ziel der alliierten Bomberverbände, weshalb auch Pölitz mehrfach angeflogen und bombardiert wurde (siehe S. 39). Im Rahmen des Mineralölsicherungsplan vom Sommer 1944 wurden auch in Pölitz mehrere Bunker vom Typ Salzgitter errichtet.

Die Produktionseinrichtungen wurden 1946 durch deutsche Zwangsverpflichtete demontiert und als Reparationsleistung in die Sowjetunion verbracht. Lediglich die Bunker und Ruinen der einstigen Gebäude überdauerten bis in die Gegenwart. Heute engagiert sich der Verein SKARB für die Dokumentation des Areals. In einem unzerstörten Bunker informiert eine kleine Ausstellung über die hiesige Geschichte. Daneben finden in den Sommermonaten in der Regel immer sonnabends Führungen über das Ruinengelände statt.

Ruinen der Bauten des einstigen Hydrierwerkes Pölitz, 2017

Blick in die Ruine des ehemaligen Kraftwerkes des Hydrierwerkes Pölitz, 2017

Massive Umfassung der ehemaligen Lagertanks, 2017

3.4.2 Untertageverlagerung »Eisenrose« / »Schwalbe II«, Strand

Elbweg, 01824 Königstein, Deutschland

GPS: 50°56'10.0"N 14°03'43.8"E

Ab 1943/44 wurden die ersten Industrieunternehmen in den bombensicheren Untergrund verlagert, um hier eine störungsfreie Produktion zu ermöglichen. Bereits ab dem Sommer 1943 wurde zur Unterbringung der Braunkohle-Benzin AG (BRABAG) ein Steinbruch bei Strand in unmittelbarer Nähe der Elbe auserkoren. Nach der Fertigstellung der unterirdischen Anlage sollte hier Flugbenzin im Rahmen des Mineralölsicherungsplans im Sandsteinbruch »Niedere Kirchleite" hergestellt werden. Die Untertageverlagerung erhielt den Decknamen »Eisenrose« und wurde kurz nach Beginn der Bauarbeiten im November 1944 an den knapp 20 angefangenen Stollen wieder eingestellt. Knapp 2000 hierher verschleppte Arbeiter, die sich aus KZ-Häftlingen und Zwangsarbeitern zusammensetzten, wurden für die Baumaßnahmen eingesetzt. Die Barackenlager wurden als Außenlager des Konzentrationslagers Flossenbürg geführt. Nach der Fertigstellung sollten 18.000 Quadratmeter Nutzfläche zur Verfügung stehen. Die Inbetriebnahme sollte schrittweise ab Juli 1945 erfolgen. Bereits nach wenigen Monaten wurden die Bauarbeiten Mitte März 1945 abrupt eingestellt. Bis dahin wurden 1350 Meter Stollen mit 5250 Quadratmetern Fläche aus dem Sandstein gebrochen. In der ersten Stufe sollten 7500 Tonnen Steinkohlenteer oder 12.000 Tonnen Braunkohlenteer pro Monat verarbeitet werden können. Damit konnten monatlich 9.000 Tonnen Flugbenzin und 1400 Tonnen flugzeugspezifische Gase erzeugt werden. Im Vergleich zu den monatlich knapp 60.000 Tonnen der oberirdischen Werke (Pölitz), verdeutlicht dies das schwierige Unterfangen, den Ausfall der Hydrierwerke durch unterirdische Werke zu kompensieren. Wenige Tage nach dem Baustopp wurden die beiden Arbeitslager »Orion I« und »Orion II« bei Königstein evakuiert. Die Stollen dienten zeitweilig den Einheiten der Kasernierten Volkspolizei der DDR (KVP), aus der später die NVA hervorging. Die Stollen sind heute noch vorhanden, leider erinnert aber nichts an die traurige Geschichte der Liegenschaft und den Einsatz der Zwangsarbeiter und KZ-Häftlinge. Lediglich ein Gedenkstein im Parkhaus für Besucher der nahen Festung Königstein erinnert an die Opfer des NS-Regimes.

Zugang zu einem der zahlreichen Stollen im Sandstein in unmittelbarer Nähe der Elbe, 2009

Heute tummeln sich im Untergrund Abenteurer und ab und an einige Tiere, 2009

3.4.3 Synthesewerk Schwarzheide

BASF Schwarzheide
Schipkauer Straße 1, 01986 Schwarzheide

GPS: 51°28'46.2"N 13°52'43.9"E

Noch vor dem Aufbau der modernen Hydrierwerke verpflichtete bereits im September 1934 der Reichswirtschaftsminister Hjalmar Schacht mehrere Industrieunternehmen zur gemeinschaftlichen Produktion von synthetischem Benzin. Zu einen der größten Unternehmen in dem Sektor zählte die daraufhin gegründete Braunkohle-Benzin AG (BRABAG). Mit Hauptsitz in Berlin, wurden an vier Standorten immer in der Nähe der damaligen Braunkohleregionen Deutschlands entsprechende Produktionsstätten aufgebaut. Der von der Produktionsmenge her größte Industriekomplex wurde ab 1935 bei Schwarzheide errichtet. Im komplexen Fischer-Tropsch-Verfahren wurde hier aus Braunkohle leichtes Benzin hergestellt. Durch die Produktion von synthetischem Benzin konnte eine gewisse Unabhängigkeit von erdölbasierten Kraftstoffen erreicht werden. Nur einigeMonate nach Beginn des Zweiten Weltkrieges setzte man bereits Kriegsgefangene aus verschiedenen Stammlagern im Werk zur Zwangsarbeit ein. Im Verlauf des Krieges wurde die Fabrik daher auch mehrfach zum Ziel von alliierten Luftangriffen. In direkter Nachbarschaft des Werksgeländes entstand für 1000 Personen ein weiteres Außenlager des KZ Sachsenhausen. Die hier her verschleppten Insassen setzte man zu Aufräumarbeiten, aber auch bei zum Teil lebensgefährlichen Arbeiten in der Produktion ein; knapp 80 Prozent von ihnen kamen bei dieser Arbeit ums Leben. Mit einer Menge von 400.000 t im Jahr 1943 erreichte das Werk seine Höchstleistung und verdoppelte seine geplante Kapazität. Durch den Vormarsch der Roten Armee wurde im April 1945 das Lager evakuiert und die Insassen auf einen Todesmarsch in Richtung Theresienstadt getrieben.

Nach dem Ende des Zweiten Weltkrieges erfolgte nach einem Prozess der Demontage der Produktionseinrichtungen die spätere Gründung des VEB Synthesewerk Schwarzheide »Walter Ulbricht«. Heute gehört der Standort zum BASF-Konzern. Neben einem Denkmal an der ehemaligen Hauptzufahrt existiert ein kleiner Gedenkort am Standort des einstigen KZ-Außenlagers.

Erhaltener Einmann-Bunker im Bereich des einstigen Zwangsarbeiterlagers, 2019

3.4.4 Schickert-Werk Bad Lauterberg

DETA-Straße, 37431 Odertal

GPS: 51°38'17.40"N 10°28'50.80"E (Luftschutzstollen)
GPS: 51°38'25.91"N 10°28'55.60"E (Verwaltungsgebäude)
GPS: 51°38'33.95"N 10°29'00.43"E (Werksiedlung)

Die Verwendung von Raketen- und Turbinenluftstrahltriebwerken erforderte zusätzliche Produktionskapazitäten der Treibstoffindustrie die erst völlig neu geschaffen werden mussten. Während sich Strahljäger- und Bomber mit einer neuen Treibstoffsorte, dem Kerosin betrieben ließen, erforderten Flüssigkeitsraketentriebwerke zwei chemisch miteinander reagierende Treibstoffsorten. Wasserstoffperoxid, auch unter dem Deckname T-Stoff bekannt, diente als Brennstoff für Walter-Triebwerke. Gut 1000 Liter T-Stoff verbrauchte der Raketenjäger Me 163 bei einem einzigen Flug. So ordnete bereits 1938 das RLM die Schaffung entsprechender Produktionskapazitäten an. Zwischen Bad Lauterberg und Odertal im Harz errichteten daher die Otto Schickert & Co. KG ein Werk zur Erzeugung von T-Stoff. Die Produktion begann Anfang 1941 und sogleich begannen die Planungen für ein zweites Werk in der Nähe, in Rumspringe, deren Bau zwar begonnen wurde aber nie die Produktion aufnahm. Die Menge des in Odertal im 3-Schicht-Betrieb produzierten T-Stoff betrug knapp 27 000 Tonnen, damit war es der landesweit größte und wichtigste Hersteller. In unmittelbarer Nachbarschaft der Werkanlagen wurde eine eigene Werksiedlung gebaut, direkt daneben befand sich ein Zwangsarbeiterlager. Insgesamt etwa 1200 Personen waren hier beschäftigt, eingeschlossen die Zwangsarbeiter. Die Produktion des Werkes verlief den ganzen Krieg über ungestört da Luftangriffe ausblieben. Die Ursache hierfür war die Lage in einem Tal und spezielle Abwehrmaßnahmen wie die Einrichtung von Nebelanlagen. Nach der Demontage der technischen Anlagen unmittelbar nach Kriegsende erfolgte für einige Jahrzehnte ein gewerbliche Nachnutzung, die aber nach 1990 mit dem Abriss sämtlicher verbliebener Anlagen und Einrichtungen endete.

Heute erinnert kaum etwas an diesen Standort, die Wohnzone mit dem Verwaltungsgebäude und ein Luftschutzstollen sind die augenscheinlich einzigen Zeugen dieses wichtigen Standortes des Treibstoffindustrie.

Der massive Zugangsbereich deckt einen der erhalten gebliebenen Luftschutzstollen ab, 2018

3.5 Flugzeugbewaffnung

Bis zum Ausbruch des Zweiten Weltkrieges stellten freifallende Bomben, Torpedos, Minen sowie Maschinengewehre und Maschinenkanonen das Spektrum der verfügbaren Flugzeugbewaffnung dar. Da aber die Luftwaffe im weiteren Kriegsverlauf zunehmend die Luftherrschaft über dem Gefechtsfeld verlor, verblieben nur noch von Flugzeugen aus einsetzbare Abstandswaffen als letzte Möglichkeit gegnerische Schiffe, Bodenziele und Bomberverbände erfolgreich zu bekämpfen. Diese neuartige Bewaffnungsgeneration erlaubte die Waffenauslösung in sicherer Distanz zum Ziel aus mehreren Kilometern Entfernung. Zudem gestatteten die verfügbaren Kaliberstärken der Maschinenkanonen keine sichere Durchschlagsfähigkeit mehr, die immer weiter verstärkten Panzerungen von Kampfpanzern ließen sich nur noch mit entsprechenden Luft-Boden-Raketen durchschlagen. Mit gelenkten Luft-Schiff- und Luft-Boden-Flugkörpern mit Raketenantrieb – wahlweise auch als Gleitbombe – ungelenkten Luft-Boden- und Luft-Luft-Raketen verschiedener Kaliber sowie gelenkten Luft-Luft-Raketen entstand ein breites Bewaffnungsspektrum. Bei den mit einem Raketentriebwerk angetriebenen Lenkwaffen kamen Fest- und Flüssigtreibstoffe zur Anwendung. Letztere erhöhten den logistischen Aufwand da derartige Triebwerke vor dem Einsatz mit den entsprechenden Flüssigtreibstoffen und Druckluft befüllt werden mussten. Ebenso mussten insbesondere für den Einsatz der Fritz X und Hs 293 eine neue zusätzliche Bodenorganisation mit Flughafen- und Flugkörperbetriebskompanien geschaffen werden die technisches Truppenpersonal sowie Prüf- und Kontrollgeräte benötigen. Die westalliierten Gegner konnten nach einiger Zeit durch funktechnische Störungen das Lenkverfahren der Gleitbomben beeinträchtigen was die Zahl der erfolgreichen Treffer an den Zielen reduzierte. Das führte zur Entwicklung störsicherer Lenkverfahren aber reduzierte teilweise den Einsatzwert da die Trägerflugzeuge näher an die Ziele heranfliegen mussten. Mit dem alternativen Einsatz der Fi 103 von Trägerflugzeugen He 111 aus zählte auch diese Waffe im weitesten Sinne zur Luft-Boden-Bewaffnung.

Produktionszahlen ausgewählter Lenkwaffen und Flugkörper

Flugkörperart	Bezeichnung	Produktionszahl
Gelenkte Gleitbombe	BV 143	etwa 170
Gelenkte Gleitbombe	BV 246 Hagelkorn	etwa 1100
Gelenkte Luft-Boden-Gleitbombe	PC 1400X/Fritz X	mind. 550
Gelenkter Luft-Boden-Flugkörper	Hs 293	mind. 2200
Ungelenkte Luft-Luft-Rakete	R4M Orkan	mind. 10000
Ungelenkte Luft-Luft-Rakete	Rauchzylinder RZ 65	mind. 3000
Ungelenkte Luft-Luft-Rakete	Werfergranate 21 cm	mind. 1000
Gelenkte Luft-Luft-Rakete	Ruhrstahl X-4	250 bis 750
Ungelenkte Panzerabwehrrakete	Pb I-IV und Ps I/II	mind. 30000

Aufbau des Triebwerk HWK 109-507 so wie es an der Unterseite des Flugkörper Henschel Hs 293 zur Anwendung kam, Wehrtechnische Sammlung Koblenz, 2013

3.5.1 Lenkbombe Fritz X

Ehemalige Produktionsstätte Rheinmetall-Borsig
Buckower Chaussee 114-134, 12277 Berlin, Deutschland

GPS: 41° 37′ 43″ N 15° 51′ 23″ E
(Erprobungsgelände Manfredonia)
GPS: 49° 05′ 08″ N 09° 48′ 19″ E

(Schlachtschiffattrappe Einkornwald)

Die Lenkbombe Fritz X, für die verschiedene Bezeichnungen existieren, stellte eine freifallende Fliegerbombe schweren Kalibers dar und zeigte die Zukunft einer neuen Generation Bewaffnung auf. Ursächlich dafür war die mangelnde Zielgenauigkeit von im Horizontalwurf abgeworfenen Fliegerbomben aus großer Höhe. Die Entwicklung leitete Dr. Max Kramer 1938 in der DVL Berlin-Adlershof ein und wurde ab 1940 in Verantwortung der Ruhrstahl AG in Brackwede fortgesetzt. Als Sprengkörper diente die Panzersprengbombe PC 1400, dieser Kaliber sowie die hohe Fallgeschwindigkeit erlaubten eine erfolgreiche Bekämpfung von gepanzerten Schiffszielen. Zur aerodynamischen Steuerung dienten ein Kastenleitwerk am verlängerten Heck und Stummelflügeln an den Seiten. Mit einer neuartigen Funkkommandolenkung ließ sich die Lenkbombe Fritz X im Zieldeckungsverfahren auf einer quasioptischen Sichtlinie im Verlauf der ballistischen Fallkurve präzise in das Ziel lenken. Vorausgesetzt es lag keine Sichtbehinderung durch Bewölkung oder Dunkelheit vor. Die Erprobung begann Mitte 1940 mit dem Trägerflugzeug Heinkel He 111 bei der Erprobungsstelle der Luftwaffe in Peenemünde-West, als Zielgelände diente die nahegelegene Halbinsel Struck. Aufgrund schlechter Wetterbedingungen fanden für einige Monate die Abwurftests bei der Erprobungsstelle Süd in italienischen Foggia statt, das zugehörige Zielgelände befand sich landeinwärts des Küstenortes Manfredonia. Die Erprobung kam im Frühling 1942 zum erfolgreichen Abschluss. Für die Truppenerprobung und Ausbildung wurde auf dem Fliegerhorst Garz auf Usedom im Herbst 1942 das Erprobungs- und Lehrkommando 21 mit He 111H und Dornier Do 217K aufgestellt. Als Trägerflugzeuge dienten bei der Luftwaffe Dornier Do 217, Heinkel He 177 und Focke-Wulf Fw 200. Eine hölzerne Schlachtschiffattrappe im Einkornwald neben dem Fliegerhorst Hessental bei

Treffer der Luftwaffe mit Fritz X auf gegnerische Schiffe

Datum	Name	Schiffsklasse
9.9.1943	RM Roma (versenkt)	Schlachtschiff
9.9.1943	RM Italia	Schlachtschiff
11.9.1943	USS Savannah	Leichter Kreuzer
13.9.1943	HMS Uganda	Kreuzer
13.9.1943	HMS Loyal	Zerstörer
17.9.1943	HNLMS Flores	Kanonenboot
18.9.1943	HMS Warspite	Schlachtschiff

Die von 1941 bis 1943 errichtete Fabrik der Rheinmetall-Borsig AB gilt als Baudenkmal und steht teilweise leer, Berlin-Marienfelde 2020

Schwäbisch-Hall diente als Übungsziel für das dort stationierte Kampfgeschwader 100. In den zukünftigen Hauptstationierungsgebieten Norwegen, Frankreich, Italien und Griechenland wurden spezielle Depots geschaffen in denen die neuartigen Lenkbomben bereitgehalten wurden. Die Serienproduktion begann Anfang 1943 bei Rheinmetall-Borsig in Berlin-Marienfelde, Kapazitätsengpässe führten aber zu einer Reduzierung der ursprünglichen Bestellmenge von 1000 Lenkbomben. Die Produktion soll noch vor Kriegsende eingestellt worden sein.

Nach Kriegsende wurden auf dem Gelände der Rheinmetall-Borsig in Berlin-Marienfelde zahlreiche Kisten mit Fritz X entdeckt.

Einige Lenkbomben Fritz X blieben in Museen erhalten und können besichtigt werden, RAF-Museum Cosford 2019

3.5.2 Seezielflugkörper Henschel Hs 293

Erlebniswelt Hangar 10
An der Haffküste 1, 17419 Zirchow, Deutschland
https://hangar10.de/

GPS: 53°52'35"N 14°08'47"E (Fliegerhorst Garz)
GPS: 50°21'31"N 18°36'52"E (Presswerk Laband)
GPS: 52°27'11"N 13°31'08"E (Zwangsarbeiterlager Berlin-Niederschöneweide)

Die Luft-Boden-Rakete Henschel Hs 293 stellt den weltweit ersten einsatzfähigen lenkbaren Seezielflugkörper dar. Im Gegensatz zur Lenkbombe Fritz X war die Hs 293 mit einem kleineren Gefechtskopf und einem Flüssigkeitsraketentriebwerk HWK 109-507 versehen. Die hohe Gleitzahl erweiterten die Einsatzmöglichkeiten des Flugkörpers erheblich, mehr als 10 km vor dem Ziel konnte dieser vom Trägerflugzeug gestartet werden. Das Lenkverfahren war identisch zur Fritz X. Aufgrund der vergleichsweise geringeren Durchschlagsfähigkeit der als Gefechtskopf verwendeten Minenbombe SC 500 war der Haupteinsatzzweck die Bekämpfung von leicht gepanzerten Schiffen und Handelsschiffen. Um aus Geheimhaltungsgründen auswertbare Trümmerreste zu vermeiden sollten zunächst nur Schiffe bekämpft werden. Die Neuentwicklung basierte auf eine Forderung des RLM aus dem Jahr 1939, fortan durchgeführt unter Leitung von Prof. Herbert Wagner bei den Henschel Flugzeugwerken in Berlin. Die Erprobungsstelle der Luftwaffe in Peenemünde-West führte den ersten Abwurf einer – noch antriebslosen – Hs 293 bereits im Januar 1940 mit einer He 111 durch. Auf dem Fliegerhorst Garz auf Usedom wurde im Frühjahr 1942 das Erprobungskommando 15 geschaffen das die Truppenerprobung und Ausbildung für die Luftwaffe durchführte. Als zukünftiges Trägerflugzeug avancierte die Dornier Do 217, zudem wurden später auch Heinkel He 177 und Focke-Wulf Fw 200 benutzt. Die von Garz startenden Ausbildungsflüge führten die Besatzung zu einem Zielschiff das zu diesem Zweck zwischen der Insel Ruden und dem Peenemünder Haken auf Grund gesetzt wurde. Der Flugkörper diente als Basis für eine Reihe verschiedenartiger Weiterentwicklungen wie Lufttorpedo, Luft-Luft-Rakete sowie neuartiger bzw. störsicherer Lenkverfahren. Die Serienproduktion lief im Herbst 1942 im Werk III der Henschel Flugzeugwerke in Berlin-Niederschöneweide an. Als weiterer Produzent für die Jahre 1943/44 ist das Presswerk Laband in Schlesien überliefert. Im Vergleich zwischen Fritz X und Hs 293 fällt die Einsatzstatistik bezogen auf erfolgreich bekämpfte Schiffe für die Hs 293 besser aus.

Mehrheitlich als Seezielflugkörper wurde die Henschel Hs 293 eingesetzt, 1945

Die museale Erlebniswelt Hangar 10 in einer der erhalten Flughallen auf dem Fliegerhorst Garz, 2011

Im Zuge der Umgestaltung des Fliegerhorstes Garz wurde eine der Flugzeughallen abgerissen, 2011

3.5.3 Bordrakete R4M Orkan

Industriepark Schlutup, Mecklenburger Straße,
23568 Schlutup, Deutschland
http://www.dwm-schlutup.de/

GPS: 53°52'46.03"N 10°46'34.17"E (DWM Lübeck-Schlutup)
GPS: 52°33'24.90"N 13°12'32.84"E (LGW Hakenfelde)
GPS: 50°48'50.23"N 14°57'03.76"E (Spreewerk Kratzau)

Die ungelenkte Luft-Luft-Rakete R4M Orkan stellte im Zweiten Weltkrieg die erste serienmäßige Waffe ihrer Art dar und galt als erfolgreiches und einsatzfähiges Waffensystem. Die Forderung des Reichsluftfahrtministeriums zur Entwicklung einer Bordrakete zur Bekämpfung von Bomberverbänden datiert auf das Jahr 1944. Der Entwicklungsauftrag wurde direkt an die Curt Heber Maschinen- und Apparatefabrik (HEMAF) in Osterode am Harz vergeben. Von Festtreibstoff angetrieben und durch Klappleitwerke flugstabilisiert sah eine erfolgreiche Bekämpfung einen Direkttreffer im gegnerischen Flugzeug vor. Das für eine gute Trefferlage notwendige Salvenfeuer erforderte die Bestückung des Trägerflugzeugs mit mehreren dieser Raketen. Verwendet wurden Me 262, Fw 190 und Me 163, die Raketen wurden unter den Tragflächen in strömungsgünstige Abschussroste eingehängt die als Startschienen fungierten. Für die Massenproduktion zeigten sich zunächst die Deutschen Waffen- und Munitionsfabriken (DWM) in Lübeck-Schlutup und das Siemens Luftfahrtgerätewerk Hakenfelde in Berlin-Spandau verantwortlich. Im Reichsgau Sudetenland trat eine weitere Firma bei der Produktion der R4M in Erscheinung. Im Gebäude 5 der Spreewerke Kratzau erfolgten Schweißarbeiten zur Herstellung der Raketenhülse. Diese ehemalige Textilfabrik stellte auch Gewehr-Sprenggranaten, Bodenstücke und Verschlusskeile der 8,8-cm-FlaK, Federbeine von Flugzeugfahrwerken sowie Munitionsteile der 2-cm-Sprenggranate her. Soweit bekannt sind alle Produktionsstätten der Bordrakete R4M in ihrer Gesamtheit erhalten geblieben und stehen teilweise unter Denkmalschutz. Die markanten 2-geschossigen Unterkunftsbaracken des Zwangsarbeiterlagers der Spreewerke Kratzau, die sich unmittelbar nordwestlich des Werkgeländes befinden, lassen aufgrund ihrer Architektur auf den ursprünglichen Verwendungszweck schließen.

Das Gebäude 205 der DWM Schlutup wurde im Jahr 2005 teilweise zurückgebaut aber lässt die ursprüngliche Konstruktion von Mitte der dreißiger Jahre noch gut erkennen, 2009

Gebäude 5 der Spreewerke Kratzau, das nahezu im Originalzustand erhalten blieb, 2017

Das Siemens Luftfahrtgerätewerk in Spandau-Hakenfelde wurde im Jahr 1995 unter Denkmalschutz gestellt, 2020

Von der Bordrakete R4M sind mehrere Exemplare in verschiedenen Museen erhalten geblieben

3.5.4 Gelenkte Bordrakete Ruhrstahl X-4

Am Presswerk, 33647 Bielefeld, Deutschland

GPS: 51°59'37.07"N 08°30'04.78"E (Presswerk Brackwede)

Neben der Lenkbombe Fritz X zeigte sich Dr. Max Kramer auch für die Luft-Luft-Rakete X-4 verantwortlich die ab 1943 von Ruhrstahl im Nordrhein-Westfälischen Brackwede entwickelt wurde. Diese drahtgelenkte Bordrakete sollte auf etwa fünf Kilometer Distanz auf Sicht gegen feindliche Bomberverbände eingesetzt werden. Flugzeug und Rakete waren bei diesem Lenkverfahren mit zwei dünnen sich abspulenden Drähten verbunden gewesen was gegnerische Funkstörmaßnahmen erschwerte. Als Antrieb war das Flüssigkeitsraketentriebwerk BMW 109-549 vorgesehen das sich zunächst noch als unausgereift erwies. Alternativ gelangte derweil das Feststoffraketentriebwerk Schmidding 109-603 der Schmiddingwerke Hannover zum Einbau. Die Flugversuche mit der Rakete begannen im Sommer 1944 bei der Erprobungsstelle der Luftwaffe in Peenemünde, als Trägerflugzeuge dienten Junkers Ju 88, Heinkel He 111 und Fw 190. Ursprünglich war der Einsatz von der Focke-Wulf Fw 190 (zwei Stück) aus vorgesehen, später Messerschmitt Me 262 (vier Stück). Zu einer offiziellen Übernahme dieser Luft-Luft-Rakete in die Luftwaffe kam es nicht. Einsätze im Rahmen von Erprobungen gegen reale Luftziele sind jedoch nicht auszuschließen. Die Fertigung erfolgte im zur Ruhrstahl AG gehörenden Presswerk Brackwede. Die westalliierten Truppen stellten bei ihrem Vormarsch im April 1945 in Hövelhof zahleiche dieser Luft-Luft-Raketen und deren Triebwerke sicher. Soweit heute noch nachvollziehbar befanden sich außerhalb des östlichen Ortsrandes von Brackwede diverse Bodenprüfstände und Versuchseinrichtungen für die Erprobung der Drahtfernlenkung. Hierbei handelte es sich vermutlich um eine Versuchseinrichtung der Ruhrstahl AG. Einige dieser Ruinen sind nach wie vor erhalten aber lassen sich keinen konkreten Verwendungszweck zuordnen. Das ursprüngliche Presswerk im Ortskern von Brackwede ist in seiner ursprünglichen Form erhalten geblieben und dient weiterhin industriellen Zwecken.

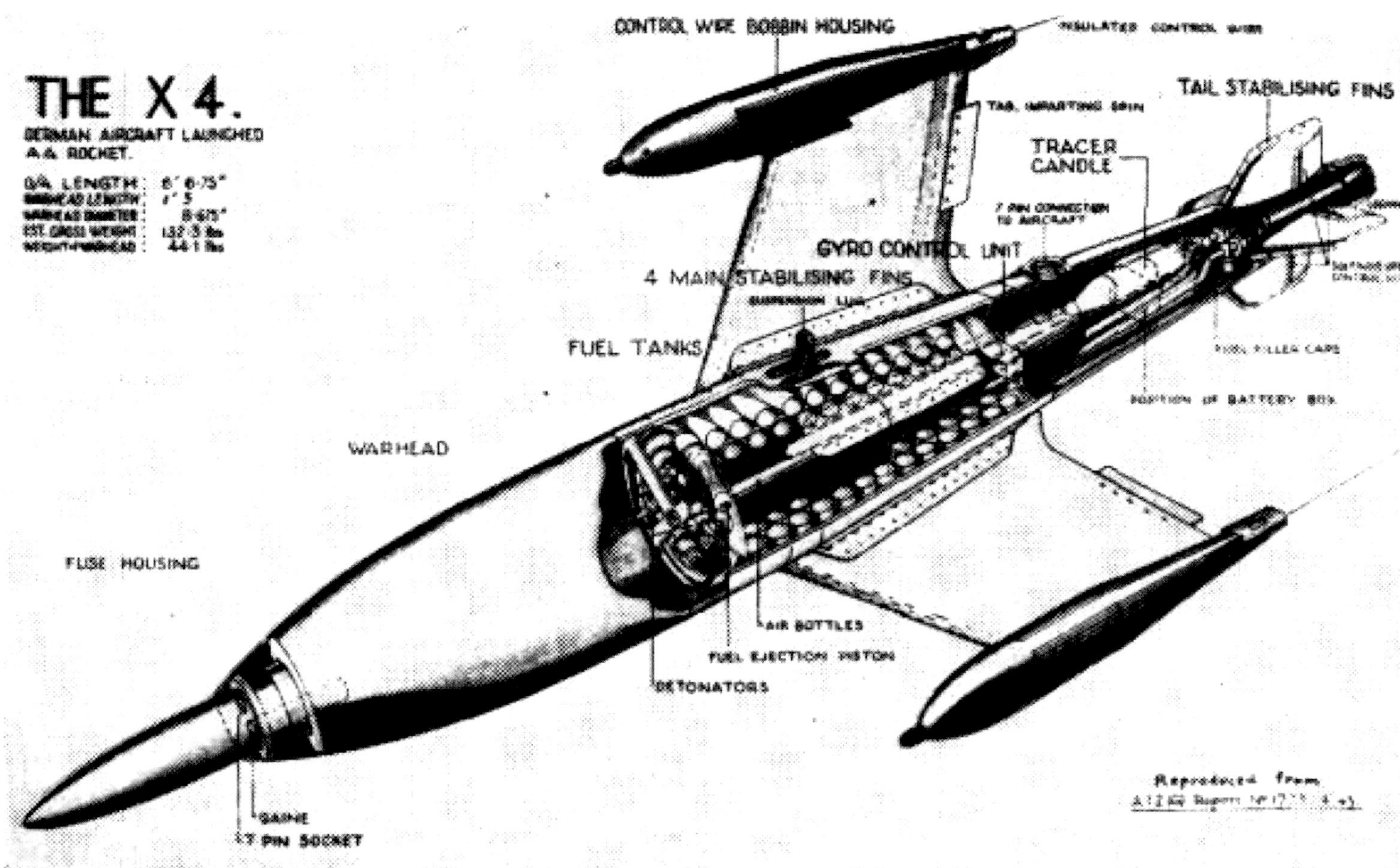

Technische Skizze zum Aufbau der X-4 der US-Airforce, 1953

Luft-Luft-Rakete Ruhrstahl X-4 im Deutschen Technikmuseum Berlin, 2019

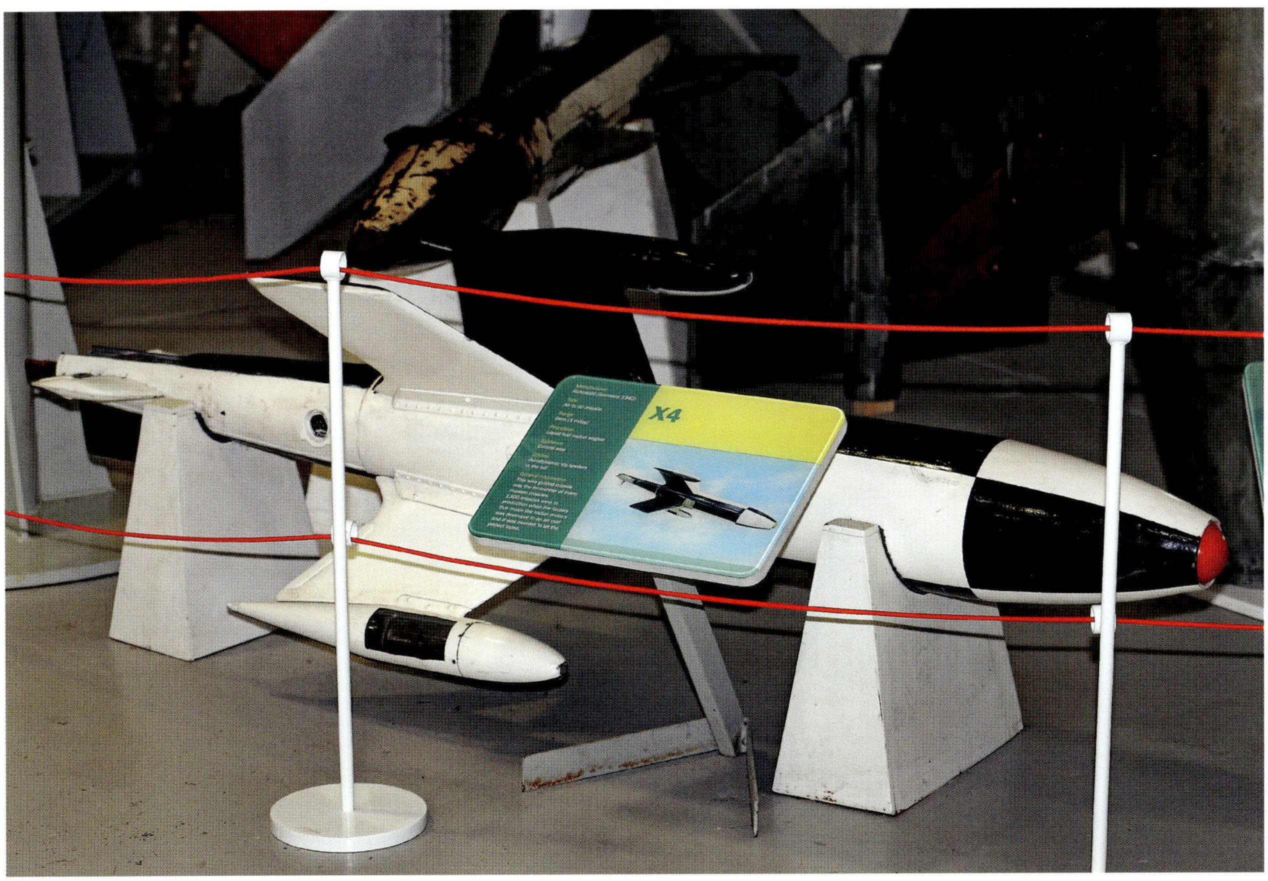

Exponat einer Luft-Luft-Rakete X-4 im Museum der Royal Air Force in Cosford/Großbritannien, 2019

4. STRAHLFLUGZEUGE

4.1 Messerschmitt Me 262

Ein Meilenstein in der Entwicklung der militärischen Luftfahrt stellt die Entwicklung der Strahltriebwerke dar. Die Leistungsparameter der neuartigen Triebwerke waren denen der bis dahin vorherrschenden Kolbenmotoren bei weitem überlegen. Bereits im Herbst 1938 erhielten die Bayerische Flugzeugwerke AG den Auftrag zur Entwicklung eines luftstrahlgetriebenen Jagdflugzeuges. Ein Jahr später stand ein erstes Muster aus Holz und im März 1940 standen drei Prototypen zur Verfügung. Die Entwicklung des Jagdflugzeuges verzögerte sich aber um weitere Monate, da die favorisierten Strahltriebwerke von BMW noch nicht ausgeliefert werden konnten. Die ersten Maschinen der Me 262 wurden daher mit normalen Kolbenmotoren eingeflogen, um die Flugfähigkeit zu erproben. Im Juli 1942 begannen auf dem Flugplatz Leipheim die Flugerprobungen nunmehr mit den Jumo-004-Strahltriebwerken von den Junkers-Werken. Danach wurden die Werkserprobungen über Augsburg-Haunstetten und Leipheim letztlich an den Standort Lager Lechfeld verlegt und durch die Luftwaffe in der Erprobungsstelle Rechlin-Lärz (> Rechlin) durchgeführt, die hier in der neuartigen Technologie einen Erprobungsschwerpunkt legte. Für die Testflüge waren aber besondere Voraussetzungen an die Start- und Landebahnen der Flugplätze gestellt. Dazu wurden eigens mehrere Flugplätze u. a. mit betonierten und längeren Startbahnen und einer speziellen Betankungsmöglichkeit mit dem Treibstoff J2 versehen. Diese Plätze erhielten auch die Bezeichnung »Silberplätze«. Zunächst handelte es sich hierbei um Baumaßnahmen auf bestehenden Fliegerhorsten. Hinzu kamen Neubauten, die nur noch aus einer Start- und Landebahn und einfachen Deckungen für die Flugzeuge und das Personal bestanden und die abseits bestehender Flugplätze geplant wurden. In den folgenden Monaten wurden zwischen dem RLM, den Messerschmitt-Werken, die 1938 aus der Bayerische Flugzeugwerke AG hervorgegangen waren, und den führenden Ingenieuren der Erprobungsstelle Rechlin einige Änderungen besprochen und der Bau weiterer Versuchsmaschinen und Vorserienmodelle beschlossen. Im Dezember 1942 verfügte Generalfeldmarschall Erhard Milch als Staatssekretär des Reichsluftfahrtministeriums und Generalinspekteur der Luftwaffe den Bau der Me 262 und vier weiterer Flugzeuge in höchster Dringlichkeitsstufe. Nur wenige Monate später wurde von Adolf Hitler auch nach Protest veranlasst, dass das als Jäger konzipierte Flugzeug auch als Bomber eingesetzt werden konnte. Die schwere Bewaffung mit einem zusätzlichen Gewicht von 500 Kilogramm reduzierte aber die Fluggeschwindigkeit auf die Höchstgeschwindigkeiten der alliierten Flugzeuge, sodass in dieser Variante kein Vorteil mehr vorhanden war. Im Mai 1943 wurde schließlich die Serienfertigung der ersten 100 Serienmodelle festgelegt welche erst im März 1944 (Großserie) anlief, da auch die Serienproduktion der Jumo-Triebwerke noch auf sich warten ließ. Nachdem bereits

Das Strahltriebwerk Jumo 004 als Antrieb der Messerschmitt Me 262, hier im italienischen Luftwaffenmuseum Vigna di Valle, 2016

im Sommer 1943 die Alliierten das Messerschmitt-Werk in Regensburg zerstört hatten, wurde die dezentrale Verlagerung der Produktion- und Lagerung in bombensichere Quartiere beschlossen. Doch die zumeist in Süd- und Mitteldeutschland verstreute Teileproduktion wie etwa in den Kaolinstollen am Walpersberg (> Großeutersdorf) barg auch durch die weiten Transportwege jede Menge Nachteile, weswegen der Bau von riesigen bombensicheren Flugzeugwerken mit einer geplanten Deckenstärke von 5,5 Metern beschlossen wurde. Im Wald bei Kaufering/Landsberg am Lech und bei Mühlberg am Inn wurden daher ab Frühjahr 1944 unter den Decknamen »Weingut I« und »Weingut II« zwei kolossale Flugzeugwerke von 90 mal 300 Metern Fläche errichtet. Auf fünf bombensicheren Etagen sollten pro Werk jährlich 1000-1200 Me 262 gefertigt werden. Doch bis auf den Rohbau wurden diese Bauten nicht fertiggestellt. Unter dem Jägernotprogramm verstand die Luftwaffe die Priorisierung des Baus von Abfangjägern und die Einstellung der Produktion von Bombern. Der im März 1944 gegründete Jägerstab bestand u. a. aus Personen des Reichsluftfahrtministeriums, des Reichsministeriums für Rüstung und Kriegsproduktion und der SS. Nur durch die gemeinsamen Beschlüsse konnte die Dezentralisierung in den bombensicheren Untergrund zeitnah umgesetzt werden. Neben der Verlagerung der Produktion sollten auch die Forschungseinrichtungen verlagert werden. Damit wurde der Versuch unternommen, die deutsche Luftfahrtindustrie schnellstmöglich wiederaufzubauen, damit die neuen Flugzeugtypen die Lufthoheit zurückgewinnen konnten, um die von den Briten und Amerikanern zerstörte Rüstungsindustrie zu entlasten. Letztendlich wurden bis Ende des Krieges mehr als 1433 Me 262 an den unterschiedlichsten Produktionsstandorten produziert. Doch nicht alle Maschinen kamen tatsächlich zum Einsatz. Die unzuverlässigen Triebwerke, der Mangel an Treibstoffen und Piloten verhinderte ein wirkliches Eingreifen in den Zweiten Weltkrieg. Die Me 262 stellte zu der Zeit eines der modernsten und fortschrittlichsten Flugzeugtypen dar und beeinflusste nach Ende des Krieges die Flugzeugentwicklung zahlreicher Länder. Auch heute sind noch viele Liegenschaften erhalten, die an den Bau dieses Flugzeuges erinnern. Durch den Einsatz von Zwangsarbeitern und KZ-Häftlingen stehen dieser aber immer in Verbindung mit dem menschenausbeutenden und mörderischen System der Flugzeugindustrie im nationalsozialistischen Deutschland.

Ein Nachbau einer Me 262 auf der Internationalen Luft- und Raumfahrtausstellung Berlin, 2016

4.1.1 REIMAHG-Hauptwerk A »Lachs«, Walpersberg

Dokumentationszentrum Walpersberg
Dorfstraße 7, 07768 Großeutersdorf, Deutschland
www.walpersberg.com

GPS: 50°47'35.6"N 11°33'47.9"E

Durch einen Beschluss des im März 1944 gegründeten Jägerstabes wurde der Bau zahlreicher verbunkerte Zulieferbetriebe und Endmontagestätten für die Me 262 vornehmlich im südlichen Reichsgebiet beschlossen. Neben den beiden (geplanten drei) Großbunkern in Bayern (> Mühldorf am Inn) wurde mit dem REIMAHG-Werk (Reichsmarschall-Hermann-Göring-Werk) bei Walpersberg ein großes unterirdisches Rüstungsunternehmen südlich von Jena errichtet, um hier die Produktion der Me 262 aufzunehmen. Unter dem Decknamen »Lachs« wurden mehrere Kilometer lange Stollen und zehn Hochbunker als Lagerstätte und Produktionsort errichtet. In dieser riesigen, knapp 250.000 Quadratmeter großen unterirdischen Anlage sollte die Endmontage der modernen Jagdflugzeuge erfolgen. Nach deren Fertigstellung konnten die endmontierten Flugzeuge über einen Schrägaufzug außerhalb des Berges auf das Plateau des Berges transportiert werden, um über eine eigens angelegte Startbahn zu starten. Nur durch den ausbeuterischen und menschenverachtenden Einsatz von Zwangsarbeitern insgesamt etwa 15.000 Personen aus 13 Nationen – kamen die Bauarbeiten schnell voran. Für die Unterbringung der Häftlinge wurden 28 Haupt- und Nebenlager rund um die Baustellen errichtet. Doch bis Ende des Krieges wurde die Anlage nur in Teilen fertig. Von der durch die NS-Propaganda großspurig angekündigten Auslieferung von monatlich 1200 Flugzeugen verließ in Wirklichkeit nur ein Bruchteil das unterirdische Rüstungswerk – die Angaben variieren zwischen 17 und 27. Nach aktuellen wissenschaftlichen Erkenntnissen verloren bei den Arbeiten aber etwa 2000 Zwangsarbeiter aufgrund der fürchterlichen Arbeitsbedingungen unter Tage und mangelhafter Versorgung ihr Leben. Nach Ende des Krieges wurde ein Großteil des Komplexes gesprengt. Andere Bereiche dienten für einige Jahre als Lebensmittellager und ab 1961 auch als Bohrkernarchiv des VEB Geologische Erkundung. Anfang der 1980er-Jahre zog wieder eine

Einer der Hauptstollen im unterirdischen System des Walpersberges bei Großeutersdorf, 2010

Vier große unterirdische Hallen sollten die Endmontage der Me 262 ab April 1945 aufnehmen, 2012

militärische Nutzung durch die Umwidmung und Ausbau zum Komplexlagern der Nationalen Volksarmee als Ergänzung des Komplexlagers 22 in Rothenstein ein. Auf einer Fläche von rund 11.000 Quadratmetern wurden Munition und weiteres Kriegsgerät eingelagert ein. Mit der Auflösung der DDR und der anschließenden Übernahme durch die Bundeswehr wurde das unterirdische Depot 1997 aufgegeben und anschließend verschlossen. Der 2005 privat initiierte Förderverein Geschichts- und Forschungsverein Walpersberg e.V. organisiert mehrmals im Jahr sowie auf Anfrage für Gruppen Wanderungen entlang den verschiedensten Hinterlassenschaften am Walpersberg. Als Startpunkt der interessanten Führungen gilt das ehemalige Militärgelände oberhalb der Gemeinde Großeutersdorf. Das vier- bis fünfstündige Programm umfasst den Besuch des Dokumentationszentrums. Insgesamt wird eine Wegstrecke von etwa sieben Kilometern zurückgelegt. Der Verein organisiert daneben Vorträge und unterstützt den Saale-Holzland-Kreis bei der Veranstaltung von jährlichen Gedenkfeierlichkeiten. Das Dokumentationszentrum Walpersberg informiert im Dorfzentrum über das einstige Rüstungswerk und die dort eingesetzten Zwangsarbeiter.

In der Stanzenhalle sollten die Flugzeugrümpfe und Teile geschnitten und gestanzt werden, 2013

4.1.2 Großbunker »Weingut I und II«, Landsberg am Lech und Mühldorf am Inn

Welfenkaserne
Iglinger Straße 72, 86899 Landsberg am Lech, Deutschland

GPS: 48°04'03.2"N 10°49'30.5"E

Erinnerungsort »Weingut I«
Mühldorfer Hart, 84453 Mühldorf am Inn

GPS: 48°14'25.8"N 12°27'09.2"E

Durch die alliierten Luftangriffe wurde die deutsche Luftfahrtindustrie im Februar 1944 deutlich geschwächt. Im Rahmen der Big Week/Operation »Argument« flogen zwischen dem 20. und dem 25. Februar 1944 etwa 6000 Bomber und 3670 Begleitjäger zahlreiche Ziele der deutschen Rüstungsindustrie an, um Flugzeugwerke planmäßig zu zerstören und damit die deutsche Luftwaffe entscheidend zu schwächen. Der Ausbau der alliierten Lufthoheit war für eine geplante Invasion mit Truppen enorm wichtig. Das nationalsozialistische Regime versuchte durch die Gründung des Jägerstabes (> Großeutersdorf) gegenzusteuern, um die deutsche Luftfahrtindustrie schnellstmöglichst wieder aufzubauen. Durch den massenhaften Bau von Jagdflugzeugen und Jägern sollte die Lufthoheit wiedergewonnen werden. Für deren Bau wurden sowohl unterirdische Stollensysteme (> Walpersberg) als auch massive und kolossale Bunker geplant. Für die Produktion der Me 262 wurde auch der Bau dreier 90 mal 300 Metern (in Form einer Halbschale) großer Flugzeugwerke beschlossen. 5,5 Meter mächtige Decken sollten das Werk vor den alliierten Angriffen schützen, um das moderne Flugzeug, welches von der NS-Propaganda als Wunderwaffen angepriesen wurde bombengeschützt zu produzieren. Noch immer wurde der »Endsieg« propagiert. Die riesige Bunkerbaustelle bei Landsberg am Lech erhielt die Tarnbezeichnung »Weingut«. Unter der Leitung der »Organisation Todt« wurde in der zweiten Jahreshälfte 1944 eine Baustelle für einen gewaltigen Bunker bei Landsberg am Lech eingerichtet. Die ursprünglichen Pläne sahen eine Länge von 400 Metern vor, doch aus zeitlichen Gründen wurde das Bauwerk verkürzt ausgeführt werden, ebenso wie die drei Meter dicke Decke fast doppelt so stark hätte ausfallen sollen. Auf der Baustelle in Landsberg am Lech kamen neben den deutschen Facharbeitern auch insgesamt mehr als 20.000 Zwangsarbeiter zum Einsatz. Die Zustände werden offenbar, wenn man den überlieferten Akten entnimmt,

Ruine des Rüstungskomplexes »Weingut I« bei Mühldorf am Inn, 2012

dass rund 15.000 Menschen den Arbeitseinsatz nicht überlebten. Doch trotz der hohen Zahl der Arbeitskräfte und der Rücksichtslosigkeit bei der Ausbeutung der Arbeitskraft wurde der Großbunker bis Kriegsende nicht fertiggestellt. Nach Ende des Zweiten Weltkrieges diente das Bauwerk entgegen den allgemeinen Beschlüssen des Alliierten Kontrollrates, die besagten, dass jeder militärische genutzte Bunker zerstört werden solle, den US-Streitkräften als Munitionsdepot und wurde ab den 1960er-Jahren für die Bundeswehr umgebaut. Unter der betonierten Halbschale sollten laut den Planungen im fünfgeschossigen Bunker die mit nuklearen Gefechtsköpfen bestückten Marschflugkörper vom Typ Matador und Mace untergebracht werden. Doch auch diese Pläne hatten nicht lange Bestand und der Standort wurde letztlich in ein Materialdepot der Bundeswehr umgewandelt und bis Ende der 1990er-Jahre betrieben. Heute erinnert in der Untertageanlage – so die moderne Bezeichnung des unterirdischen Komplexes – die Militärhistorische Sammlung »Erinnerungsort Weingut II«, an die Geschichte und die hier umgebrachten Zwangsarbeiter des ehemaligen Rüstungswerkes.

Weitere Großbunker wurden neben der Bunkeranlage bei Landsberg am Lech an zwei weiteren Standorten geplant. Im heutigen Naherholungsgebiet Mühldorfer Hart bei Mühldorf am Inn wurde ab 1944 unter der Projektbezeichnung »Weingut I« ab 1944 ein bauähnliches Bauwerk wie in Landsberg errichtet. Doch anders als im Objekt »Weingut II« waren die Arbeiten in Mühldorf nicht so weit vorangeschritten. Bis Kriegsende war etwa die Hälfte der 400 geplanten Meter fertiggestellt. Auch hier kamen Tausenden Zwangsarbeiter und KZ-Häftlinge zum Einsatz. In den umliegenden Lagern waren 10.000 Zwangsarbeiter interniert, von denen 2249 ums Leben kamen. Im Sommer 1947 wurde das geplante Rüstungswerk gesprengt und überdauert bis in die Gegenwart in diesem unwirklichen Zustand. Seit einigen Jahren steht das Areal unter Denkmalschutz. Ein engagierter Verein kämpft vor Ort seit mehreren Jahren für den Aufbau einer würdigen Gedenk- und Erinnerungsstätte. Bis dato wurden in der Landschaft mehrere Informationstafeln zur Geschichte des Ortes aufgestellt. Der Verein »Für das Erinnern – KZ-Gedenkstätte im Mühldorfer Hart e.V.« organisiert Führungen über das Bunkergelände zu festen Terminen oder für Gruppen auf Anfrage. Im Mühldorfer Haberkasten, Fragnergasse 3, informiert daneben die Dauerausstellung »Alltag, Rüstung und Vernichtung. Der Landkreis Mühldorf im Nationalsozialismus«.

Auf mehreren Etagen sollte unterhalb der Betonhalbschale die Produktion der Me 262 ab 1945 anlaufen, 2012

Einer der Flure der heutigen Untertageanlage der Bundeswehr, 2017

Ausstellungsbereich der Militärhistorischen Sammlung »Erinnerungsort Weingut II« im unterirdischen Objekt, 2017

4.1.3 Untertageverlagerung »Reiher« / Engelbergtunnel, Stuttgart-Leonberg

KZ-Gedenkstätteninitiative Leonberg e.V. /
Alter Engelbergtunnel
Seestraße, 71229 Leonberg, Deutschland
www.kz-gedenkstaette-leonberg.de

GPS: 48°47'48.7"N 9°01'40.9"E

Der 318 Meter lange und 1936 eröffnete Engelbergtunnel der Reichsautobahn bei Stuttgart-Leonberg wurde im November 1938 offiziell eröffnet. Im Rahmen der Verlagerung der Rüstungsproduktion an bombensichere Standorte wurde der Tunnel im Frühjahr 1944 für die Flugzeugteileproduktion umgewidmet. Um die Produktionsfläche zu erhöhen, wurde in den 12,60 Meter hohen Tunnelröhren eine Zwischendecke eingezogen. Diese erhöhte die Gesamtfläche auf 11.000 Quadratmeter. Der ausführende Betrieb das Presswerk Leonberg – ein Teilbetrieb der Messerschmitt AG – setzte für die Produktion der Tragflächen der Me 262 auch zahlreiche Zwangsarbeiter aus dem Konzentrationslager Natzweiler (Elsass) ein, die hier in der Nähe des Tunnels in zwei Lagern untergebracht waren. Mit Stacheldraht und Wachtürmen gesichert wurden mehr als 5000 Häftlinge aus 24 europäischen Ländern, vor allem aus Osteuropa, gefangen gehalten. Die fertigen Tragflächen wurden mit der Eisenbahn und nach der Zerstörung der Eisenbahnstrecke später mit dem LKW in die Waldwerke »Kuno I« im Waldgebiet Justing in der Nähe des Fliegerhorstes Leipheim und »Autobedarf Schwäbisch Hall« in Schwäbisch Hall-Hessental transportiert. Rund ein Drittel der ausgelieferten Me 262 stammten aus diesem Werk. Mit der Auflösung des Standortes im April 1945 erfolgte die Demontage der Fertigungsmaschinen und der anschließende Transport in das Objekt »Weingut II«. Die Häftlinge wurden in Richtung Esslingen »evakuiert«. In den beiden Tunnelröhren herrschten schreckliche Arbeitsbedingungen. Im provisorischen Werk wurde in Zwölf-Stunden-Schichten an sieben Tagen die Woche gearbeitet. Kälte, Lärm und schlechte Luft kennzeichnete die Arbeit in der Untertageverlagerung. Die mangelhafte Versorgung und der Ausbruch von Seuchen kostete zahlreichen Insassen das Leben. Als die französischen Truppen das evakuierte Lager erreichten, erinnerte nur noch das Massengrab auf dem Blosenberg an das Leid der hierher verschleppten Menschen.

Seit einigen Jahren hält der Verein KZ-Gedenkstätteninitiative Leonberg e.V. die Geschichte für die nachfolgenden Generationen wach. In den Sommermonaten kann in einem erhaltenen kleinen Abschnitt in einem der beiden ehemaligen Autobahntunnel ein kleines Museum besucht werden. Daneben werden auch Führungen durch die Nachbarschaft auf dem »Weg der Erinnerung« organisiert, bei denen an sechs Stationen auf die ehemaligen Spuren hingewiesen wird.

Eingangsbereich des heutigen Erinnerungsortes KZ-Außenlager Leonberg in Stuttgart, 2012

Tragfläche einer Me 262 als Ausstellungsobjekt in der Gedenkstätte im Teil des ehemaligen Autobahntunnels, 2012

4.1.4 Waldwerke »Kuno I« und »Kuno II«, Leipheim

Scheppacher Forst, 86441 Zusmarshausen

Waldgebiet Justing, 89340 Leipheim, Deutschland

GPS: 48°24′35.7″N 10°30′26.1″E (Waldwerk »Kuno I«)
GPS: 48°27′10.1″N 10°10′52.8″E (Waldwerk »Kuno II«)

Nach der Zerstörung zahlreicher Flugzeugwerke durch alliierte Bomberverbände im August 1943 sowie im Februar 1944 wurden entlang der heutigen A8 zahlreiche provisorische Produktionsstätten für die Me 262 aufgebaut. Bis zur Fertigstellung der verbunkerten Flugzeugwerke bei Landsberg am Lech und Mühldorf am Inn sollte hier unter einfachsten Umständen die Produktion weiterlaufen. Zwischen Zusmarshausen und Burgau 1944 fungierte das Waldwerk »Kuno I« ab März 1944 zur Endmontage der Me 262. Die fertigen Jagdflugzeuge starteten von einem knapp 2000 Meter langen Autobahnabschnitt oder wurden bei Mangel an Flugbenzin mit LKW zum Flugplatz Leipheim transportiert. Die Teile kamen aus zahlreichen Zulieferbetrieben per Eisenbahn oder mit dem LKW in das Waldlager. Die Tragflächen stammten fortan etwa aus Leonberg (> Stuttgart-Leonberg), die Rümpfe aus dem Verlagerungsbetrieb Oberzell bei Passau, die Rumpfspitzen aus Günzburg und weitere Teile von verschiedenen kleineren Standorten. Für die Arbeiten wurden auch mehrere hundert KZ-Häftlinge aus dem KZ-Außenlager Burgau in dem streng bewachten und gut getarnten Werk zur Produktion eingesetzt. Bis Ende des Krieges wurden so einige hundert Flugzeuge fertiggestellt. Hier wurden neben den Taktstraßen auch Schießstände, Probelaufstationen und Baracken für eine Holz- und Blechbearbeitung unterhalten. Bei einem Angriff durch alliierte Tiefflieger am 23. April 1945 wurden alle 70 hier abgestellten und startbereiten Me 262 vollständig zerstört. Das Werk wurde anschließend evakuiert.

Die Produktion des Waldwerkes »Kuno II« im Waldgebiet Justing südlich von Riedheim ging ebenfalls im Verlauf des Jahres 1944 in Betrieb. Ein Montagezelt der Firma Gerätebau Leipheim diente ebenfalls der Endmontage von Flugzeugen vom Typ Me 262. Heute erinnern an die beiden Waldwerke nur noch die teilweise erhaltenen Betonfundamente im Wald an die kurzzeitige Nutzung. In unregelmäßigen Abständen werden durch Ortschronisten Führungen im Bereich des ehemaligen Waldlagers »Kuno I« durchgeführt.

Noch heute sind im Waldgebiet Fundamentreste der ehemaligen Waldwerke »Kuno I und II« zu entdecken, 2016

4.1.5 Waldwerk »Autobedarf Schwäbisch Hall«

KZ Gedenkstätte Schwäbisch Hall-Hessental
Karl-Kurz-Straße
74523 Schwäbisch Hall, Deutschland

www.flugplatzmuseum-schwaebisch-hall.de
www.kz-hessental.de

GPS: 49°05′54.2″N 9°46′14.3″E (KZ Gedenkstätte)

Ein weiteres Waldwerk nahm im Mai 1944 unweit des Fliegerhorstes Schwäbisch Hall seinen Betrieb auf. Der Fliegerhorst wurde 1934 getarnt für die entstehende Luftwaffe als Standort der Deutschen Verkehrsfliegerschule (DVS) aufgebaut. Nach der Gründung der Luftwaffe 1935 wurde der Platz von einer Gruppe eines Kampfgeschwaders u. a. des KG100 bezogen. Die Werft fungierte daneben schon früh zur Umrüstung schwerer Bomber auf Fernlenkwaffen (Hs 293). Der Platz zählte auch zu den sogenannten Silberplätzen. Zwischen Mai 1944 und März 1945 wurden im provisorischen Waldwerk im nahegelegenen Hasenbühl etwa 500 Me 262 fertiggestellt, auf dem Fliegerhorst eingeflogen und von hier an die Luftwaffe ausgeliefert. Ein Drittel der Gesamtproduktion der Me 262 lief also über Schwäbisch Hall. Durch die dezentrale Fertigung und letztlich Endmontage in versteckten Waldwerken oder wie im Fall des Flugzeugwerkes der REIMAHG unter dem Walpersberg konnte die Produktion des Jagdflugzeuges sichergestellt werden. In einigen weiteren Werken aus dem Bereich der Kriegsrüstung konnte die Produktion sogar durch die Auslagerung und durch den schonungslosen Einsatz von Zwangsarbeitern wie etwa bei der Fertigung der Messerschmitt Bf 109 – dem vielseitigen Standardjagdflugzeug der Luftwaffe – gesteigert werden. Durch die Nutzung der Messerschmitt AG geriet der Fliegerhorst mehrfach zum Ziel der alliierten Bomber ab September 1944. Die hier eingesetzten KZ-Häftlinge wurden in einem Lager in der Nähe des Bahnhofs Hessental untergebracht. Bis zu 800 Personen wurden unter einfachsten Zuständen zusammengepfercht. Sie wurden in verschiedene Kommandos aufgeteilt und auf dem Fliegerhorst zur Beseitigung von Bombenschäden, in der Land- und Forstwirtschaft oder in Steinbrüchen eingesetzt. Nach Ende des Zweiten Weltkrieges diente der Fliegerhorst der US Army bis 1993 als Standort für verschiedenen Verbänden wie MP, schwerer Artillerie und Hubschraubereinheiten. Der Platz wurde nach dem Abzug geräumt und in eine zivile Nutzung überführt. Heute informiert das Flugplatzmuseum Schwäbisch Hall an die Geschichte des Fliegerhorstes und seine militärische Nachnutzung. Der Erinnerungsort KZ-Gedenkstätte Schwäbisch Hall-Hessental informiert durch acht Informationstafeln über das ehemalige Lager.

Heute erinnert in der Nähe des ehemaligen Fliegerhorstes der Erinnerungsort »KZ-Gedenkstätte Schwäbisch Hall-Hessental« an das Schicksal der hier eingesetzten Zwangsarbeiter, 2010

Der Erinnerungsort besteht aus Informationstafeln, den Gedenkkreuzen und dem Güterwaggon, 2010

4.1.6 Oberbayerische Forschungsanstalt / Untertageverlagerung »Cerusit«, Oberammergau

Am Rainenbichl, 82487 Oberammergau, Deutschland

GPS: 47°35'21.1"N 11°04'56.4"E (U-Verlagerung »Cerusit«)
GPS: 47°35'36.6"N 11°10'49.8"E (U-Verlagerung »Ente«)

Im Oktober 1943 wurde die Entwicklungsabteilung der Messerschmitt AG Augsburg in die ehemalige »Hötzendorf«-Gebirgsjägerkaserne in Oberammergau verlagert. Aus Gründen der Tarnung erhielt das Unternehmen die Bezeichnung Oberbayerische Forschungsanstalt (OFA). Mehr als 2000 Mitarbeiter arbeiteten hier bis März/April 1945 für den Flugzeubauer und Rüstungsbetrieb in den Bereichen Projekt-, Konstruktions- und Versuchsbau, sowie zu Fragen der Statik. Aus Oberammergau wurden die im Aufbau befindlichen unterirdischen Flugzeugwerke geführt und deren Arbeiten koordiniert. In unmittelbarer Nähe zur umgenutzten Kaserne unterhalb des Berges Laber entstand ab Sommer ein 150 mal 90 Meter großes Stollensystem – die U-Verlagerung »Cerusit«. Auch hierzu wurden etwa 500 Zwangsarbeiter »beschäftigt«, die im eigens errichteten Barackenlager Rainenbichleinquartiert wurden. Nach der Fertigstellung des knapp 600 Meter langen Stollens diente der Komplex als bombensichere Entwicklungs- und Fertigungsstelle der OFA. Sechs Eingänge führten in das unterirdische System. Die teils mächtigen Kavernen boten so genügend Platz, um im Untergrund weiter arbeiten zu können. Durch die schwierige Lage kamen die Arbeiten in den letzten Wochen des Zweiten Weltkrieges zum Erliegen. Im Februar 1945 übernahm Dr.-Ing. Hans Kammler als Angehöriger der Waffen-SS und des Jägerstabes die Leitung des OFA. Kurz vor dem Einmarsch der amerikanischen Truppen verlegte er seinen Stab in Richtung Tirol.

Die etwa 15 Kilometer entfernten Straßentunnel bei Eschenlohe wurden ab März 1944 ebenfalls beschlagnahmt und nach Umbauten zur 6000 Quadratmeter großen unterirdischen Produktionsanlage, die U-Verlagerung »Ente« umgewidmet. Der südliche Tunnel besaß eine Länge von 230 Metern und der nördliche von 60 Metern. Ursprünglich waren die auch als Olympiatunnel bezeichneten Straßenverbindungen 1936 für die Olympischen Winterspiele gebaut worden, um eine schnelle Verbindung zwischen München und Garmisch-Partenkirchen zu schaffen. Auch hier wurden im Sommer 1944 zeitweise Flugzeuge vom Typ Bf 109 und Me 262 gefertigt.

Das eigentliche Areal der Oberbayerischen Forschungsanstalt wird heute als Bundeswehrverwaltungsschule und NATO-Schule Oberammergau genutzt.

Die unterirdische Anlage »Cerusit« diente 1944 als bombensichere Forschungs- und Produktionsstätte. Der Ausbau der Stollen erfolgte im Verlauf des Krieges nur noch provisorisch, um schnellstmöglichst die Arbeiten aufnehmen zu können.

4.1.7 Untertageverlagerung »Bergkristall« / B8, St. Georgen an der Gusen

Erinnerungsort Bergkristall / B8
Kellerstraße, 4222 St. Georgen an der Gusen, Österreich

GPS: 48°16'03.9"N 14°26'42.4"E

Neben den beiden riesigen Großbunkern »Weingut I« und »Weingut II« (> Mühldorf am Inn) plante der SS-Führungsstab den Bau eines riesigen unterirdischen Flugzeugwerkes in der Nähe von Linz. Nur durch den schonungslosen Einsatz von mehreren tausend KZ-Häftlingen konnte aus dem nahegelegenen Konzentrationslager Gusen II wurde ab März 1944 ein riesiges unterirdisches Produktionswerk geschaffen werden. Schon vor der Gesamt-Fertigstellung der knapp 50.000 Quadratmeter großen Anlage im März 1945 begannen zuerst die Arbeiten der Rumpfproduktion der Me 262. Später folgten weitere Komponenten des Flugzeugtyps. Neben den über 10.000 Zwangsarbeitern, die bereits beim Bau der Stollen eingesetzt waren, wurden anschließend 6500 im anlaufenden Rüstungswerk ausgebeutet. Für schnellere Absprachen und zur besseren Koordination wurde vor Ort die »Ständige Außenstelle Bergkristall« der Oberbayerischen Forschungsanstalt eingerichtet. Personal und Informationen pendelten so regelmäßig zwischen beiden Einrichtungen. Die Planungen sahen für Ende 1945 vor, dass monatlich bis zu 1250 Einheiten gefertigt werden sollten. Nur durch den ausbeuterischen Einsatz der KZ-Häftlinge konnten der unterirdische Komplex so schnell fertiggestellt und die Produktion aufgenommen werden. Zwischen 1944 und dem Ende des Krieges verstarben allein bei diesem Projekt bis zu 20.000 Menschen. Um die verbrecherischen Spuren zu verwischen, plante die SS kurz vor dem Einmarsch der US-amerikanischen Truppen die Sprengung der gesamten Anlage mitsamt der in den Berg verbrachten Menschen. Glücklicherweise kam es nicht zu dieser Aktion, die Anlage fiel den Amerikanern unzerstört in die Hände. Nachdem die Rote Armee im Sommer 1945 die Kontrolle – Österreich wurde wie Deutschland nach Ende des Krieges in unterschiedliche Besatzungszonen aufgeteilt –, wurden die Produktionseinrichtungen demontiert und in die Sowjetunion verbracht. Teile der Anlage wurden daraufhin von den Sowjets gesprengt. Aus Gründen der Bergsicherheit wurde ein Großteil der Stollen seit einigen Jahren verfüllt. An wenigen Terminen im Jahr können Teile des unterirdischen Systems im Rahmen von Führungen besichtigt werden. Noch lebende Zwangsarbeiter oder deren Angehörige besuchen ebenfalls zu festen Terminen den Komplex und mahnen heute an die hier verstorbenen Menschen.

Heute finden in einer der ehemals größten unterirdischen Produktionsstätten unregelmäßig Führungen statt, 2015

Zahlreiche Stollen wurden inzwischen im Sinne der Sicherheit bergmännisch gesichert, 2015

4.1.8 Untertageverlagerung »Stichling«, Schwaz

Ried
6130 Schwaz, Österreich
www.silberbergwerk.at

GPS: 47°21'13.0"N 11°43'50.1"E

Das aus der Silber- und Erzabbauzeit stammende Bergwerk bei Schwaz (Tirol) wurde teilweise im April 1944 als Verlagerungsobjekt freigegeben. Der als Wilhelm-Erb-Stollen bezeichnete Komplex bestand aus einem knapp zwei Kilometer langen Stollen und mehreren Höhlen. Zuerst für das Unternehmen Stayr-Daimler-Puch vorgesehen, wurde der Verlagerungsbescheid am 30. Mai 1944 aber zurückgenommen und die unterirdische Anlage aufgrund der höheren Dringlichkeit letztlich der Messerschmitt AG übergeben. Die Hohlbauten wurden teilweise nacheinander mit großen Betoneinbauten versehen, sodass auf bis zu vier Ebenen Fertigungsräume zur Verfügung standen. Da der Zugangsstollen nur über einen relativ kleinen Querschnitt mit einer lichten Höhe von 2 bis 2,20 Meter bestand, sollte eine weitere Zufahrt geschaffen werden. Die Arbeiten an diesem als Messerschmittstollen bezeichneten Zugangsbereiches waren bis Ende des Krieges aber nur zu 70 Prozent fertiggestellt. Insgesamt standen nach den Ausbauten 6400 Quadratmeter Produktionsfläche zur Verfügung. Schrittweise wurden ab Herbst 1944 die provisorischen Messerschmitt-Werke Kematen und Ratingen in den Berg verlegt, um hier Leitwerke und Triebwerksverkleidungen für den Düsenjäger Me 262 herzustellen. Dazu standen Pressen und weitere metallverarbeitende Maschinen zur Verfügung. Die größere Höhle diente als Produktionsort und die kleineren als Depot und Lagerbereich. Der Komplex wurde zum Ende des Zweiten Weltkrieges gesprengt. Noch heute befinden sich in den unterirdischen Räumen Montagestätten und fertige Baugruppen. Das Schau- und Silberbergwerk ermöglicht heute einen Einblick in die Stollen der ehemaligen Erzabbaustätten. 2014 wurden Pläne offenbar, die vorsahen, die sogenannte Messerschmitt-Halle zu erschließen, damit ein unterirdischer Zugang vom Bergwerk zum ehemaligen Rüstungswerk möglich ist. Anschließend soll der Bereich in die Besucherführung des Schaubergwerkes integriert werden und zeitgleich eine kritische Auseinandersetzung mit der Geschichte erfolgen.

Eine der unterirdischen Hallen mit den eingezogenen Zwischenetagen für Lagerung und Produktion, 2011

Noch immer im Untergrund vorhandene sogenannte Triebwerksgondeln der Me 262, 2011

Unterirdisches Rüstungswerk bei Ried, 2011

4.2 Arado Ar 234

Ende 1940 forderte das RLM von den großen deutschen Flugzeugherstellern einen strahlgetriebenen Aufklärer bzw. Bomber mit 2000 Kilometern Reichweite. Dieses revolutionäre Flugzeug avancierte zum ersten Strahlbomber der Welt und zeigte die zukünftige Entwicklung von Kampfflugzeugen auf. Die Arado Ar 234 kam als Aufklärer ab Sommer und als Bomber ab Oktober 1944 zum Einsatz. Als hoch und schnell fliegender Aufklärer über Großbritannien – deren ursprünglich geplantes Einsatzgebiet – und schließlich über der französischen Normandie galt das Flugzeug unter diesen Bedingungen als durch die alliierte Jagdflugzeuge nicht bekämpf- oder abwehrbar. Die Verfügbarkeit und Einsätze beider Muster, Arado Ar 234 und Messerschmitt Me 262, hatten keinen Einfluss auf den Kriegsausgang.

4.2.1 Entwicklung und Erprobung

Den langen Zeitraum zwischen Entwicklungsauftrag 1940 und Erstflug 1943 betrachtend, scheint die Triebwerksfrage bzw. -verfügbarkeit verantwortlich zu sein. Letztere hing auch stark mit der Priorisierung des Jumo 004 für die Messerschmitt Me 262 zusammen. Im Winter 1941/42 war der erste Prototyp fertiggestellt. Es wird kolpotiert, dass aufgrund der Forderung nach hohen Geschwindigkeiten seitens Arado versucht wurde, das Gewicht des Flugzeuges möglichst gering zu halten. Das führte bei den ersten Prototypen zu einer eigenwilligen Fahrwerkkonstruktion, eine Kombination aus abwerfbaren Startwagen und Landekufen. Damit hob im Sommer 1943 der erste mit zwei Strahlturbinen Jumo 004 versehene Prototyp auf dem Fliegerhorst Rheine-Bentlage ab. Der dritte Prototyp erhielt für den Flugzeugführer eine Druckkabine mit Schleudersitz und führte den Erstflug kurzzeitig später durch, daraus entstand dann die Fernaufklärerversion Ar 234B-1. Zum Jahresende 1943 fiel die Entscheidung zum Serienbau, fortan mit klassischem in den Rumpf einziehbaren Radfahrwerk, aufgeteilt auf die Versionen B-1 als Fernaufklärer und B-2 ausschließlich als Bomber, letztere musste die Abwurfbewaffnung als Außenlast unter dem Rumpf und den Triebwerken mitführen. Etwa ein Dutzend Vorserienexemplare Ar 234 B-0 gelangten zur Erprobungsstelle Rechlin, wo neben der Truppenerprobung auch im Juni 1944 ein Vergleichsfliegen mit der Messerschmitt Me 262 A-1a auf dem Flugplatz Lärz stattfand. Hier zeigte sich die Arado der Messerschmitt in einige Parametern überlegen. Da die Grundkonstruktion ein hohes Potenzial zur Leistungssteigerung bot, begannen bei Arado schon frühzeitig die Versuche mit vier Triebwerken unter den Tragflächen. Das entsprechende Versuchsmuster V8 wurde

Der Höhepunkt der Entwicklungsreihe war mit der vierstrahligen Arado Ar 234V21 erreicht, 1944

im Februar 1944 in die Luft gebracht und war mit einzeln unter den Tragflächen montierten Strahlturbinen BMW 003 ausgerüstet. Der Erstflug der zweistrahligen Ar 234 V9 mit dem neuen Radfahrwerk fand im März 1944 statt, der einer vierstrahligen als V13 im September. Letzteres als Ar 234 C bezeichnetes Flugzeug verfügte nun über BMW 003, statt Jumo 004 und nutzte die paarweise, statt zuvor genutzte Einzelaufhängung unter den Tragflächen. Damit stellte es das weltweit erste Flugzeug mit vier Strahltriebwerken dar. Mindestens ein Flugzeug gelangte zur Truppenerprobung zur Erprobungsstelle Rechlin. Basierend auf der C-Version waren mehrere unterschiedliche Projekte von teils mehrsitzigen Aufklärer-, Bomber- und Nachtjägermodifikationen in der Entwicklung. Insgesamt entstanden von der C-Serie einige wenige Serienflugzeuge, vermutlich in Warnemünde endmontiert und eingeflogen. Das Muster war für eine Großserienproduktion vorgesehen, die über die Stückzahlen der gefertigen Ar 234B hinaus gingen.

4.2.2 Fliegerhorst Alt-Lönnewitz

Flugplatzstraße, 04895 Falkenberg/Elster, Deutschland

GPS: 51°32'50.1"N 13°13'23.6"E (Fliegerhorst)
GPS: 51°31'40.6"N 13°11'52.5"E (Endmontagewerk)

Wie auch andere Muster wurde die Ar 234 dezentral gefertigt, in die Teilefertigung einbezogen waren die Arado-Zweigwerke Rathenow-Heidefeld, Potsdam-Babelsberg und Wittenberg an der Elbe. Die Endmontage und der Einflugbetrieb wurden 1944 auf den Fliegerhorst Alt-Lönnewitz ausgelagert. Dieser in der Nähe des Eisenbahnknotenpunktes Falkenberg von 1934 bis 1936 für eine Fliegerschule angelegte Fliegerhorst bot sich aufgrund seiner befestigten Start- und Landebahn von etwa 1400 Metern Länge für den Einflugbetrieb an. Das Endmontagewerk mit dem Tarnnamen »Altan« selbst befand sich aber nicht auf dem Fliegerhorst selbst, sondern gut getarnt etwa 2,2 Kilometer entfernt in südwestlicher Richtung nahe der Ortschaft Blumberg. Es ähnelte damit den Messerschmitt-Waldwerken in Bayern, der Fliegerhorst Alt-Lönnewitz und das Endmontagewerk Blumberg war zudem bis Kriegsende niemals Ziel eines westalliierten Luftangriffes. Die fertiggestellten Flugzeuge gelangten im Schlepp über die schnurgerade durch den Neu-Lönnewitzer Gutsforst führende ehemalige Ortsverbindung Blumberg-Falkenberg zum Fliegerhorst Alt-Lönnewitz und wurden dort eingeflogen. Bis Juni 1944 erfolgte so die Auslieferung von etwa 20 Ar 234B-0, ab Juli begann die Endmontage von über 200 Ar 234 B-1 und B-2. Teile des mit Ju 88 ausgerüsteten Kampfgeschwaders 76 begannen im Sommer mit der Umschulung auf das neue Muster. Zu diesem Zeitpunkt fanden die ersten Aufklärungseinsätze, teilweise mit Prototypen und Vorserienmustern, an der Westfront statt. Hierbei zeigte sich u. a. die Notwendigkeit befestigter Start- und Landebahnen mit ausreichender Länge. Daher wurden im Herbst 1944 die bestehende Piste in Alt-Lönnewitz auf 2000 Meter verlängert und weitere Rollwege angelegt. Derartige Startbahnverlängerungen fanden zu dieser Zeit auch auf anderen Fliegerhorsten statt. Kreisrunde Flugfelder mit Grasnarbe ließen sich für die neuen Generationen von strahlgetriebenen Kampfflugzeugen nicht mehr ohne weiteres nutzen. Eine Alternative stellten unter den Tragflächen montierten Starthilfsraketen Walter 109-500A dar, die auch Überlaststarts ermöglichten. Zur Verkürzung der Landestrecke ließen sich Bremsschirme einsetzen. Im März 1945 verließen die letzten Teile des KG 76 den Fliegerhorst Alt-Lönnewitz und die Endmontage der Ar 234 endete. Mitte April operierten Me 262 für wenige Tage auf dem Fliegerhorst Alt- Lönnewitz, zum Monatsende besetzte die Rote Armee den nahezu unbeschädigten Flugplatz. Das Endmontagewerk bei Blumberg wird unmittelbar darauf aufgelöst und demontiert, heute sind dort kaum noch Spuren zu entdecken. Der Fliegerhorst wurde als Flugplatz Falkenberg von den sowjetischen Luftstreitkräften dauerhaft weiterbetrieben, die militärische Nutzung endete 1993. Ziviler Flugbetrieb findet seit der Jahrtausendwende als Sonderlandeplatz statt. Ansässig sind der Falkenberger Fliegerclub und die Interessengemeinschaft Flugplatz Alt-Lönnewitz. Im Rahmen jährlich veranstalteter Flugplatzfeste wird vor Ort mit Sonderausstellungen über die Geschichte des Flugplatzes informiert.

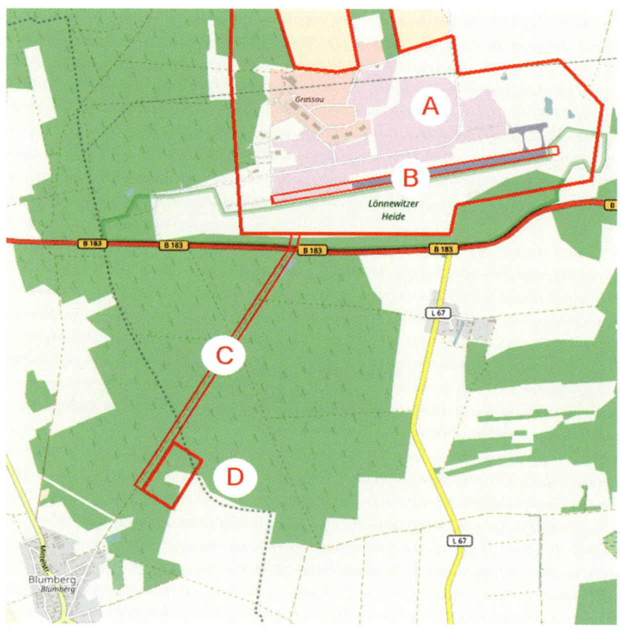

Vom Fliegerhorst Alt-Lönnewitz (A) sind zahlreiche Spuren erhalten geblieben. So trotz Renaturierung in den letzten Jahren die SLB mit der ursprünglichen Länge (B) von 1945. An den Verbindungsrollweg (C) errinnert heute nur noch eine breite Schneise, das Endmontagewerk (D) hingegen ist vollständig abgerissen.

4.2.3 Entwicklungs- und Konstruktionsabteilung Landeshut

Lubawska 1, Kamienna Gora 58-400, Polen
www.projektarado.pl

GPS: 50°46'50.5"N 16°01'47.6"E (Dienststelle MKN)
GPS: 50°46'47.5"N 16°01'48.1"E (Stollenzugang)

Von Ende 1943 bis Anfang 1945 arbeitete eine Außenstelle oder die gesamte Entwicklungs- und Konstruktionsabteilung der Arado-Flugzeugwerke in der schlesischen Kreisstadt Landeshut. Hier wurde das im Ortskern von Landeshut gelegene Fabrikgebäude der Leinenweberei »Landeshuter Leinen- und Gebildweberei« an der Libauer Straße sowie vermutlich auch die Färberei J. Rinkel in Bahnhofsnähe entsprechend nachgenutzt. Die Auslagerung war den ständigen westalliierten Luftangriffen auf die Standorte der Luftrüstungsindustrie geschuldet und ein Ergebniss der vorgenommenen Dezentralisierung von Entwicklungs- und Produktionsstätten. Die seit September 1944 gültige Tarnbezeichnung »Dienststelle MKN« stellt eine Ableitung des Firmennamen »Max Kühl, Nachfolger« dar und bezieht sich auf die von 1938 bis 1943 währende Nachnutzung der Leinenweberei an der Libauer Straße. Zu Luftschutzzwecken diente die Untertageverlagerung »Bonit« unter dem Stadtpark, die Zugänge befanden sich unmittelbar an der Libauer Strasse. Das funktionell ausgebaute Stollensystem soll neben Labor- und Versuchseinrichtungen der Dienststelle MKN auch eine Produktionsstätte für Kugellager beherbergt haben. Zu den letzten Arbeiten der Entwicklungs- und Konstruktionsabteilung Arado in Landeshut zählte neben den projektierten Aufklärer-, Bomber- und Nachtjägermodifikationen der vierstrahligen Ar 234C auch das seinerzeit futuristische anmutende Projekt E.555, ein sechsstrahliger Langstreckenbomber in Nurflügelkonstruktion. Die entsprechende Entwurfsstudie, die zum sogenannten »Amerika-Bomber« führen sollte, wurde im Dezember 1944 auf Anweisung des Reichsluftfahrtministeriums abgebrochen. Mit dem Kriegsende 1945 gelangte Landeshut unter dem Namen Kamienna Gora unter polnische Verwaltung.

Seit einigen Jahren ist ein Teil der Stollenanlage als das »Verlorene Labor von Hitler« für Besucher museal zugänglich. Das »Projekt Arado« fokussiert dort mit der Entwurfsstudie E.555 auf ein technologisches Zentrum der deutschen Luftfahrtindustrie, führt erlebnissorientierte Führungen und Reenactment-Veranstaltungen durch.

Neu gestalteter Zugang zur musealen Stollenanlage in Kamienna Gora/Polen, 2017

4.2.4 Unterirdische Produktionsstätte Krölpa

Unter den Gipsbergen, 07387 Krölpa, Deutschland

Die Arado-Flugzeugwerke verfügten, von der im schlesischen Landeshut untergebrachten Entwicklungs- und Konstruktionsabteilung abgesehen, über keinerlei vor Luftangriffen geschützten Produktionsstätten. Lediglich Endmontage und Einflugbetrieb der Ar 234 waren auf dem Fliegerhorst Alt-Lönnewitz dezentralisiert. Nur deren offenbar nie aufgeflogene Tarnung bot Schutz vor einem möglichen Luftangriff. Erst zum Jahresbeginn 1945 fiel die Entscheidung zur Auslagerung der Großserienproduktion der Ar 234, hier ist unklar, ob damit nur das für die Teilefertigung zuständige Zweigwerk in Wittenberg an der Elbe oder weitere Produktionsstandorte vorgesehen waren. Die entsprechende Untertageanlage mit dem Tarnname »Pikrit« befand sich unmittelbar nordöstlich von Krölpa in Thüringen und lag nur wenige Meter von der Reichsbahnstrecke Gera-Saalfeld und der Reichsstraße 281 entfernt. Die Bauvorhaben der SS wurden im damaligen Sprachgebrauch in sogenannte unterirdische A-Verlagerungsvorhaben und oberirdische B-Verlagerungsvorhaben sowie Sonderbauvorhaben unterteilt. Der Kriegsverlauf führte mitunter zu erheblichen Änderungen in der ursprünglichen Planung die auch Folgen für die Benennung der verschiedenen Bauprojekte hatte und in der späteren Geschichtsschreibung aufgrund fehlender Dokumente unterschiedliche Angaben zur Folge hatte. So galt die Bezeichnung B4 für den Gipsbruch mit dem Tarnnamen »Pikrit«. Die Vorarbeiten zur industriellen Nutzbarmachung des Gipsbruches in Verantwortlichkeit der »Organisation Todt« begannen im Spätsommer 1944 und sahen ursprünglich ein Stollensystem mit 50.000 Quadratmetern Nutzfläche vor. In dieser Zeit erfolgten offenbar Planungsänderungen hinsichtlich der vorgesehenen Verwendung mit der Folge von Verzögerungen. Die Auffahrung der Stollenanlage begann im Januar 1945, drei Mundstollen wurden betoniert, Fahr- und Produktionsstollen waren im Bau. Im März endeten die Arbeiten zur Nutzbarmachung als Produktionsstätte, bis zu diesem Zeitpunkt waren etwa 6500 Quadratmeter als Produktionsfläche nutzbar. Soweit bekannt blieb die Herstellung von Flugzeugteilen aus. Damit zählte auch diese Untertageanlage zu jenen Bauvorhaben, die schlussendlich nichts am Kriegsverlauf zu ändern vermochten aber zahlreiche Opfer unter den am Bau beteiligten Zwangsarbeitern und KZ-Häftlingen forderte. Einige Jahre nach Kriegsende setzte der VEB Harzer Gipswerke die Förderung fort, es wird dort weiterhin Gips vom Maxit Baustoffwerk abgebaut und verarbeitet.

Ein weltweit einmaliges Ausstellungstück stellt die Arado Ar 234B im amerikanischen Steven Udvar-Házy Center in Virginia dar, 2010

4.3 Heinkel-Prototypen, Horten und Bachem

4.3.1 Heinkel He 176 in Peenemünde

Flugplatzmuseum Neuhardenberg
Wriezener Straße/Objektstraße, 15320 Neuhardenberg, Deutschland

www.neuhardenberg.org

Ab 1935 intensivierte man die Bemühungen, in Schubleistung regelbare Flüssigkeitsraketentriebwerke betriebssicher, beherrschbar und zunächst als Zusatzantrieb für Flugzeuge nutzbar zu machen. Der Weg führte daher vom Versuchsgelände Kummersdorf-Gut nach Neuhardenberg. Auf diesem abgelegenen Feldflugplatz der Luftwaffe erhob sich 1937 der zweite Prototyp der modifizierten Heinkel He 112R mit einem zusätzlichen im Heck eingebauten Walter-Flüssigkeitsraketentriebwerk in die Luft. Der erste Prototyp wurde kurz zuvor bei einem Bodentest zerstört. In Neuhardenberg fanden auch Versuche mit Starthilfsraketen statt, die beispielsweise unter eine Heinkel He 111 montiert, Starts bei Überlast ermöglichten oder die Startstrecke zu reduzieren halfen. Aufgrund der abgelegenen Lage des Flugplatzes konnte hier die notwendige Geheimhaltung gewahrt werden, zudem waren die Baumaßnahmen der im Aufbau befindlichen Erprobungsstelle der Luftwaffe in Peenemünde-West noch nicht abgeschlossen. Im folgenden Jahr wurden die Versuche dort fortgeführt und Heinkel forcierte in Rostock die Entwicklung des experimentellen Raketenflugzeuges Heinkel He 176, das unbewaffnet wohl auch als Rekordjäger dienen sollte. Als Antrieb diente hier das Raketentriebwerk Walter R 1-203, das die Basis für das später von der Messerschmitt Me 163 verwendete Walter HWK 109-509 darstellen sollte. Schließlich war es am 20. Juni 1939 so weit, der in Peenemünde durchgeführte Erstflug der He 176 markierte durch die Verwendung eines regelbaren Flüssigkeitsraketentriebwerkes einen Meilenstein der Luftfahrtgeschichte. Von offizieller Seite zeigte man sich in den folgenden Monaten offenbar uneinig, ob der technischen Möglichkeiten dieser bahnbrechenden Antriebstechnologie. Der Kriegsbeginn führte zum Abbruch der weiteren Erprobung der He 176. Mit nur wenigen Testflügen im Bordbuch gelangte das Flugzeug in den Depotbestand der in Berlin-Moabit beheimateten Deutschen Luftfahrtsammlung. Ein Luftangriff auf die Stadt 1943/44 besiegelte das Schicksal, das Flugzeug wurde zerstört und auch alle weiteren Dokumente gingen verloren, sodass kaum aussagekräftige Abbildungen oder Informationen vorliegen.

Mit modifizierten Focke-Wulf Fw 56 und Heinkel He 112 wurden Flüssigkeitsraketentriebwerke getestet. Die Ergebnisse führten schließlich zur Heinkel He 176, 1944

4.3.2 Heinkel He 178 in Rostock-Marienehe

Marieneher Straße, 18069 Rostock, Deutschland

GPS: 54°07'47.8"N 12°04'55.8"E (Gedenkstein Erstflug)
GPS: 54°06'00.9"N 12°09'59.3"E (Werksiedlung Dierkow-Ost)

In der zweiten Hälfte der 1930er-Jahre forschten die Heinkel-Flugzeugwerke in Rostock an Flugzeugen mit Flüssigkeitsraketentriebwerken. Der seit kurzem bei Heinkel tätige Wissenschaftler Hans Joachim Pabst von Ohain wiederum konzentrierte sich auf Turbinenluftstrahltriebwerke. Das führte zum Triebwerk HeS 3 für das ab 1938 entwickelte Experimentalflugzeug Heinkel He 178. Mit dem Erstflug am 27. August 1939 auf dem Werkflugplatz Marienehe erhob sich das weltweit erste mit einer Strahlturbine versehene Flugzeug in die Luft. Die erzielten Fluggeschwindigkeiten zeigten dabei den unbestreitbaren Vorteil gegenüber Kolbenmotorflugzeugen auf. Der He 178 selbst war seitens des Reichsluftfahrtministeriums keine Zukunft beschieden, der modifizierte zweite Prototyp ging daher nicht in die Flugerprobung. Zumindest der erste Prototyp verblieb nach einem Dutzend absolvierten Testflügen im Rostocker Flugzeugwerk und wurde dort in den Kriegsjahren bei einem Luftangriff zerstört. Das Interesse der RLM konzentrierte sich damals angesichts der bahnbrechenden Antriebstechnologie auf die Nachfolgeentwicklung, das zweistrahlige Versuchsjagdflugzeug He 180. Im September besichtige das RLM Atrappen des nun als He 280 bezeichneten Musters, das sich insbesondere durch das ungewöhnliche Dreipunktfahrwerk mit einem Bugrad auszeichnet. Der Erstflug erfolgte schließlich 1941 und die Auslegung ließ schon die späteren konstruktiven Merkmale der Messerschmitt Me 262 erkennen, die schließlich gegenüber der He 280 das Rennen machte. In jener Zeit existierten vermutlich neun Versuchsmuster der He 280. Ein Triebwerk Heinkel HeS 3 befindet sich als nachgebautes Schnittmodell im Deutschen Museum in München.

Ein originalgetreuer Nachbau der Heinkel He 178 hängt seit einigen Jahren im Fluggastterminal des Zivil- und Militärflugplatzes Rostock-Laage an der Decke. Auch das 2012 eröffnete phanTECHNIKUM in Wismar verfügt über einen, sehr einfach gehaltenen, Nachbau der He 178. Zudem geht das Museum auf die Technikgeschichte in Mecklenburg-Vorpommern ein, was das Wirken der drei großen Flugzeughersteller in der Region, Arado, Dornier und Heinkel, einschließt. In Erinnerung des Erstfluges befindet sich seit 1995 ein in privater Initiative aufgestellter Findling mit Gedenktafel auf dem ehemaligen Gelände des Werkflugplatzes in Rostock-Marienehe.

Der Gedenkstein an der Rostocker Industriestr. 14 erinnert an den Erstflug eines Strahlflugzeuges in Deutschland, 2008

4.3.4 Horten Ho 229 in Göttingen und Gotha

Deutsches Zentrum für Luft- und Raumfahrt
Bunsenstraße 10, 37073 Göttingen, Deutschland

www.dlr.de/dlr/desktopdefault.aspx/tabid-10256

Gothaer Fahrzeugtechnik GmbH
Fliegerstraße 5, 99867 Gotha, Deutschland

www.gftgotha.de

GPS: 51°32'31.4"N 9°53'35.5"E (Flugzeughalle, Göttingen)
GPS: 51°31'30.7"N 9°52'53.3"E (Autobahnmeisterei, Grone)
GPS: 50°51'35.5"N 10°34'29.5"E (Tischlereiwerkstatt Ortlepp, Friedrichroda)
GPS: 48°55'13.8"N 9°07'37.5"E (Möbelfabrik May, Tamm)

Die Brüder Horten schlugen mit ihren Nurflüglern eine Richtung im militärischen Flugzeugbau ein, die auch heute noch Bestand hat. Ihr erster Nurflügler, der Segler Ho I, flog erstmals 1933. Ab Ende 1942 konzentrierten sich die Arbeiten im niedersächsischen Göttingen. Der 1934 dort errichtete Fliegerhorst bot ab 1937 auch der Aerodynamischen Versuchsanstalt Platz, die eine notwendige Unterstützung darstellte. Im Frühjahr 1943 legten die Horten-Brüder ihr Angebot zum strahlgetriebenen Jagdbomber Ho IX im RLM vor. Mit Verzögerung folgte im September der Entwicklungsauftrag für drei Prototypen, die Horten Flugzeugbau GmbH wurde gegründet und das Sonderkommando IX aufgestellt. Der Zusammenbau erfolgte in der gut 2 Kilometer vom Fliegerhorst entfernten Autobahnmeisterei Grone. Der erste Prototyp hob am 5. März 1944 von einer Heinkel He 45 geschleppt zum Erstflug ab. Weitere Flüge erfolgten im April in Oranienburg, von einer Heinkel He 111 geschleppt. Die für den zweiten Prototyp vorgesehenen BMW-Strahltriebwerke blieben aus, die alternativ verwendeten Jumo 004 machten aufgrund ihrer Dimensionen eine Umkonstruktion erforderlich. Schon im Sommer 1944 ging eine Bestellung an den Klemm-Flugzeugbau in Böblingen, die dann die Möbelfabrik May in Tamm übernahm. Die Endmontage sollte die Gothaer Waggonfabrik in Thüringen durchführen. Kurz vor dem Jahreswechsel gelangte der zweite, nun vollständig montierte und sowohl als Ho IX wie auch als Ho 229 bezeichnete Prototyp zum Werk- und Erprobungsplatz Oranienburg. Dort hob es am 2. Februar 1945 als weltersterstrahlgetriebener Nurflügler zum ab, stürzte jedoch wenig später beim dritten Flug ab. Das Sonderkommando IX verlegte daraufhin zurück nach Göttingen, der erste Prototyp zum Fliegerhorst Brandis, wo er bis Kriegsende verblieb.Nachdem dem Projekt zwischenzeitlich weitere Unterstützung zuteil geworden war, fiel im März die Entscheidung, die Produktion der Ho 229 nicht aufzunehmen. Mitte April eroberten amerikanische Truppen den in der Außenstelle (Tischlerei Ortlepp) der Gothaer Waggonfabrik in Friedrichroda im Bau befindlichen dritten Prototyp, der dann als Kriegsbeute in die USA gelangte und dort mindestens einmal vollständig montiert wurde. Seit 2014 wird das im Depot des National Air and Space Museum in Washington abgestellte Flugzeug restauriert.

In diesem Zustand wurde die Horten Ho IX V3 im thüringischen Friedrichroda von US-Truppen erbeutet, 1945

Montage der Horten Ho IX V2 in der Straßenmeisterei Grone bei Göttingen, 1944

Der erste Prototyp der antriebslosen Horten Ho IX auf dem Fliegerhorst Göttingen, 1944

4.3.5 Bachem Ba 349 auf dem Truppenübungsplatz Heuberg

Militärgeschichtliche Sammlung Kaserne Lager Heuberg, Gebäude 73
Hardtstraße 58, 72510 Stetten am kalten Markt, Deutschland

www.mgs-stetten-jimdo.com

GPS: 48°37'40.0"N 9°29'54.0"E (Startstellung Kirchheim)

Flugzeug, Rakete, Objektschutzjäger und Verschleißgerät, von allem etwas fand sich in der Ba 349, auch Natter genannt, wieder. Der erste bemannte senkrecht ausgeführte Raketenstart der Weltgeschichte ging bei der Erprobung tödlich für den Piloten aus, schlussendlich ein Ergebnis verzweifelter Versuche, die Luftüberlegenheit über Deutschland zurückzuerlangen. Auch wenn sich der weitere Kriegsverlauf im Spätsommer 1944 bereits abzuzeichnen begann, forderte das RLM einen Objektschutzjäger zur Abwehr der alliierten Luftangriffe. Zudem unkompliziert in Massen herstellbar, als Verschleißgerät ausgelegt, teilweise wiederverwendbar und durch den Piloten einfach bedienbar. Der Auftrag ging schließlich im September 1944 an die im Februar 1942 im württembergischen Bad Waldsee gegründete Bachem-Werk GmbH, die als Teilelieferant für die Luftrüstungsindustrie vom Kriegsverlauf profitierte. Das Projekt BP 20 stellte ein geradezu winziges Fluggerät dar, das von einem Flüssigkeitsraketentriebwerk Walter HWK 109-509A angetrieben und mit ungelenkten Luft-Luft-Raketen oder Maschinenkanonen bewaffnet innerhalb einer Minute auf über 10 Kilometer Höhe steigen und dort in maximal zwei Anflügen Bomber bekämpfen sollte. Es wurden mehrere Versuchsmuster gebaut und erprobt. Die Tragschlepperprobung unter bzw. hinter einer He 111 erfolgte bemannt im November in Neuburg an der Donau sowie unbemannt im Mistelschlepp über dem Truppenübungsplatz Heuberg bei Stetten, die ersten unbemannten Senkrechtstarts, lediglich mit Schmidding-Starthilfsraketen ausgerüstet, im Dezember ebenfalls von dort aus in der Startstellung Ochsenkopf. Der bemannte Erstflug am 1. März 1945 mit der PB 20 M23 endete für den Piloten tödlich. Eine erste Startstellung mit drei Startplätzen im Jesinger Hasenholz bei Kirchheim unter Teck war gerade fertiggestellt, als die amerikanischen Truppen die Region Mitte April 1945 eroberten. Zudem gelangten mehrere Ba 349 als Beute in die USA und sind dort heute ausgestellt. Von den drei Startplätzen bei Kirchheim blieb einer als Kleindenkmal in Originallage erhalten, für dessen Erhalt

Erhaltenes Fundament der Mastlafette in der Startstellung bei Kirchheim, 2016

sich der örtliche Verschönerungsverein einsetzt. In der Kaserne Lager Heuberg informiert die Militärgeschichtliche Sammlung der Bundeswehr Stetten über die Garnisonsgeschichte und thematisiert die Erprobung der Ba 349 auf dem Ochsenkopf. Das Fundament des Startplatzes blieb bis heute erhalten, im Nahbereich erinnert eine Gedenktafel an den Erstflug. Weitere Fragen zur Besichtigung des Ochsenkopfes werden grundsätzlich über die MGS (Telefon 07573-5041009) geklärt.

Nachgestellte Szenerie des Erstfluges in der Militärgeschichtlichen Sammlung Stetten, 2016

Eine erbeutete Bachem Ba 349 auf einer Ausstellung im britischen Farnborough, 1946

Gedenkstein zur Erinnerung an den misslungenen Erstflug auf dem Truppenübungsplatz Heuberg, 2017

4.4 Heinkel He 162

4.4.1 Entwicklung und Erprobung

Das durchaus als klein zu bezeichnende Jagdflugzeug Heinkel He 162 ist vermutlich als genau jenes Geheimprojekt des Zweiten Weltkrieges in die Geschichte eingegangen, das innerhalb der kürzesten Zeit entwickelt, erprobt und produziert wurde und schließlich auch zum Einsatz kam. Im Sommer 1944 forderte das RLM im Rahmen ihres Jägernotprogramms schnellstmöglich ein Jagdflugzeug, welches unter den Bedingungen der zunehmenden Materialknappheit möglichst einfach und schnell, insbesondere durch den Einsatz von Zwangsarbeitern herzustellen und folglich in Massen von der Luftwaffe eingesetzt werden konnte, um die alliierten Bomberverbände abzufangen. Der im September an Heinkel erteilte Auftrag, führte in Rekordzeit schon im Folgemonat zum Baubeginn des ersten Prototyps. Der Erstflug mit einem Strahltriebwerk BMW 003 auf dem Rumpfrücken erfolgte bereits am 6. Dezember 1944 auf dem Fliegerhorst Schwechat bei Wien. Die Erprobung in Rechlin (> Rechlin) und Lechfeld, die vielerorts anlaufende Serienproduktion und die Umschulung der zukünftigen Flugzeugführer in Parchim und Ludwigslust gingen Anfang 1945 ineinander über. Die Produktion war erheblich dezentralisiert, unter den Bedingungen der durch den Luftkrieg immer weiter eingeschränkten verkehrlichen Infrastrukturen geradezu zersplittert. Über 100 He 162 hatte die Luftwaffe von den verschiedenen Herstellern übernommen, ein Teil davon ab April 1945 auf dem Fliegerhorst Leck einsatzfähig konzentriert.

Laut Bildmarkierung wurde diese Heinkel He 162 in Kassel-Waldau fotografiert. Das Flugzeug wurde im Mai 1945 von britischen Truppen auf dem Fliegerhorst Leck erobert.

4.4.2 Wien-Schwechat

Flughafen Wien-Schwechat
Abflugstraße, A-1300 Schwechat, Österreich

GPS: 48°07'15.5"N 16°33'41.1"E

Durch die zunehmende Bombardierung der Stadt Rostock im Norden des Deutschen Reiches wurde das Heinkel-Konstruktionsbüro 1942 schrittweise nach Wien-Schwechat verlagert. Der als »Luftwaffenstützpunkt Schwechat-Ost« ab 1938 erbaute Fliegerhorst, bot mit seinen 6 großen Flugzeughallen eine perfekte Vorrausetzung, um dem Konstruktionsbüro sowie einer Vorserienproduktion genügend Platz zu bieten. Die Landebahnen wurden auf 1500 Meter verlängert und befestigt sowie eine Einschussanlage errichtet. In direkter Nachbarschaft wurde das KZ-Außenlager »Schwechat II« errichtet, um auch hier die Arbeitskräfte von Häftlingen des Konzentrationslagers Mauthausen auszunutzen. Neben der Produktion des He 219 wurde der Platz zur Keimzelle des »Volksjägers« He 162. Das nunmehr als Heinkel-Süd bezeichnete Werk forcierte die Planungen eines »schnellen Strahljägers« mit einer oder zwei Turbinen. Nach mehreren Entwürfen setzten sich die Heinkel-Werke gegen andere Flugzeughersteller durch. Die Flugerprobung eines flugfähigen Musters der He 162 erfolgte am 6. Dezember 1944. Nach der Erprobung mehrerer Vorserienmodelle war die Serienproduktion des einstrahligen Jägers für Januar 1945 vorgesehen. Im Verlauf des Jahres 1945 sollten knapp 9000 fertige Flugzeuge vom Typ Me 162 an die Luftwaffe übergeben werden. Doch letztlich wurden bis zum 8. Mai 1945 nur 200 bis 250 Maschinen fertiggestellt. Nach Ende des Krieges wurde der Platz vorerst von den Briten und den französischen Streitkräften genutzt und anschließend schrittweise für zivile Zwecke umgebaut, beziehungsweise erweitert. Neben einer Halle erinnern heute nur noch zwei ehemalige Verwaltungsgebäude an die einstige Nutzung als Flugzeugwerk.

In der Region kann die Geschichte der militärischen Luftfahrt sowohl im Technischen Museum Wien, im Heeresgeschichtlichen Museum mit seiner Militärluftfahrtausstellung in Zeltweg anschaulich nachvollzogen werden. Zahlreiche Großexponate aus unterschiedlichen Epochen, die Dauerausstellungen aber auch Sonderausstellungen widmen sich verschiedenen Facetten.

Heute erinnern auf dem Verkehrsflughafens Wien-Schwechat nur noch wenige Spuren an die einstige Nutzung als Flugzeugwerk, 2011

4.4.3 U-Verlagerung »Languste«

Seegrotte Hinterbrühl Schaubergwerk
Grutschgasse 2a, A-2371 Hinterbrühl, Österreich
www.seegrotte.at

GPS: 48°05'10.2"N 16°15'26.9"E

Die ab 1932 als Schaubergwerk betriebene Seegrotte wurde ab 1943 teilweise als bombensicherer Lagerort für Kulturgüter umgewidmet. Letztlich erfolgte im letzten Kriegsjahr eine Beschlagnahmung des einstigen Gipsbergwerkes durch die deutsche Wehrmacht, um diese in eine unterirdische Flugzeugfabrik umzuwandeln. Der riesige fast 6200 Quadratmeter große unterirdische See wurde dazu vollständig abgepumpt, der Boden eben betoniert und die Anlage baulich so erweitert, dass nach der Fertigstellung auch die Befahrung mit großen LKW's möglich sein sollte. Ab Herbst 1944 erfolgte hier durch den Einsatz von zeitgleich bis zu 600 Zwangsarbeitern eine Teilfertigung der He 162. Die vorproduzierten Flugzeugbauteile (zumeist Rümpfe) wurden von hier aus nach Schwechat transportiert, um dort die einsatzfähigen Flugzeuge schneller fertig zu stellen.1944/45 wurden in der U-Verlagerung Languste 198 Flugzeugrümpfe hergestellt. Durch den Vormarsch der Roten Armee versahen die Mitarbeiter eines Sprengkommandos die Zugänge zum System mit sieben schweren Bomben. Deren teilweise Zündung zerstörte zahlreiche Bereiche der unterirdischen Anlage.

Nach dem Rückbau der noch vorhandenen baulichen Einrichtungen im Namen der Roten Armee, konnte das Besucherbergwerk ab 1948 wiedereröffnen.

Heute erinnert im Untergrund eine kleiner Gedenkort an die hier eingesetzten und ums Leben gekommenen Zwangsarbeiter sowie eine kleine Ausstellung zur He 162 Produktion mit ausgestellten Originalbauteilen. Europaweit wurden bis 1945 unzählige Höhlen, Stollen und Tunnel für die Rüstungsindustrie genutzt. Durch die kurzzeitige und zumeist provisorische Umnutzung sind die entsprechenden Planungsunterlagen und späteren Produktions- und Einsatzdokumente bis heute nur lückenhaft erhalten. Daneben bleibt auch das Schicksal der meisten Zwangs- und Fremdarbeiter ungeklärt. Doch letztlich konnten all die Anstrengungen den Verlauf des Krieges nicht verändern, sondern steigerten in der Regel Krankheit, Leid und den Tod der hierher verschleppten Arbeitsklaven.

Flugzeugteile und Werkzeuge aus der Fertigung der Heinkel He 162 sind im Schaubergwerk Hinterbrühl ausgestellt, 2012

4.4.4 Rüstungsstandort Fliegerhorst Barth

Dokumentations- und Begegnungsstatte Barth
Bleicherwall 1b, 18356 Barth, Deutschland
www.dok-barth.de

GPS: 54°21'55.3"N 12°43'29.1"E

Der am 1. Juni 1936 feierlich in Dienst gestellte Fliegerhorst Barth wurde in den folgenden Jahren baulich stark erweitert und nach Ausbruch des Zweiten Weltkrieges teilweise zu einem Rüstungsstandort umfunktioniert. Nach der Stationierung einer Sturzkampfbomber-Gruppe (1938 bis zum Beginn des Kriegs im September 1939) diente der Platz ab 1940 der Ausbildung von verschiedenen Luftwaffeneinheiten. Durch einen hohen Ausstoß der Heinkel-Flugzeugwerke Rostock nach Beginn des Zweiten Weltkrieges, wurden in Barth auch zahlreiche fertigproduzierte Flugzeuge bis zur Auslieferung zwischengelagert. Durch die zunehmenden Bombardements der Rüstungsstandorte wie Rostock, begann man ab 1942 auch in den Flugzeughallen von Barth unter Einsatz von Zwangsarbeitern mit der Endmontage von verschiedenen Flugzeugtypen. Ein eigens gesichertes Areal in der angrenzenden Kaserne wurde zur provisorischen Unterbringung der Zwangsarbeiter genutzt; dieses Lager trug die Tarnbezeichnung »Müllerwerke«. Zwischen 6000 und 7000 Personen kamen ab 1943 aus verschiedenen Konzentrationslagern, zum Beispiel Ravensbrück, Dachau, Buchenwald, Neuengamme und Sachsenhausen in Barth zum Einsatz. In den letzten Monaten des Krieges zählte der Verlagerungsbetrieb in Barth zu einem der wichtigsten Produktionsstandorte des sogenannten »Volksjägers« He 162.

Heute erinnert an der Chausseestraße eine Mauer mit der Inschrift »Mahnmal Barth« an das traurige Kapitel der Stadt. In einer Grünanlage befindet sich an einem betonierten Appellplatz ein 20 Meter hoher Turm sowie eine gemauerte Wand, die an eine Barackenwand erinnern soll. An ihr sind vier Tafeln aus Bronze angebracht, die den Themen Folter, Solidarität, Widerstand und »Befreiung« gewidmet sind. Die Ausstellung der Dokumentations- und Begegnungsstätte Barth informiert über die Geschichte des Orts während der NS-Zeit. Daneben erinnert ein Lehrpfad mit mehreren Infostelen auf dem ehemaligen Lagergelände an das einstige KZ-Außenlager.

Eingangsbereich des Erinnerungsortes / Mahnmal KZ Barth, 2015

4.4.5 Waldwerk »Robert«

Lehrpfades gegen das Vergessen
Schwarzenpfost, 18182 Rovershagen, Deutschland

GPS: 54°11'33.9"N 12°16'20.9"E

Neben der Verlagerung der Heinkel-Werke nach Wien und Barth entstanden weitere dezentrale Werke zur Teilproduktion. Diese wurden in abgelegenen Wäldern oder im Untergrund angelegt. Die Umgebung von Rostock stellte aber bis Ende des Zweiten Weltkrieges ein wichtiges Zentrum der nationalsozialistischen Flugzeugindustrie dar. In den letzten Monaten des Krieges zählten knapp 40 Klein- und Mittelbetriebe in ganz Mecklenburg zur Lieferkette der Heinkel-Flugzeugwerke. Zu einem der größeren Standorte zählte das sogenannte Waldwerk »Robert« bei Schwarzenpfost / Gelbensande, genau zwischen Rostock und Ribnitz-Damgarten gelegen. Der Auf- und Ausbau der Anlage auf einem 97 Hektar großen Areal wurde durch Häftlinge und Zwangsarbeiter ausgeführt. Das dazugehörige Zwangsarbeiterlager war zwischen Juli 1943 und April 1945 von etwa 1000 Personen belegt. In dem Waldwerk wurden zahlreiche Bauteile für unterschiedliche Flugzeugtypen darunter die He 111, die Bf 109 sowie He 219 produziert.

Ab Herbst / Winter 1944 erfolgte eine vollständige Teilproduktion von Baugruppen für die He 162. In einer komplexen Fertigungskette wurden an unterschiedlichen Standorten die Komponenten der als kriegswichtig eingestuften Flugzeuge vorgefertigt um dann an zentraleren Standorten wie der Seegrotte Hinterbrühl (> Hinterbrühl) oder im unterirdischen Kali-Bergwerken Tarthun (> Tarthun) bei Magdeburg endmontiert zu werden. Die Feinjustierung und der Einflug der He 162 erfolgte dann in Wien-Schwechat.

Der heutige »Lehrpfad gegen das Vergessen« informiert über die kurzzeitige Nutzung des Areals als Rüstungsstandort. Ein kleiner Waldweg an der Bundesstraße 105 führt zwischen Rövershagen und Gelbensande zur kleinen Gedenkstätte, die nur zu Fuss oder mit dem Fahrrad erreichbar ist. Neben mehreren Gebäude- und Fundamentresten informiert eine Informationstafel über die Geschichte. Am Standort des einstigen Unterkunftslagers in Oberhagen existiert bis dato kein Hinweis an dieses Kapitel der Geschichte.

Lehrpfad gegen das Vergessen im Wald bei Schwarzenpfost, 2013

4.5 Messerschmitt P.1101 in Oberammergau

Am Rainenbichl, 82487 Oberammergau, Deutschland

GPS: 47°35'31.7"N 11°05'00.9"E
(ehem. Hötzendorf-Gebirgsjägerkaserne)

Die Forderung des RLM Mitte 1944 nach modernen einstrahligen Jagdflugzeugen im Rahmen des sogenannten Jägernotprogramms führte bei Messerschmitt zu mehreren Projektstudien. Am zukunftsweisenden erwies sich hierbei das Projekt 1101, ein experimentelles Jagdflugzeug mit Schwenkflügeln. Die Verstellung der Flügelpfeilung zwischen 35° und 45° hätte aber zunächst am Boden vor dem Start stattfinden müssen. Als Antrieb war die Strahlturbine Heinkel HeS 011 vorgesehen, ein neues schubstarkes Triebwerk, das die Leistungen der Jumo 004 und BMW 003 übertroffen hätte. Bei Messerschmitt wurde in der zweiten Jahreshälfte 1944 intensiv an der Fertigstellung der Prototypen gearbeitet. Die Konstruktionssabteilung der Messerschmitt AG aus Augsburg war spätestens ab November 1944 in Oberammergau tätig. Die dortige Einrichtung lief unter dem Tarnbegriff Oberbayerische Forschungsanstalt und befand sich in der einige Jahre zuvor für Luftrüstungzwecke umfunktionierten, 1935 gebauten Hötzendorf-Kaserne, am Ortsrand. Amerikanische Truppen eroberten die Kaserne Ende April 1945 und entdeckten in deren Randlage den leicht beschädigten ersten Prototypen des Messerschmitt-Projektes 1101. Das zu diesem Zeitpunkt zu etwa 80 Prozent fertig- gestellte Flugzeug war lediglich mit einem Mockup des Heinkeltriebwerkes versehen. Die Amerikaner machten hier reiche Beute und transportierten alles in die Heimat ab. Die Bell Aircraft Company erhielt 1948 das Flugzeug und rüstete es in Buffalo, New York, mit einem Allison-Strahltriebwerk J-35 aus und erprobte es entsprechend. In deutlicher Anlehnung an die Messerschmitt P.1101 erhob sich dann 1951 der Prototyp des Experimentalflugzeuges Bell X-5 in die Luft. Da sich die Tragflächen nun auch in der Luft verstellen ließen, gilt dieses Flugzeug als welterster strahlgetriebener Schwenkflügler. Seit 1958 befindet sich einer der beiden verbliebenen Prototypen der Bell X-5 auf der Wright-Patterson Air Force Base in Dayton, Ohio. Die einstige Hötzendorf-Kaserne in Oberammergau diente nach Kriegsende zunächst der US Army zu Ausbildungszwecken, seit 1974/75 befindet sich hier eine Bundeswehrverwaltungsschule und die sogenannte NATO School, ein Schulungs- und Ausbildungszentrum.

Zum Kriegsende existierte von der Messerschmitt P.1101 ein unfertiges Einzelexemplar, das in Oberammergau erbeutet wurde, 1945

5. FERNWAFFEN

5.1 Flügelbombe Fieseler Fi 103

Die in den Gerhard-Fieseler-Werken in Kassel entwickelte Waffe Fieseler Fi 103 gilt heute als erster Marschflugkörper der Welt. Die Entwicklungen dieser neuartigen Waffe begannen im Sommer 1942, zwei Jahre später war die Serienreife dieser Fernwaffe, die auch die Tarnbezeichnung Flakzielgerät 76 / FZG 76 trug, erreicht. Mit dem Erreichen der Einsatzfähigkeit setzte sich für das unbemannte und sprengstoffbeladene Flugzeug die zynische Bezeichnung »Vergeltungswaffe 1« (V1) in der NS-Propaganda durch. Als Antrieb fungierte das Verpuffungsstrahltriebwerk As 014 der Firma Argus, das der Fernwaffe das charakteristischen knatternde Geräusch verlieh. Ab dem Herbst 1942 standen erste Versuchsmuster zur Verfügung, die auf der Insel Usedom in der Erprobungsstelle der Luftwaffe Peenemünde-West (> Peenemünde) auf eigens dafür errichteten Startrampen getestet und zur vollständigen Serienreife gebracht wurden. Bei einer Reichweite von 250 bis 280 Kilometern und einer Fluggeschwindigkeit von knapp 630 Stundenkilometern brachte die Flügelbombe einen Gefechtskopf von 850 Kilogramm in das feindliche Ziel. Für den Abschuss waren besondere Startrampen notwendig. Die 48 Meter langen und bis zu 6 Meter hohen sogenannten Walter-Schleudern basierten auf den Entwürfen des Unternehmers Hellmuth Walter. Nur durch dieses spezielle Verfahren erreichte die Fi 103 die benötigte Startgeschwindigkeit von knapp 350 Kilometern pro Stunde. Ein Dampferzeuger zersetzte Wasserstoffsuperoxyd mit einem Katalysator (zum Beispiel Kalzium), der rasant steigende Druck wurde auf den Startkolben übertragen, der die Fi 103 auf der Schleuder in knapp einer Sekunde extrem beschleunigte. Startschlitten und Kolben wurden nach einem Start einfach wiederverwendet. Später entstanden weitere Startmöglichkeiten und ab Mai 1944 folgte der Einsatz von entsprechend ausgestatteten Flugzeugen. Wie bei der A4 war aufgrund der sehr geringen Treffgenauigkeit im Umkreis von zwölf Kilometern die Bekämpfung eines bestimmten Ziels durch eine Fi 103 nicht möglich. Deswegen wurden feindliche Ziele mit dem Einsatz von mehreren Flügelbomben angegriffen. Es wurden dabei vornehmlich keine militärischen Ziele ins Visier genommen, als vermeintliche Vergeltung für die alliierten Luftangriffe wurde die Bevölkerung Londons und weiterer Ballungsgebiete in Angst und Schrecken versetzt. Der erste Angriff fand in den frühen Morgenstunden des 13. Juni 1944 auf London statt. Durch den Einmarsch der Alliierten in Nordfrankreich musste sich aber auch der Einsatz der Fi 103 schrittweise verlagern. Deswegen wurden auch die Städte Brüssel und Antwerpen, in denen etwa 20.000 Menschen ums Leben kamen, zum Ziel. Anders als bei der A4, die aufgrund ihrer Geschwindigkeit keine große Vorwarnzeit zuließ, ermöglichte die Fi 103 wegen ihrer geringen Fluggeschwindigkeit eine gewisse Vorwarnzeit für die Bevölkerung bei einem bevorstehenden Angriff. Durch Flak, Abfangjäger, Sperrballone, aber auch durch Flugmanöver mutiger Piloten konnten die Alliierten über die Hälfte der abgeschossenen Flügelbomben aufhalten. Bis zum Frühjahr 1945 wurden an den verschiedensten Standorten rund 30.000 Fi 103 gebaut. Zum Ende des Zweiten Weltkrieges sollte eine perfide Weiterentwicklung der Fi 103 zum Einsatz kommen. Eine bemannte Version dieser Waffe wurde als »Vergeltungswaffe 4« (V4) bezeichnet. Als Tarnname erhielt das Projekt den Namen Reichenberg-Gerät. Mit diesen 650 Stundenkilometer schnellen kleinen Flugzeugen mit einer Reichweite bis zu 330 Kilometern sollten kamikazegleiche Einsätze gegen alliierte Bomberverbände, aber auch gegen Punktziele geflogen werden. Eine Entwicklung dieser Waffe fand auch auf der Erprobungsstelle Rechlin-Lärz statt (> Rechlin). Doch letztlich wurde das Vorhaben nach der Invasion der Alliierten in der Normandie aufgegeben. Die schon knapp 200 fertigen Exemplare des Reichenberg-Gerätes (vornehmlich in der Luftmunitionsanstalt Neu Tramm eingelagert) kamen nicht zum Einsatz.

Eine V1 kurz vor dem Verlassen des Startkatapults, nachgestellt im französischen Museum Le Blockhaus D'Eperlecques, 2010

Szene des Abfangvorgangs einer V1 durch eine Supermarine Spitfire LF Mk.IXc im niederländischen National Military Museum auf dem Soesterberg Air Base Park, 2017

Mit 38-cm-Schiffsgranate bestückte Reichenberg 4a auf einer Beute- und Demonstrationsveranstaltung in Antwerpen, 1945

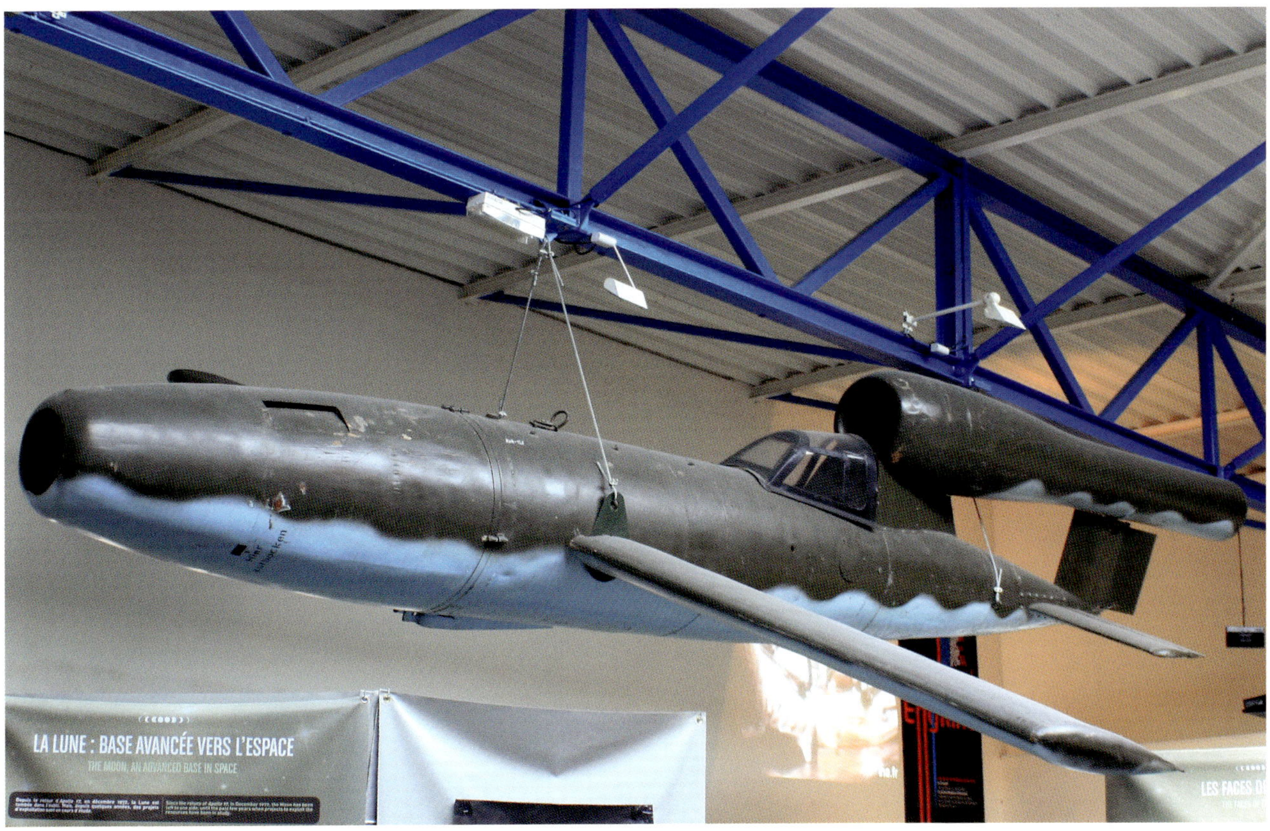

Der gleiche nunmehr »verbastelte« Flugkörper im Eingangsbereich des Museums La Coupole, 2009

Modell einer Fi 103 im Deutschen Technikmuseum Berlin, 2015

Transport einer Fieseler Fi 103 zur Startrampe, 1944

5.1.1 Volkswagenwerk, Wolfsburg

Erinnerungsstätte zur Geschichte der Zwangsarbeit
im Volkswagenwerk
38436 Wolfsburg, Deutschland

GPS: 52°25'53.4"N 10°46'13.8"E

Das ab 1938/39 in unmittelbarer Nähe der heutigen Stadt Wolfsburg aufgebaute Volkswagenwerk sollte ursprünglich zur allgemeinen Motorisierung der Bevölkerung dienen. Hier sollte nach US-amerikanischem Vorbild das auch als KdF-Wagen bezeichnete Fahrzeug gebaut werden, welches nach Fertigstellung für 990 Reichsmark zu erwerben sein sollte. Dieses war eines der wichtigsten Projekte der nationalsozialistischen Gemeinschaft »Kraft durch Freude« (KdF), einer Unterorganisation der nationalsozialistischen Einheitsgewerkschaft »Deutsche Arbeitsfront« (DAF). Die Planungen sahen vor, dass mit der Fertigstellung aller Ausbaustufen des Fahrzeugwerkes jährlich 1,5 Millionen Fahrzeuge produziert werden konnten. Für das Heer der Belegschaft und deren Familien wurde eigens eine neue Stadt errichtet. Die nach etwa zwei Jahren Bauzeit in Teilen vollendete Automobilfabrik wurde aber mit Ausbruch des Krieges sofort auf die Rüstungsindustrie umgestellt. Fortan wurden keine zivilen, sondern nur noch militärische Fahrzeuge und andere Rüstungsgüter hergestellt. Mehr als 50.000 Exemplaren des VW-Kübelwagens, der bei der Wehrmacht und der SS eingesetzt wurde, verließen das Werk. Das Werk fungierte aber auch als Zulieferbetrieb der Flugzeugindustrie. Daneben diente die Halle 1 ab 1943 als geheime Endmontagestätte der Fi 103. Wie auch in anderen Werkteilen wurden für die Montage der Fi 103 Zwangsarbeiter eingesetzt. Deren Zahl wird bis Ende des Krieges insgesamt 20.000 betragen. Die Häftlinge wurden je nach Herkunftsland sehr unterschiedlich entlohnt, behandelt und untergebracht. Auch das Automobilwerk wurde zum Ziel der alliierten Bomberverbände. Für die Beschäftigten standen auf dem Gelände zahlreiche Luftschutzanlagen zur Verfügung. Die Zwangsarbeiter und KZ-Häftlinge, die bei der Produktion der Fi 103 eingesetzt waren, durften aus Sicherheits- und Geheimhaltungsgründen nicht mit anderen Arbeitern oder Häftlingen zusammenkommen. Die als »Stadt des KdF-Wagens bei Fallersleben« bezeichnete Siedlung wurde am 25. Mai 1945 in Wolfsburg umbenannt. Das Werk wurde zum Standort der Volkswagen AG bestimmt. Das Unternehmen stieg in den folgenden Jahrzehnten gemeinsam mit ihren Tochterfirmen zum größten Automobilhersteller Europas auf.

Seit den 1990er-Jahren informiert die »Erinnerungsstätte an die Zwangsarbeit auf dem Gelände des Volkswagenwerks« an das Schicksal der hierher verschleppten Menschen. Die Dauerausstellung kann nur nach Anmeldung (+49 (0)5361 925 667 / history@volkswagen.de) besichtigt werden.

Die Fabrikhallen des Volkswagenwerkes bei Fallersleben dienten nach Beginn des Zweiten Weltkrieges als wichtiger Standort der Rüstungs-industrie, 1939

5.1.2 Mittelwerk des Konzentrationslagers Mittelbau-Dora, Nordhausen

KZ-Gedenkstätte Mittelbau-Dora
Kohnsteinweg 20, 99734 Nordhausen, Deutschland
www.dora.de

GPS: 51°32'01.3"N 10°45'09.0"E (Gedenkstätte)
GPS: 51°32'05.8"N 10°45'25.9"E (Besucherstollen)

Nach den alliierten Luftangriffen auf Peenemünde im August 1943 begann man zuerst die Serienfertigung der A4 in unterschiedliche luftschutzsichere Anlagen zu verlagern. Zum wichtigsten Komplex zählten zu diesem Zeitpunkt bereits aufgefahrenen Stollen im Kohnstein, die nun erweitert und zu einem Rüstungswerk für die Endmontage der A4-Rakete ausgebaut wurden. Die Arbeiten konnten nur durch ein Heer an Arbeitssklaven umgesetzt werden, die in den ersten Monaten nach Übernahme der unterirdischen Anlage, da keine Baracken oder anderweitigen Unterkunftsgebäude zur Verfügung standen, auch im Stollen untergebracht waren. Erst mit dem Anlaufen der eigentlichen Produktion zum Jahresbeginn 1944 wurde ein oberirdisches Barackenlager mit etwa 70 Gebäuden, samt Häftlingskrankenhaus und Krematorium errichtet. Organisatorisch war das Lager bis zum Herbst 1944 als Außenlager des KZ Buchenwald geführt und wurde anschließend am 28. Oktober 1944 zum selbständig Konzentrationslager Mittelbau-Dora umgewidmet. Ab dem Sommer 1944 wurde in den unterirdischen Stollen auch die Flügelbombe Fi 103 im Kohnstein unter dem mörderischen Einsatz von Tausenden Zwangsarbeitern montiert. Das unterirdische Werk fungierte als wichtigste Produktionsstätte des nationalsozialistischen Fernwaffenprogamms. Daneben fungierten Hunderte Unternehmen, die zum Teil auch in unterirdischen Anlagen produzierten, als Zulieferbetriebe des als Mittelwerk bezeichneten Komplexes des Konzentrationslagers Mittelbau-Dora. Neben der eigentlichen Produktion wurde bis Mai 1945 die gesamte unterirdische Anlage baulich auf etwa 20 Kilometer ausgedehnt und mit weiteren zusätzlichen Stollenanlagen versehen. Das eigentliche Hauptsystem bestand aus den zwei knapp zwei Kilometer langen Hauptstollen, den sogenannten Fahrstollen, die durch zahlreiche Querstollen miteinander verbunden waren. Insgesamt standen im Mai 1945 für Rüstungszwecke mehr als 250.000 Quadratmeter zur Verfügung. Damit zählte die Anlage zu den damals größ-

Das unterirdische Mittelwerk des KZ Mittelbau-Dora wuchs zum wichtigsten Standort der Fernwaffenproduktion, 1945

ten unterirdischen Rüstungskomplexen. Die Bauarbeiten an den Stollen und die eigentliche Rüstungsproduktion wurden mit mehr als 60.000 Zwangsarbeitern aus 21 Nationen möglich. Nach Schätzungen verloren dabei im Kohnstein etwa 5000 Menschen durch die Arbeit im Stollen, die unzureichende Versorgung mit Lebensmitteln, Wasser und Medikamenten sowie aufgrund der katastrophalen Unterbringung ihr Leben.

Nachdem am 11. April US-Truppen das Konzentrationslager Mittelbau-Dora befreit hatten, begannen sie umgehend mit der Demontage der untertägigen Produktionseinrichtung und dem Abtransport der vorhandenen Raketenteile. Auch schon fertige Raketen fielen so den Amerikanern in die Hände. Nachdem die Rote Armee im Sommer 1945 Thüringen vollständig besetzt hatte, barg die sie die noch übrig gebliebenen Materialien aus dem Berg. Die in Nordhausen und dessen Umfeld geborgenen Fabrikationsanlagen, Bauteile und -gruppen, aber auch fertige Waffen dienten sowohl bei den US-Amerikanern als auch den Russen dem Aufbau eigener Waffensysteme. Bereits 1946 wurde in Nordhausen zum ersten Jahrestag der Befreiung am ehemaligen Krematorium des KZ Mittelbau-Dora ein Mahnmal errichtet. Nach der Gründung der DDR erfolgte 1966 der Aufbau der nationalen »Mahn- und Gedenkstätte Mittelbau-Dora«. Die DDR inszenierte sich an zahlreichen Orten als antifaschistischer Staat, gleichwohl betrieb das Land als Partner des Warschauer Paktes eine umfassende Wiederaufrüstung. Die Gedenkstätte wurde nach der Deutschen Einheit vollständig überarbeitet, seitdem informiert eine neue Dauerausstellung über das Leid und Schicksal der hier ums Leben gekommenen Häftlinge. Seit den 1990er-Jahren sind Teile des unterirdischen Stollensystems in das Gedenkstättenkonzept integriert.

Historische Stollenbezeichnung im einstigen unterirdischen Rüstungswerk, 2010

Ein kleiner Bereich der Stollenanlage kann heute als Erinnerungsort besichtigt werden, 2010

5.1.3 Ausbildungsstellung Zempin

Campingweg 1, 17459 Zempin, Deutschland

GPS: 54°04'21.7"N 13°55'56.5"E

Nach der Erprobung der Fieseler Fi 103 auf dem Flugplatz Peenemünde wurde zwischen Zempin und Zinnowitz im Sommer 1943 das Flak-Regiment 155 (W) aufgestellt, das unter Feld- bzw. Einsatzbedingungen die Flugbomben und deren Startrampen erproben sollten. Parallel fand neben der Erprobung auch eine Ausbildung der Soldaten statt, die später an der Front die Waffe gegen England und weitere Ziele in Stellung bringen sollten. Das Areal lag während des Zweiten Weltkrieges inmitten des Sperrgebietes um Peenemünde. Für die Arbeiten entstanden drei Stellungen. Wie auch mit der A4 wurde entlang der pommerschen Küstenlinie in Richtung der Danziger Bucht geschossen. Das Netz der zahlreichen Beobachtungsstationen, die sich entlang der Küste erstreckten, konnte dabei die gesamte Flugbahn verfolgen und vermessen. Der erste Start einer Fi 103 fand in Zempin am 26. Oktober 1943 statt. Ab Mitte Juni 1944 begann von Stellungen an der französischen Kanalküste aus der Einsatz gegen Ziele in England. Nach der regelmäßigen Bombardierung der Nordspitze der Insel Usedom ab Sommer 1943 durch die alliierten Luftstreitkräfte wurde nicht nur die Entwicklung und Erprobung der Flügelbombe an unterschiedliche Orte ausgelagert. Neben den Starts der A4 auf den Truppenübungsplätzen Heidekraut und Heidelager südlich der Stadt Danzig fanden auf dem Areal Heidelager auch Erprobungen der Fi 103 statt. Heute sind in Zempin zwei von ehemals drei Startrampen noch in Rudimenten erhalten. Mit der Erweiterung der Informationstafeln die auf dem Gelände der Denkmal-Landschaft Peenemünde aufgestellt wurden um über die Geschichte zu informieren, wurde auch am Standort der ehemaligen Feldstellung im Jahr 2016 eine Informationstafel aufgestellt. Auf der gegenüberliegenden Seite des Seebades Zempins befindet sich am Achterwasser ein weiterer historischer Ort der Raketenentwicklung. Ins Restaurant »Inselhof« kehrten bis Ende des Zweiten Weltkrieges mehrfach Wernher von Braun und weitere Wissenschaftler und Mitarbeiter aus Peenemünde ein. Auch heute erinnern Fotos der Raketenbauer im Eingangsbereich der Restauration an diese Zeit.

Vor Ort in Zempin informiert eine Informationstafel über die Geschichte des Areals. Der Rundweg Denkmallandschaft Peenemünde zählt inzwischen 23 Stationen.

Überreste einer Startrampe der Fieseler Fi 103 in der Ausbildungsstellung bei Zempin, 2008

5.1.4 Startstellung Fi 103 Morbecque / Nr. 623, Hazebrouck

D138, im Wald Bios des Huit-Rues, 59190 Wallon-Cappel, Frankreich

GPS: 50°42'38.5"N 2°29'29.8"E

Ab Sommer 1943 wurden in Nordfrankreich zwischen der Halbinsel Cotentin bis hin zur belgischen Grenze an 96 Standorten die erste Generation der Abschussplätze für die Fieseler Fi 103 errichtet. Bei den Bauarbeiten kamen je nach Standort belgische oder französische Arbeitskräfte, aber auch Zwangsarbeiter zum Einsatz. Die Abschussrampen der Marschflugkörper waren grob in Richtung London ausgerichtet. Daneben war jeder Standort bauähnlich und aus Gründen der Tarnung mit wenigen festen Gebäuden ausgestattet. Zu den wichtigsten zählte die Abschussrampe, die mit Mauern umgeben war. Daneben existierten u. a. Schutzräume für die Soldaten, Lager, ein Gebäude zur Vormontage der Flügelbombe, ein Zünderlager und das magnetfeldfreien Richthaus. Die Lagerung der Fi 103 erfolgte jeweils in drei 80 Meter langen und 4,30 Meter breiten skiförmigen Gebäuden. Wegen dieser Bauten und ihrer gleichartigen Architektur wurden die Standorte von den britischen Luftbildaufklärern auch als »Ski-Sites« bezeichnet. Anhand dieser Lagerbauten konnten alle Standorte durch die Auswertung von Luftbildern aufgeklärt werden. Nach dem Beginn der Bombardierung Londons am 13. Juni 1944 wurden bis zum 1. September 1944 von Nordfrankreich aus 8892 Fieseler Fi 103 gestartet. Rund 2300 erreichten ihr Ziel und töteten durch die Einschläge 6000 Menschen. Die Anlagen wurden mit der Aufklärung schnell zum Ziel der alliierten Luftstreitkräfte, weswegen die Wehrmacht die stationären Anlagen verließ und mobile, leichter zu tarnende Standorte bezog. Neben den Ski-Sites konnten die Alliierten die folgenden Bauwellen jederzeit nachvollziehen. Benannt nach den Orten der ersten Aufklärungen existierten Komplexe vom Typ Belhamelin und später vom Hottop-Typ. Doch mit dem Vormarsch der alliierten Streitkräfte und dem Rückzug der deutschen Truppen aus dem besetzten Land endete auch der Einsatz der Flügelbombe gegen Ziele in England.

Zahlreiche Gebäude sind auch heute noch erhalten. Ein ausgeschilderter Informationspfad führt im Wald Bios des Huit-Rues rund vier Kilometer südwestlich von Hazebrouck durch die gesamte Stellung und erläutert die Hintergründe und Funktionen der verlassenen Bauten.

Einer der erhaltenen Lagerbunker im Wald bei Hazebrouck, 2010

5.1.5 Feuerstellung »Wasserwerk Nr. 1«, Siracourt

Rue du Blockhaus, 62130 Siracourt, Frankreich

GPS: 50°22'27.8"N 2°16'05.5"E

Neben den Abschussstellungen der ersten Generationen (Ski-Sites) begann im Sommer 1943 im Hinterland des besetzten Landes entlang der Kanalküste der Bau von weitere Groß- und Sonderbauwerken. Unter der Bezeichnung »Wasserwerk Nr. 1« wurden riesige verbunkerte Basen errichtet. Unter einer mächtigen Halbschale aus Beton sollten die Arbeiten auf der Baustelle geschützt vonstattengehen. Nach den Baumaßnahmen stand ein 212 Meter langer Bunker zur Verfügung, der als Depot und Vorbereitungsbunker diente. An den Stirnseiten existierten je Ein- und Ausfahrten für eine Eisenbahn für den Transport der Waffen. Eine seitliche Öffnung etwa in der Mitte des 212 Meter langen und 42 Meter breiten Baukörpers war für den Startvorgang der Fi 103 vorgesehen. Die startbereiten Marschflugkörper wären dazu aus dem Bauwerk geschoben worden. Der Start wäre dann über eine herkömmliche Rampe erfolgt. Nachdem die Alliierten die Baumaßnahmen entdeckt hatten, wurde die Anlage im Juli 1944 bombardiert. Allein auf diese Baustelle wurden von den alliierten Luftstreitkräften 27 Hauptangriffe geflogen, bei der mehr als 5000 Tonnen an Bomben abgeworfen wurde. Auch wenn die Halbschale bereits mit einer Stärke von fünf Metern fertiggestellt war, wurden die Baumaßnahmen letztlich im Sommer 1944 eingestellt. Die Alliierten entwickelten aufgrund der immer mächtiger werdenden Bunkerdecken der Deutschen immer durchschlagsstärkere Waffen. Die 5,4 Tonnen schwere und mehr als sechs Meter lange Tallboy-Bombe war in der Lage, mehrere Meter dicke Stahlbetondecken zu durchdringen. Für das Objekt in Siracourt sind drei Einschläge dieser bunkerbrechenden Waffe dokumentiert. Die Schäden wurden teilweise ausgebessert. Das Erdreich ist unterhalb der Halbschale in den meisten Bereichen noch vorhanden. Nach der Komplettierung der Decke wäre das Erdreich aus dem Bunker vollständig abtransportiert worden, um nun die Bereiche zur Lagerung und Abschussvorbereitung zu schaffen. Für den folgenden Einsatz der neuartigen Fi 103 wurde sich in den folgenden Monaten nun auf den Auf- und Ausbau der zahlreichen kleineren und leicht zu tarnenden Abschussstellungen konzentriert. Der Bunker in Siracourt ist noch heute vorhanden und kann auf eigene Gefahr besichtigt werden. Eine kleine Informationstafel erinnert an seine Geschichte und die hier eingesetzten russischen Zwangsarbeiter.

Oberhalb des Bunkers wird die Dimension der Feuerstellung der Fieseler Fi 103 offenbar, 2010

Seitliche Öffnung im Bereich der Startrampe der Fieseler Fi 103, 2010

Durch eine massive Betondecke sollte die Anlage Schutz vor den alliierten Luftangriffen bieten, 2010

5.1.6 Feuerstellung »Wasserwerk«, Lottinghen

62240 Lottinghen, Frankreich

GPS: 50°40'50.0"N 1°58'02.2"E

Wie auch in Siracourt wurde bei Lottinghen mit dem Bau eines mächtigen Lagerbunkers vom Typ »Wasserwerk« für die Fi 103 im Sommer 1943 begonnen. Doch die Bauarbeiten wurden nach intensiven Bombardements durch die Alliierten von den Deutschen schnell wieder aufgegeben. Keines der geplanten Sonderbauwerke in Nordfrankreich ging jemals in den realen Betrieb. Da keine vollständige Dokumentation des Bauwerkes erhalten ist, scheint auch der Sinn dieser mehr als 200 Meter langen Bauten fragwürdig. Je näher sich die Fi 103 bei einem Start am Bunker befunden hätte, desto geschützter wäre sie gewesen. Doch aufgrund des verwinkelten Eingangsbereichs war ein Start nur außerhalb und damit ungeschützt vor den alliierten Luftstreitkräften möglich, und innerhalb hätte er auch keinen Sinn ergeben, da die beim Start auftretenden Gase den Innenraum des Bunkers vollständig belastet und eine Evakuierung kurz nach dem Startvorgang mit sich gezogen hätte. Dies hätte die geforderten 20 Minuten pro Startvorgang extrem verlängert. Noch heute sind in dem Waldabschnitt etwa drei Kilometer östlich von Lottinghen zahlreiche Betonbauten zu entdecken, die zum einen vom frühen Baustopp und zum anderen die unterschiedlichen Phasen des Baus verdeutlichen. Vor Ort erinnern aber keine Informationstafeln oder sonstigen Hinweise an das einst kolossale Projekt.

Alliierte Karte der Bunkerstandorte in Nordfrankreich 1944

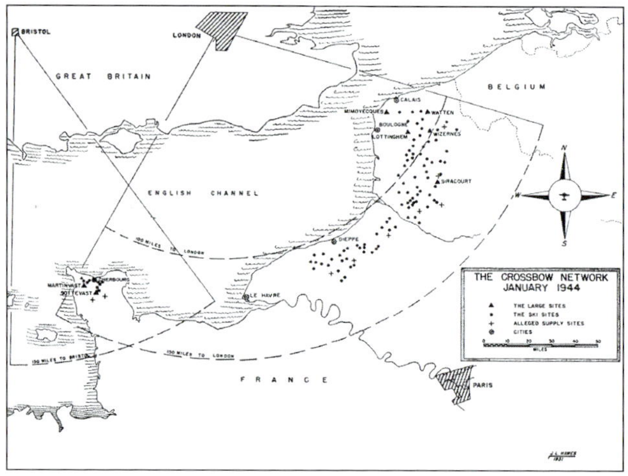

Die im Bau befindliche Feuerstellung bei Lottinghen wurde schon frühzeitig aufgegeben, 2013

5.1.7 Feuerstellung »Wasserwerk Nr. 2«, Brécourt

Résidence de Brécourt, 50120 Équeurdreville-Hainneville, Frankreich

GPS: 49°39'04.8"N 1°40'10.2"W

Die Hafenstadt Cherbourg im Norden der Halbinsel Cotentin zählt schon seit Jahrhunderten als strategisch wichtiger Kriegshafen an der französischen Kanalküste. Zum Schutz der verschiedenen Hafenanlagen der Stadt entstand eine der größten künstlichen Reeden der Welt. Dämme inmitten des Meeres wurden mit verschiedenen Festungsbauten versehen, die nach deren Fertigstellung die Einfahrt der Schiffe in die Hafenanlagen der Stadt kontrollieren konnten. Der westliche Bereich der Hafenanlagen galt immer als militärischer Bereich. Unweit des Marinehafens begannen zu Beginn des 20. Jahrhunderts die Bauarbeiten an einem unterirdischen Stollensystem, welches als unterirdisches Öl- bzw. Treibstofflager der Marine vorgehalten wurde. Die acht knapp 70 Meter langen und 15 Meter breiten Tanks wurden durch ein Tunnelsystem miteinander verbunden. Nach der Besetzung Nordfrankreichs begannen 1941 die Umbauarbeiten in vier der Tanks. Auf drei Ebenen wurden unterirdische Lagermöglichkeiten, Werkstätten und Aufenthaltsräume eingerichtet. Die ursprünglichen Planungen sahen die Umwidmung des unterirdisches Systems zum Standort als Depot, Wartungspunkt und Abschussstellung der A4 vor. Doch nach der Zerstörung der zahlreichen Ski-Sites und der Sonderobjekte »Wasserwerke« durch die alliierten Luftstreitkräfte wurde zu Beginn des Jahres 1944 der Umbau für die Fi 103 bestimmt. Neben einer ersten Startrampe war der Bau einer zweiten Abschussrampe geplant, einige Pläne zeigen sogar vier Startplätze. Die Marschflugkörper hätten unterirdisch zum Startplatz verbracht werden und dann aus dem Komplex heraus starten können. Aus der Luft wäre letztlich nur die getarnte Startrampe auszumachen gewesen. Der unterirdische Komplex in Brécourt wurde bis Ende des Krieges nicht fertiggestellt, er ist dennoch der einzige Standort, der sowohl für die A4 als auch für die Fi 103 geplant war. Mit der Landung der Alliierten in der Normandie und nach den Kämpfen um Cherbourg besuchten der US-amerikanische Armeegeneral und spätere Präsident der USA Dwight D. Eisenhower und der britische Premierminister Winston Churchill den unterirdischen Komplex. Nach Ende des Zweiten Weltkrieges fiel das Areal wieder zurück an die französische Marine. Bis vor einigen Jahren war zum Tage des offenen Denkmals – in Frankreich das dritte Wochenende im September – ein Blick in die unterirdischen Anlagen möglich. Aufgrund der veränderten Sicherheitslage im Land bestand 2016 keine Möglichkeit, den Komplex zu besichtigen.

Zugang zum zur Feuerstellung umgebauten Treibstoffdepot der französischen Marine, 2010

Der mehr als 100 Meter lange Hauptgang im System, 2010

Modell einer Fieseler Fi 103 im Bereich der Startrampe, 2010

5.2 Langrohrkanone LRK 15 / Hochdruckpumpe

Wegen der ab 1943 einsetzenden militärischen Überlegenheit der Alliierten an den meisten Fronten in Europa versuchte die Wehrmachtsführung gegenzusteuern. Spätestens durch die alliierte Lufthoheit erkannte die Bevölkerung angesichts der zunehmenden Luftangriffe auch auf Ziele weit im Hinterland des gesamten Reichsgebietes, dass die Zeit der propagierten schnellen Siege vorbei war. Mit den Durchhalteparolen des Reichspropagandaministers Joseph Goebbels sollte die wichtige Unterstützung der Bevölkerung gesichert und die Menschen zugleich auf den »totalen Krieg« eingeschworen werden. Gleichzeitig setzte die politische und militärische Führung auf die Entwicklung neuer Waffentechnologien. Mit deren Hilfe sollte sich der Verlauf des Weltkrieges doch noch zugunsten des »Dritten Reichs« wenden. Relativ schnell wurden diese neuartigen und technologisch hoch entwickelten Waffen als Vergeltungs- oder Wunderwaffen bezeichnet. Doch dienten diese nicht in erster Linie der Bekämpfung der feindlichen Streitkräfte, sondern sollten vornehmlich die gegnerische Zivilbevölkerung terrorisieren, um die alliierten Luftangriff zu vergelten. Neben den in der Propaganda des NS-Regimes zynisch so bezeichneten »Vergeltungswaffen« wurde in unterschiedlichen Einrichtungen an weiteren Projekten gearbeitet, die aber über das Entwicklungsstadium nicht hinausgekommen sind. Zu diesen Projekten zählte auch das ab 1942 von deutschen Wissenschaftlern entwickelte Mehrkammergeschütz Langrohrkanone LRK 15. Die als V3 oder auch »fleißiges Lieschen« bezeichnete Kanone basierte auf einem simplen technischen Prinzip. An einem langen Geschützrohr wurden mehrere Pulverkammern parallel nebeneinander angeflanscht. Nach einem Abschuss beschleunigten die zusätzlichen Ladungen in den Pulverkammern das Geschoss zusätzlich immer weiter. Durch diesen Aufbau wurden weitaus höhere Reichweite erreicht. Die Planungen sahen vor, von stationären und verbunkerten Abschusseinrichtungen weit entfernte Ziele unter Dauerbeschuss nehmen zu können. Bei Mimoyecques, Frankreich, sollte mit einer Geschützrohrlänge von 140 Metern die britische Hauptstadt London beschossen werden. In Deutschland und Polen sind daneben weitere bauliche Hinterlassenschaften aus der Erprobungszeit dieser Waffe zu finden. Die beiden Anlagen auf der Insel Wollin bei Międzyzdroje und im Norden Frankreichs bei Calais sind heute gut besuchte außergewöhnliche Sehenswürdigkeiten und mahnen an den Schrecken des Krieges.

Versuchsaufbau der Langrohrkanone LRK 15 auf dem Gelände der Heeresversuchsanstalt Hillersleben, 1944

5.4.1 Heeresversuchsanstalt Hillersleben

Truppenübungsplatz Altmark
Salchauer Chaussee 1, 39638 Gardelegen, Deutschland

GPS: 52°26'32.9"N 11°32'10.2"E

1934 wurde im Auftrag des Reichswehrministers ein Versuchsplatzes in der Colbitz-Letzlinger Heide angelegt. Ein Jahr später wurden bereits die ersten Kasernenbauten in Hillersleben offiziell eingeweiht und mit der Erprobung der unterschiedlichsten Waffen begonnen. Bis zum Ende des Zweiten Weltkrieges wurden auf dem Versuchsplatz zahlreiche Artillerie- und Panzerabwehrwaffen, sowie später auch große Geschütze erprobt. Ein weiteres vor Ort getestetes Geheimprojekt der Nationalsozialisten war die Erprobung der Langrohrkanone LRK 15, die in der NS-Propaganda als »Vergeltungswaffe 3« (V3) bezeichnet wurde. Diese sollte im Fronteinsatz von der französischen Kanalküste aus das englische Festland samt der Hauptstadt London beschießen. Die verbunkerte Anlage wurde aber bei einem alliierten Luftangriff zerstört und die Waffe kam so nicht zum Einsatz. Für erste Schießversuche wurde auf dem Areal in Hillersleben im Januar 1944 mit einer horizontal angeordneten verkürzten Version mit sechs Segmenten erste Versuche durchgeführt. Als Geschoss kamen drei Meter lange Röchling- Pfeilgranaten Kaliber 15 Zentimeter zum Einsatz. Nachdem die Versuche in Hillersleben abgeschlossen waren, wurde die Weiterentwicklung auf das Testgelände südlich des Ostseebades Misdroy auf der Insel Wollin verlegt. Parallel erfolgte in Peenemünde durch das Aerodynamische Institut die Entwicklung des Peenemünder Pfeilgeschosses PPG, von dem man sich eine weitere Steigerung der Reichweite versprach.

In Spitzenzeiten arbeiteten in der Heeresversuchsanstalt Hillersleben bis zu 4000 Personen. Für die Erprobung der unterschiedlichen Waffen, darunter auch erbeutete Geschütze, stand ein 700 Meter breiter und knapp 30 Kilometer langer Schießplatz zur Verfügung. Für 70 Millionen Reichsmark entstand einer der zu dieser Zeit weltweit modernsten militärischen Versuchs- und Erprobungskomplexe. Die Liegenschaft entwickelte sich bis zum Ende des Krieges zu der wichtigsten Entwicklungsanstalt des deutschen Heeres. Bei zahlreichen Vorführungen waren auch regelmäßig Vertreter aus der Politik und Wirtschaft zu Besuch. Nach dem Zweiten Weltkrieg nutzten die sowjetischen Streitkräfte das Areal als Truppenlager und Übungsplatz. Für die Vorbereitung des Großmanövers »Waffenbrüderschaft 80«, wurden auf und an dem ehemaligen Gelände umfangreiche Rodungsmaßnahmen durchgeführt und das Areal enorm vergrößert. Den russischen Streitkräften folgte 1994 die Bundeswehr. Die Infrastruktur des ehemaligen sowjetischen Übungsplatzes wurde zum modernen 23000 Hektar großen Truppenübungsplatz Altmark umgebaut. Tausende Tonnen an Munitionsresten wurden seit der Übernahme durch die Bundeswehr geborgen. Die Beseitigung dauert bis heute an. 2010 wurde im nördlichen Bereich des Areals ein Behelfsflugplatz mit einer 1700 Meter langen Start- und Landebahn wieder in Betrieb genommen. 2012 eröffnete im Kasernenbereich in Gardelegen eine kleine Ausstellung zur Geschichte der Liegenschaft. Der Truppenübungsplatz darf nicht betreten werden. Noch immer sind die umfangreichen Bau- und Sanierungsmaßnahmen nicht abgeschlossen.

Kasernenbauten der ehemaligen Heeresversuchsanstalt Hillersleben, 2010

Der F-Platz diente zur Minenerprobung, das Gebäude verfügte über eine Seilzuganlage, 2007

Deformierte Beschussziele des I-Platzes, teilweise stecken darin auch heute noch Reste der durch die Langrohrkanone verschossenen Röchling-Pfeilgranaten, 2007

5.4.2 Erprobungsgelände »Pumpwerk Misdroy«, Miedzyzdroje

Nadbrzezna, 72-500 Wicko (Vietzig)
www.bunkierv3.pl

GPS: 53°54'01.7"N 14°26'15.8"E

Südlich vom mondänen Ostseebad Misdroy wurden an einem Berghang ab Mitte des Jahres 1943 mehrere Versuchsaufbauten für das »Mehrkammergeschütz Langrohrkanone LRK 15« errichtet. Das Gelände erhielt den Tarnnamen »Pumpwerk Misdroy«. Die Reichweite der LRK 15 sollte – so die Forderung – bis zu 160 Kilometer betragen. Das Versuchsschießen lief auf der Insel Wollin im Januar 1944 an, doch letztlich wurde die Reichweite mit den zur Verfügung stehenden Geschossen nicht vollständig erreicht. Das führte zur Entwicklung der Peenemünder Pfeilgeschosse PPG. Doch für das eigentliche Geschütz waren zeitgleich schon 20.000 Röchling-Geschosse gefertigt worden, sodass man an der Waffe selbst keine großen Änderungen mehr vornehmen konnte. Nach den Versuchen sollten mehrere dieser fertigen Installationen im großen Maßstab im besetzten Frankreich errichtet werden, um u. a. London unter Dauerbeschuss nehmen zu können. Wegen Zeitdrucks liefen Forschung und Bau parallel, was immer wieder zu teils aufwendigen Änderungen führte. Außer den baulichen Resten der ehemaligen Versuchsaufbauten bei Misdroy, in denen verschiedene Steigungswinkeln erprobt wurden, befindet sich direkt an der Straße ein massiver Bunker für die Bedienmannschaften. Anhand unterschiedlicher Winkel und Rohrlängen bis 130 Meter wurde untersucht, wie sich die Geschosse bei einem Einsatz verhielten. Weder die West-Alliierten noch die Rote Armee entdeckten diesen Standort im Verlauf des Krieges. Selbst beim Vormarsch der Roten Armee entlang der Ostseeküste wurde dieses Testgelände nicht weiter beachtet.

Heute informiert vor Ort ein kleines Museum sowohl über diese »Vergeltungswaffe« als auch über die Kriegshandlungen in der Region. Neben den drei Versuchsschießbahnen ist ein kleiner Bunker erhalten, in dem die Dauerausstellung untergebracht ist.

Einer der drei Bereiche zur Erprobung der unterschiedlichen Steigungswinkel, 2008

Versuchsaufbau der Langrohrkanone LRK 15 auf dem Areal des Erprobungsgeländes »Pumpwerk Misdroy«, 1944

5.4.3 Stollensystem der »England-Kanone«, Mimoyecques

Forteresse de Mimoyecques
Rue de la Forteresse, 62250 Landrethun-Le-Nord, Frankreich
www.mimoyecques.com

GPS: 50°51'10.1"N 1°45'33.1"E

Noch bevor die Entwicklung und Erprobung an Mehrkammergeschütz Langrohrkanone LRK 15 abgeschlossen waren, begannen unter der Leitung der »Organisation Todt« ab September 1943 die Bauarbeiten am komplexen Stollensystem mit den Tarnbezeichnungen »Wiese« und »Bauvorhaben 61«. Wie auch bei anderen strategisch wichtigen Bauprojekten wurden für die Arbeiten Tausende von Zwangsarbeitern ausgebeutet, was zu einem schnellen Baufortschritt führte. Nach der Fertigstellung sollte das unterirdische System die waffentechnischen Einbauten für die Langrohrkanone LRK 15 aufnehmen. Diese Waffe ist heute unter der Bezeichnung »Vergeltungswaffe 3« (V3) bekannt, die ihr die NS-Propaganda gab, nachdem sie auf dem Testgelände in Hillersleben (> Gardelegen) und auf der Insel Wollin (> Wicko) erprobt worden war. Die Führung der Wehrmacht erhoffte sich durch den Einsatz der neuen Wunderwaffen eine Wende im Krieg. Doch die Langrohrkanone LRK 15 erreichte nie die vollständige Einsatzreife und blieb weit hinter den propagierten Erwartungen zurück. Die Anlage bei Mimoyecques sollte mit mehreren Geschützrohren von mehr als 100 Metern Länge ausgestatten werden. Dadurch sollte London alle sechs Sekunden beschossen werden können. Das weitverzweigte Stollensystem erstreckte sich über insgesamt neun Ebenen und konnte 25 Geschützrohre aufnehmen. Fahrstühle und Treppenhäuser verbanden die verschiedenen unterirdischen Bereiche. Neben einem großräumigen Depot wurde daneben auch ein Fertigungsbereich der Geschosse geplant, um den Nachschub an Munition jederzeit sicherzustellen. Doch die Bauarbeiten wurden durch eindringendes Grundwasser verzögert. Nachdem das Bunkersystem kurz vor seiner Fertigstellung durch mehrere alliierte Bombenangriffe zwischen November 1943 und Sommer 1944 zerstört worden war, wurden die Arbeiten letztlich eingestellt. Einige Luftangriffe erfolgten im Rahmen der Operation »Crossbow«, mit dem die Alliierten die bekannten Einsatz- und Produktionsstandorte der neu entwickelten Fernwaffen des NS-Regimes gezielt zerstörten. Mit dem Einmarsch in der Normandie wurde der Rohbau im September 1944 von den Alliierten besetzt, und letztlich im Mai 1945 von britischen Pionieren gesprengt.

Heute erinnern ein kleines Museum und mehrere Gedenk- und Informationstafeln innerhalb der Stollen an die Geschichte des Bauwerkes und an die hier ums Leben gekommenen Zwangsarbeiter.

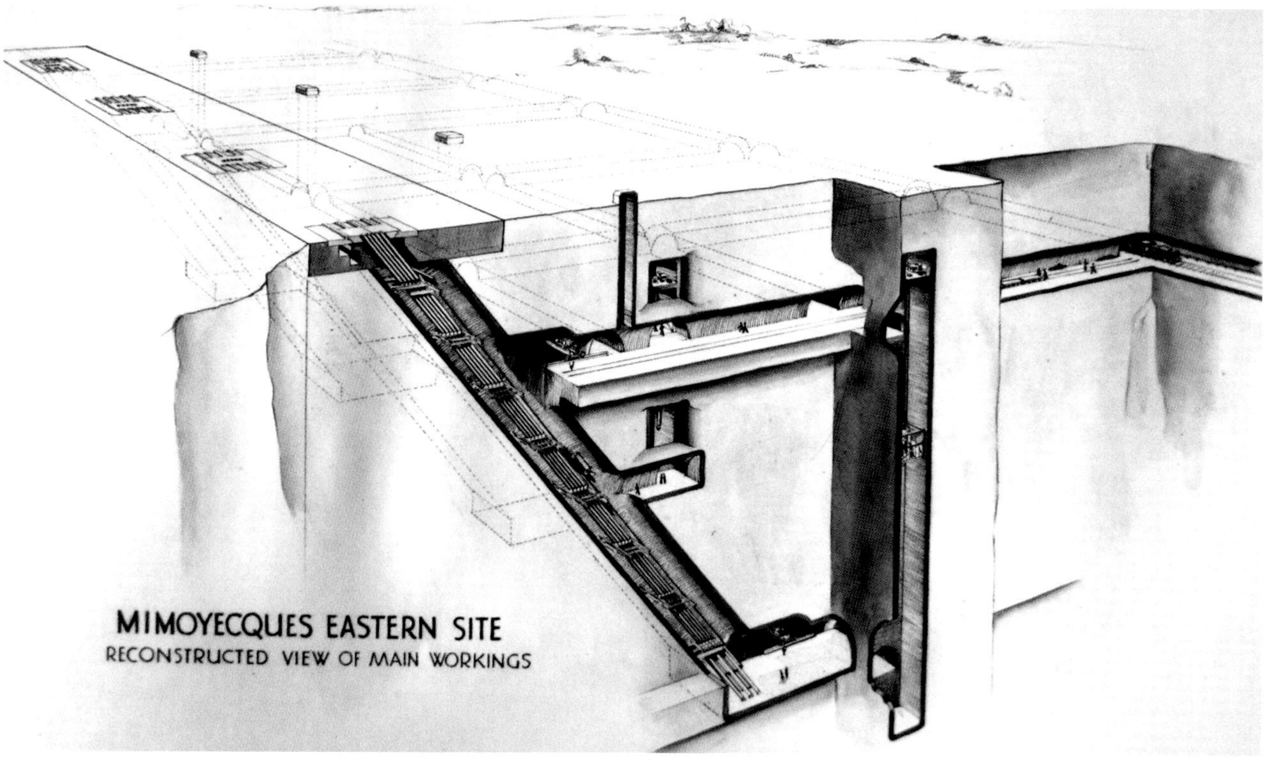

Alliierter Aufklärungsplan des Stollensystems der Langrohrkanone LRK 15 in Nordfrankreich, 1944

Bombardierung der großräumigen Baustelle, 1944

Hauptstollen der heutigen Museumsanlage, in der nur ein kleiner Bereich begehbar ist, 2013

Kreuzungsbereich zweier Stollen im unterirdischen System, 2013

Gedenkstätte im unterirdischen Stollenbereich, 2013

5.3 Bodengebundene Flugabwehr

5.3.1 Flugabwehrrakete Hs 117 Schmetterling

Kirchstraße, 12529 Schönefeld, Deutschland

GPS: 52°23'08.6"N 13°30'44.0"E (Verwaltung Flugzeugwerk)
GPS: 52°33'11.5"N 13°20'49.8"E (U-Bahntunnel, Fertigung Hs 117)
GPS: 52°27'35.5"N 13°26'54.6"E (Tunnelmund Grenzallee)

Kaum, dass sich die Henschel Flugzeugwerke AG mit eigenen und Lizenzmustern in der deutschen Luftrüstungsindustrie etablierten, begann die Entwicklung verschiedenster mit Raketentriebwerken ausgerüsteter Flugkörper, die sich gegen Luft- und Bodenziele einsetzen ließen. In Ergänzung der bodengebundenen Flugabwehr, die sich seinerzeit grundsätzlich auf Flugabwehrkanonen stützte, zeigten lenkbare Flugabwehrraketen die Zukunft auf da hier u. a. größere Höhen erreichbar erschienen. Ein erster Vertreter seiner Art war die Henschel Hs 117 Schmetterling, deren Entwicklung 1941 begann und die als »Ferngelenkte Flakrakete« bezeichnet wurde. Als Marschantrieb diente das Flüssigkeitsraketentriebwerk BMW 109-558, das den Flugkörper auf 900 bis 1000 km/h beschleunigte. Zwei Feststoffraketen Schmidding 109-553 dienten als Starthilfe, bei der Startrampe handelte es sich um eine modifizierte Lafette des Flak-Geschützes 3,7 cm. Die Funkkommandolenkung sah ursprünglich den Einsatz bei Tageslicht gegen Flugzeuge in geringen und mittleren Höhen bis maximal 9000 Meter vor. Die Dimensionen des Flugkörpers in Verbindung mit der vorgesehenen mittelschweren Startlafette für den Schrägstart boten eine gute personelle und technische Handhabung, soweit dies bei flüssigen Raketentreibstoffen gerade noch möglich war. Das RLM hatte 1941 kein Interesse an diesem Flugkörper, aber aufgrund der Luftbedrohung erhielt das Projekt ab 1943 eine hohe Priorität, um es zur Serienreife und Einsatztauglichkeit zu bringen. Im Jahresverlauf erfolgten in Peenemünde Dutzende Testflüge (die spätere Flak-Versuchsstelle Karlshagen), mehrheitlich vom Boden aus gestartet. Die Musterfertigung erfolgte durch den ausgelagerten Versuchsserienbau der Henschel Flugzeugwerke, vermutlich vor allem in zwei Rohbautunneln des Berliner U-Bahnnetzes. Hierbei handelte es sich um das Objekt 608, Tarnname »Sperling«, auch als Grenzalle-Tunnel bekannt, sowie das Objekt 609, Tarnname »Fink«, dassich zwischen den U-Bahnhöfen Seestraße und Rehberge auf etwa 400 Meter Länge erstreckte. Die im Dezember angewiesene Großserienproduktion sah etwa 150 Flugkörper für den März 1945 vor, mit Steigerung auf 3000 Flugkörper ab November. Obwohl die Fertigung in der unterirdischen Produktionsstätte »Anhydrit« bei Woffleben anlief, erhielten die Flak-Einheiten der Luftwaffe keine einzige dieser Flugabwehrraketen. Die Hs 117H wurde 1944 zusätzlich als Luft-Luft-Rakete an der Heinkel He 111 getestet, als Trägerflugzeuge waren u. a. Junkers Ju 188 vorgesehen. Bei der Hs 117 soll es sich um das fortschrittlichste Flugabwehrraketenprojekt im Zweiten Weltkrieg gehandelt haben.

Flugabwehrrakete Hs 117 in einem Museum, eine Weiterentwicklung als Luft-Luft-Rakete befand sich in der Erprobung, 2019

Tunnelmund des Grenzallee-Tunnels der Berliner U-Bahn, 2017

Bild links: Eine nahezu vollständig erhaltene Luft-Luft-Rakete Henschel Hs 117 im Berliner Technikmuseum, 2017

Bild rechts: Verwaltungsgebäude der Henschel-Flugzeugwerke in Schönefeld, 2017

5.3.2 Flugabwehrrakete Wasserfall C-2

Historisch-Technisches Museum Peenemünde
Im Kraftwerk, 17449 Peenemünde, Deutschland
www.museum-peenemuende.de

GPS: 54°09'50.2"N 13°48'23.9"E (Wasserfall-Startplatz Prüfstand VIII)
GPS: 54°09'37.2"N 13°48'44.3"E (Wasserfall-Startplatz Prüfstand IX)
GPS: 54°14'49.7"N 13°54'59.2"E (Wasserfall-Startplatz Greifswalder Oie)

Technologisch an die Boden-Boden-Rakete Aggregat 4 angelehnt, stellte die Flugabwehrrakete Wasserfall gewissermaßen deren Verkleinerung dar. Ebenfalls mit einem Flüssigkeitsraketentriebwerk versehen, handelte es sich bei der Wasserfall C-2 um eine senkrecht startende weitreichende Überschallflugabwehrrakete für große Höhen. Wie auch beim Aggregat 4, lag die Verantwortlichkeit bei der Elektromechanische Werke GmbH Karlshagen. Im September 1942 erteilte das RLM einen entsprechenden Entwicklungsauftrag. Bereits im Frühjahr 1943 fanden die ersten Versuche auf der Insel Usedom statt. Bis Februar 1945 wurden bis zu 40 Wasserfall-Raketen, in teilweise unterschiedlichen konstruktiven Auslegungen, u. a. von den Prüfständen IX und VIII der Heeresversuchsstelle Peenemünde-Ost gestartet. Die markanten Startplätze im Nahbereich der beiden Prüfstände, damals auch als Startstelle Strand bezeichnet, sind bis heute erhalten.

Auf der vorgelagerten Insel Greifswalder Oie fanden zwei Startversuche mit der Wasserfall statt. Ebenfalls eingebunden war die Flak-Versuchsstelle Karlshagen, die auch die Lenkverfahren dieser neuartigen Technologie erprobte. Die Luftwaffe sah den gemeinsamen ortsfesten Einsatz von Wasserfall- und Schmetterling-Stellungen zur Luftverteidigung in Flughöhen über 5000 Meter vor. Sie sollten aus unterschiedlich konfigurierten Stellungen abgeschossen werden. Die schwer geschützte Batterie-Ausführung beinhaltete Betonbunker analog zu den Abschussanlagen der V2 im besetzten Frankreich. Soweit bekannt, blieb der Baubeginn der komplexen Stellungssysteme, sowie die Serienproduktion, aus. Die Produktionsplanungen von Ende 1944 sahen die ersten 50 Flugkörper für den Oktober 1945 vor. Keine einzige Wasserfall-Rakete gelangte zum Einsatz. In der Sowjetunion wurden in Kapustin Jar 1949/50 etwa 30 Flüge mit der Wasserfall-Kopie R-101 durchgeführt. Die amerikanische Version der Wasserfall-Rakete wurde ab 1946 entwickelt und trug den Namen Hermes A-1. Da das Projekt in Konkurrenz zur zeitgleich in der Entwicklung befindlichen Nike stand, wurde die Hermes A-1 zu einer reinen Testplattform für Leit- und Steuerungssysteme. Einzelne Komponenten der Hermes A-1 wurden im Rahmen der amerikanischen V-2/A-4-Startversuche in White Sands mit erprobt. Triebwerksprobleme verzögerten den ersten Start der Hermes A-1 bis 1950. Insgesamt wurden von Mai 1950 bis April 1951 fünf Starts, davon drei erfolgreich, vom LC33 in White Sands durchgeführt.

Bild links: Hecksektion einer Wasserfall C-2 im Depot des Luftwaffenmuseums Berlin-Gatow, 2015

Bild rechts: Start der Flugabwehrrakete Wasserfall vom Prüfstand IX in Peenemünde, Herbst 1944

5.3.3 Raketenversuchsstelle Leba

Szlak Czerwony, 84-360 Leba, Polen
GPS: 54°45'05.0"N 17°28'00.5"E (Startplatz Rheintochter)

An der pommerschen Ostseeküste gelegen, befand sich zwischen Leba und der Lontzkedüne, im Nahbereich des Fischerdorfes Rumbke, eine Messbasis zur Flugbahnkontrolle der auf Usedom auf der Heeresversuchsstelle-Ost gestarteten Aggregate. Die militärische Nutzung von Rumbke begann 1937 mit dem Bau einer Seeflugstation am Ufer des Lebasees. Ab 1939 war hier eine Fliegerstaffel mit Schwimmerflugzeugen stationiert. Zudem führte die Kriegsmarine hier mit Rekruten Grundausbildung durch. Nach dem britischen Luftangriff auf Peenemünde 1943 wurde noch im gleichen Jahr in Leba in Kooperation mit der Rheinmetall-Borsig AG eine Versuchsstelle zur Erprobung von Boden-Boden- und Boden-Luft-Raketen aufgebaut und bis Anfang 1945 betrieben (da auch als Raketenversuchsstation Rheinmetall-Borsig bezeichnet, bleibt unklar, ob es sich hier um eine militärische Dienststelle handelte). Erprobt wurde hierbei die 1942 bei dieser Firma in Auftrag gegebene zweistufige Flugabwehrrakete Rheintochter, mit der etwa 50 Starts erfolgten. Als Startrampe diente in der ursprünglichen Ausführung eine modifizierte schwere Lafette des Flak-Geschützes 8,8 cm. Die Rakete erreichte die Serienreife nicht. Im Gegensatz dazu gelangte die ebenfalls in Rabka erprobte feststoffbetriebene mehrstufige Luft-Boden-Rakete Rheinbote vom gleichen Hersteller im Winter 1944/45 in den Kampfeinsatz. Die Heeresartillerie bekämpfte an der Westfront Ziele im belgischen Antwerpen. Mitte März 1945 rückte die Rote Armee in Leba ein und aus Rumbke wurde kurzzeitig später das polnische Rabka. In den 1960er- und 1970er-Jahren wurden hier zu wissenschaftlichen Zwecken Dutzende Höhenforschungsraketen Meteor abgefeuert. Seit einigen Jahren informiert das Muzeum Wyrzutnia Rakiet über die Nutzung des Geländes als Raketenstartplatz. Mittelpunkt der Ausstellung ist die Rheintochter-Startstellung mit stilisierter Startrampe und einer Flugkörpernachbildung. Im Nahbereich des Museums und am Westrand von Leba befinden sich zahlreiche ruinöse Fundamente und teils massiv betonierte Gebäude, die vermutlich im Zusammenhang mit der deutschen Raketenerprobung vor Ort stehen.

Beobachtungsbunker in den Dünen zwischen Museumsgelände und Ortschaft Leba, 2009

Das Raketenmuseum im polnischen Leba stellt verschiedene Nachbauten sowie Überreste der Flugkörper Rheintochter und Rheinbote aus, 2009

6. ALLIIERTE OPERATIONEN GEGEN DIE DEUTSCHE FLUGZEUGINDUSTRIE UND »WUNDERWAFFEN«

6.1 Einleitung

Eine Kopie der Casablanca-Direktive im Wortlaut von 1943

U. S. SECRET
BRITISH MOST SECRET
C.C.S. 166/1/D

January 21, 1943

COMBINED CHIEFS OF STAFF

THE BOMBER OFFENSIVE FROM THE UNITED KINGDOM

Directive to the appropriate British and U. S. Air Force Commanders, to govern the operation of the British and U. S. Bomber Commands in the United Kingdom (Approved by the Combined Chiefs of Staff at their 65th Meeting on January 21, 1943)

1. Your primary object will be the progressive destruction and dislocation of the German military, industrial and economic system, and the undermining of the morale of the German people to a point where their capacity for armed resistance is fatally weakened.

2. Within that general concept, your primary objectives, subject to the exigencies of weather and of tactical feasibility, will for the present be in the following order of priority:

(a) German submarine construction yards.
(b) The German aircraft industry.
(c) Transportation.
(d) Oil plants.
(e) Other targets in enemy war industry.

The above order of priority may be varied from time to time according to developments in the strategical situation. Moreover, other objectives of great importance either from the political or military point of view must be attacked. Examples of these are:

(1) Submarine operating bases on the Biscay coast. If these can be put out of action, a great step forward will have been taken in the U-boat war which the C.C.S. have agreed to be a first charge on our resources. Day and night attacks on these bases have been inaugurated and should be continued so that an assessment of their effects can be made as soon as possible. If it is found that successful results can be achieved, these attacks should continue whenever conditions are favorable for as long and as often as is necessary. These objectives have not been included in the order of priority,

88

U. S. SECRET
BRITISH MOST SECRET

which covers long-term operations, particularly as the bases are not situated in Germany.

(2) Berlin, which should be attacked when conditions are suitable for the attainment of specially valuable results unfavorable to the morale of the enemy or favorable to that of Russia.

3. You may also be required, at the appropriate time, to attack objectives in Northern Italy in connection with amphibious operations in the Mediterranean theater.

4. There may be certain other objectives of great but fleeting importance for the attack of which all necessary plans and preparations should be made. Of these, an example would be the important units of the German Fleet in harbor or at sea.

5. You should take every opportunity to attack Germany by day, to destroy objectives that are unsuitable for night attack, to sustain continuous pressure on German morale, to impose heavy losses on the German day fighter force, and to contain German fighter strength away from the Russian and Mediterranean theaters of war.

6. When the Allied armies reenter the Continent, you will afford them all possible support in the manner most effective.

7. In attacking objectives in occupied territories, you will conform to such instructions as may be issued from time to time for political reasons by His Majesty's Government through the British Chiefs of Staff.

89

6.2 Operation Hydra

Mahn- und Gedenkstätte Karlshagen
L264, 17449 Karlshagen

GPS: 54°06'15.7"N 13°50'49.5"E

Die immer schneller fortschreitende Entwicklung des nationalsozialistischen Fernwaffenprogramms blieb den Alliierten nicht lange verborgen. Nach ersten geheimdienstlichen Meldungen über moderne Raketenwaffen im November 1939 und der anschließenden Auswertung von Luftbildern, geriet Usedom spätestens im Winter 1942/43 in den Fokus der Alliierten. Nach der Bombardierung deutscher Städte, Verkehrsknoten und Rüstungsanlagen erarbeitete die britische Royal Air Force einen Angriffsplan auf das Gelände des Komplex Peenemünde. In der Nacht vom 17. auf den 18. August 1943 griff dazu eine knapp 600 starke britische Bomberflotte im Rahmen der »Operation Hydra« das Raketenentwicklungs- und Produktionsgelände in Peenemünde in mehreren Wellen an. Neben der Entwicklungseinrichtung wurde auch die Wohnzone angegriffen. Durch einen verheerenden Markierungsfehler traf ein großer Teil der Bomben aber auch die beiden KZ- und Häftlingslager Trassenheide I und II. Neben den 123 zivilen Opfern, darunter auch der bekannte Raketeningenieur Walter Thiel, verloren aber auch 612 Zwangsarbeiter bei den Luftangriffen ihr Leben. Die zweite Welle galt den beiden großen Fertigungshallen, die für die Serienproduktion der Fernwaffen vorgesehen waren. Nachdem bei den Angriffen zahlreiche Hallen und weitere Gebäude zerstört wurden, wurde die Serienfertigung an bombensichere Standorte ausgegliedert. Daneben blieben aber zahlreiche Teilbereiche in Peenemünde weiterhin in Nutzung. Zu einem der bekanntesten Verlagerungsstandorte zählte das unterirdische Rüstungswerk des Konzentrationslagers Mittelbau-Dora bei Nordhausen im Harz (Mittelwerk >), indem KZ-Häftlinge unter Tage und unter menschenverachtenden Bedingungen die beiden Fernwaffen Fi 103 und A4 produzieren mussten. Neben der Produktion wurden auch die Forschung und Erprobung der Fernwaffen nicht nur dezentral auf der Insel Usedom disloziert, sondern auch teilweise weiter in Richtung Osten auf die beiden Truppenübungsplätze Blizna und Tucheler Heide verlagert.

Heute erinnert ein Gedenkstein und eine eindrucksvolle Mosaikwand am Rand des Friedhofs Karlshagen an den Schrecken und das Schicksal der Zwangsarbeiter, die in Peenemünde bei den Luftangriffen ums Leben gekommen sind. Die Mahn- und Gedenkstätte Karlshagen ist heute Bestandteil des Rundwegs der Denkmal-Landschaft Peenemünde.

Gedenkstein auf dem Friedhof Karlshagen für die ums Leben gekommen Zwangsarbeiter, 2013

Zentrales Mosaik der Mahn- und Gedenkstätte Karlshagen, 2013

6.3 Operation Argument

Nach der Operationen Hydra nahm die Operation Argument die nationalsozialistische Rüstungsindustrie in den Fokus. Ende Februar 1944 griffen fast 10.000 alliierte Flugzeuge an mehreren Tage in wiederholten Wellen Stätten der deutschen Flugzeugindustrie aus unterschiedlichen Richtungen an. Ziel der Alliierten war es, die Luftwaffe vom dringend benötigten Nachschub neu produzierter oder modifizierter Flugzeuge abzuschneiden und die Hoheit über den Luftraum auszubauen. Dazu flogen ab dem 20. Februar 1944 Einheiten der 8. US-Luftflotte („Mighty Eighth“) sowie Truppen der Royal Airforce aus Großbritannien und dem von den nationalsozialistischen Truppen befreiten Italien der 15. US-Luftflotte gegen insgesamt 12 Ziele der Rüstungsindustrie. Darunter zählten die Flugzeugfabriken in Mitteldeutschland (u.a. Halberstadt = Junkers Flugzeuge, Leipzig = Erla-Werke) und Norddeutschland (Tutow = Arado oder die Niedersächsischen Motorenwerke in Querum). Die 15. US-Luftflotte bombardierte verschiedene Ziele in Österreich und Süddeutschland wie etwa die Messerschmitt-Werke in Regensburg (> Regensburg). Durch kombinierte Tag- und Nachangriffe konnten so zahlreiche Flugzeug werke und wichtige Zulieferfabriken wie die Kugellagerfabrik in Schweinfurt fast vollständig zerstört werden. Während der knapp 4000 Einsätze verloren die Alliierten mehr als 400 Flugzeuge mit knapp 2600 Mann Besatzung. Alle Angriffe fügten nicht nur der nationalsozialistischen Rüstungsindustrie schwere Schäden zu. Nach Schätzungen führte die Bombenoffensive zu einem Produktionsausfall von 1000 Flugzeugen. Daneben verloren knapp 20 Prozent der gut ausgebildeten und erfahrenen Jagdpiloten durch die Abwehrkämpfe ihr Leben. Bei den Einsätzen kamen auch zahlreiche Werksangehörige, Zwangsarbeiter und Zivilsten ums Leben. Allein Leipzig verzeichnet im Rahmen der Luftangriffe der Big Week mit knapp 1000 Menschen, die ums Leben kamen, eine schicksalshafte Bilanz.

Übersichtskarte der Alliierten zu den Startplätzen und Einsatzorten der Big Week, 1944

Mehr als 1.000 Bomber vom Typ B-17 und B-24 kamen während der Big Week zum Einsatz, 1944

6.4 Operation Crossbow

Nach der deutschen Besetzung weiter Teile Frankreichs durch die Wehrmacht sollte der sogenannte Atlantikwall die Atlantik- und Kanalküste vor einer Invasion der Alliierten bewahren. Im Hinterland dieser Bunkerkette entstanden auch zahlreiche Bunkerbauten zur Lagerung, Wartung und zum Abschuss der unterschiedlichen Fernwaffen. Darunter zählten neben genormte Abschussstellungen für die Fi 103 auch Sonderbauten für das A4-Programm sowie weitere Bunkerstellungen wie die Anlage der propagierten V3 bei Mimoyecques. Spezialisten der RAF der Central Photographic Interpretation Unit in Medmenham, identifizierten im Frühjahr 1943 nicht nur die Wichtigkeit des Komplexes Peenemünde, sondern erkannten auch weitere Sonderbauten im besetzten Frankreich, die im direkten Bezug zum deutschen Fernwaffenprogramm stehen mussten. Da zahlreiche dieser besonderen Einsatzbunker erst kurz vor der Fertigstellungen standen, entschieden die Strategen eine schnellst mögliche Bombardierung der sogenannten »heavy sites«. Kurz vor der Fertigstellung der Großbunker wurden diese Anlagen durch mehrere alliierten Bombardements zwischen Dezember 1943 und Sommer 1944 angegriffen. Inzwischen wurden immer mehr der kleineren besser getarnten Abschussstellungen der Fi 103 identifiziert. Um diese Anlagen erfolgreich bekämpfen zu können, wurde dazu in Florida eine eigene Übungsanlage errichtet, bei denen die Piloten und Abschussoffiziere eine erfolgreiche Bekämpfung trainierten. Die gleichartige Gebäudestruktur zur Lagerung und zum Abschuss der Flügelbombe, der sogenannten Ski-sites (>) führten schnell zu einem umfassenden Überblick über die Stationierungsorte und somit zu einer klaren alliierten Einsatzplanung. Bis Ende Mai 1944 waren 130 dieser Stellungen vernichtet.

Die deutsche Wehrmacht wich auf kleinere besser zu tarnende aber dadurch weniger befestigte Anlagen aus, um ihre Fernwaffen weiter in Richtung London abfeuern zu können.

Nach dem Angriff der Alliierten im Sommer 1944 erfolgte nicht nur eine umfassende Erforschung der Bauten, sondern auf deutscher Seite eine weitere Modifizierung der Waffen. Es konnten nicht nur die Reichweiten geringfügig gesteigert werden, sondern für den Abschuss der Fi 103 auch eigens Abschussmöglichkeiten von Flugzeugen entwickelt werden, um das Problem der ortsfesten Abschussstellungen zu umgehen.

Überreste der massiv zerstörten Bunkeranlage bei Mimoyecque, 2013

Begehbarer Teilbereich des einst weitläufigen Stollensystems bei Mimoyecque, 2013

Massive Kuppel der Bunkeranlage La Coupole bei Wizernes, 2013

6.5 Operation Einhorn

Noch vor Ende des Zweiten Weltkrieges in Europa analysierten eigens ausgebildete Einheiten aller Alliierten bereits kurz hinter der Front den Fortschritt einzelner Waffenentwicklungen, um diese für die Weiterentwicklung in den eigenen Streitkräften auszunutzen. In zahlreichen Bereichen herrschte eine große Unkenntnis wie das immer weiter verzweigte Rüstungsgeflecht miteinander verbunden war und welche Waffen welchen technologischen Vorsprung besaßen. Die Zentren der Rüstungsindustrie, die verschiedenen Forschungseinrichtungen, die Erprobungsstellen der Streitkräfte aber auch die unterirdischen Untertageverlagerungen gerieten so sehr schnell in den Fokus des Interesses. Sofern noch Führungspersonal angetroffen wurde, erfolgten freie, aber auch unfreie Arbeitsangebote im Auftrag aller Alliierten.

Neben der Flugzeugindustrie wurde diese Praxis aber auch in den Bereichen des U-Bootbaus, in der Radar- und Funkmesstechnik oder im Verschlüsselungs- und Kryptografiebereich angewendet. Auf Grundlage der teilweise verstreut erbeuteten Unterlagen, von Baumustern oder auch einsatzbereiten Serienmodellen entwickelten die Alliierten eigene Waffen, die sogar teilweise in den Dienst gestellt wurden oder als Grundlage für Weiterentwicklungen fungierten.

Gruppenfoto nach einer Inspektion US-amerikanischer Soldaten des weitverzweigten unterirdischen Rüstungswerks des KZ Mittelbau-Dora, 1945

Nachbau der Wasserfall-Rakete (US-amerikanische Hermes A1)

6.6 Operation Overcast / Paperclip

Im Rahmen der Operation Overcast wurden deutsche Wissenschaftler und Techniker nach Ende des Zweiten Weltkrieges gezielt angeworben, um unter der US-amerikanischer Leitung weiter an den neuartigen Raketenwaffen (und weiteren militärischen Bereichen) zu arbeiten. Damit erhoffte man sich zwei wichtige Vorteile. Zum einen versprach man sich den Rückstand in zahlreichen Bereichen des militärischen Forschungskomplexes wieder aufholen zu könnrn und zum anderen sollten die Wissensträger nicht der Sowjetunion in die Hände fallen, um den dortigen Rüstungskomplex zu stärken. Nachdem die Zahl der Wissenschaftler zuerst auf 450 Personen begrenzt wurde, erhöhte man spätestens 1946 die Personenzahl auf 1000 aus den unterschiedlichsten Bereichen des militärischen Komplexes. Zusätzlich wurden ebenfalls ein Familiennachzug und eine spätere Einbürgerung in den USA möglich.

Bei der Auswahl der Wissenschaftler sollte darauf geachtet werden, dass sich keine »überführten Kriegsverbrecher« im Kontingent befanden. Doch eine persönliche Belastung durch eine Mitgliedschaft in einer nationalsozialistischen Massenorganisation wie zum Beispiel der NSDAP oder der SS spielte hinter den Kulissen keine Rolle. Der erhoffte wehrwirtschaftliche Nutzen ließ über manchen Makel hinwegsehen. Die amerikanische Bevölkerung erfuhr von dem Vorhaben erst im Oktober 1946 und reagierte sehr zwiegespalten.

Neben der Übersiedlung der Wissenschaftler transportierten die Amerikaner auch zahlreiche erbeutete Waffenteile in die USA, um direkt in die Weiterentwicklung einsteigen zu können.

Als einer der bekanntesten Wissenschaftler, die in die USA übersiedelten, zählte Wernher von Braun. Spätestens nachdem die erfolgreiche Entwicklung des US-amerikanischen Raketenprogramms durch die Hilfe von Wernher von Braun offenbar wurde, veränderte sich die Einstellung der amerikanischen Bevölkerung zum vorher abgelehnten Verhalten.

Links: Wernher von Braun und weitere Wissenschaftler bei der Arbeit am amerikanischen Raketenprogramm, 1961

Rechts: Die A4-Rakete auf dem Testgelände White Sands in New Mexiko, 1946

7. ANHANG

7.1 Literaturverzeichnis

Aumann, Philipp: Rüstung auf dem Prüfstand Kummersdorf, Peenemünde und die »totale Mobilmachung«; Berlin 2015.

Baranowski, Frank: Rüstungsproduktion in der Mitte Deutschlands 1929-1945; Bad Langensalza 2013.

Bischler, Werner / Hager, Klaus: 50 Jahre Jagdbombergeschwader 32, Stadtbergen 2008.

Bode, Volkhard / Kaiser, Gerhard: Raketenspuren Waffenschmiede und Militärstandort Peenemünde; Berlin 2016.

Büttner, Stefan / Kaule, Martin: Spuren des Kalten Krieges. Bunker, Grenzen und Kasernen; Halle 2017.

Erichsen, Johannes / Hoppe, Bernhard M. (Hg.): Peenemünde. Mythos und Geschichte der Rakete 1923-1989; Berlin 2004.

Foedrowitz, Michael: Bunkerwelten Luftschutzanlagen in Norddeutschland; Berlin 1998.

Freundt, Lutz (Hg.) / Büttner, Stefan: Rote Plätze. Russische Militärflugplätze in Deutschland 1945–1991, Berlin 2007.

Gleichmann, Markus / Dörfer, Ronny: Geheimnisvolles Thüringen. Militär- und Rüstungsobjekte des Dritten Reiches; Zella-Mehlis 2011.

Gleichmann, Markus / Bock, Karl-Heinz: Düsenjäger über dem Walpersberg. Die Geschichte des unterirdischen Flugzeugwerkes »Reimahg« bei Kahla, Thüringen; Zella-Mehlis 2009.

Griehl, Manfred: Luftwaffe '45. Letzte Flüge und Projekte; Stuttgart 2008.

Jack, Uwe W.: Horten Nurflügel-Jets Hightech im Zweiten Weltkrieg; Bergkirchen 2015.

John, H. / Girev, M.: Die Nachkommen der deutschen V-1; Mühlbeck 2010.

John, H. / Girev, M.: Nachbau und Weiterentwicklung des deutschen Aggregat – 4 (V-2) in der Sowjetunion; Mühlbeck 2012.

Kanetzki, Manfred: Operation Crossbow. Bomben auf Peenemünde; Berlin 2014.

Kaule, Martin: Faszination Bunker. Steinerne Zeugnisse der europäischen Geschichte; Berlin 2014.

Kaule, Martin: Peenemünde Vom Raketenzentrum zur Denkmal-Landschaft; Berlin 2015.

Kay, Anthony L.: German Jet Engine and Gas Turbine Development 1930-1945, Shrewsbury 2002.

LAUTEC Software und Medien GmbH (Hg.): Luftfahrt History (versch. Ausg.); Siegen 2004-2010.

Lommel, Horst: Vom Höhenaufklärer bis zum Raumgleiter 1935 – 1945; Stuttgart 2000.

Materna, Horst: Die Geschichte der Henschel Flugzeug-Werke in Schönefeld bei Berlin 1933-1945; Bad Langensalza 2010.

Historisch-Technisches Museum Peenemünde (Hg.): Wunder mit Kalkül. Die Peenemünder Fernwaffenprojekte als Teil des deutschen Rüstungssystems; Berlin 2016.

Historisch-Technisches Museum Peenemünde (Hg.): NS-Großanlagen und Tourismus Chancen und Grenzen der Vermarktung von Orten des Nationalsozialismus; Berlin 2016.

Price, Alfred: Handbuch Deutsche Luftwaffe 1939 – 1945; Stuttgart 1979.

Rahnfeld, Bernd: Geheimnisse um das Bramo-Areal, (...); Seminararbeit, Berlin 2017.

Radinger, Willy / Schick, Walter: Me 262. Entwicklung, Erprobung und Fertigung des ersten einsatzfähigen Düsenjägers der Welt; Planegg 1992.

Ries, Karl: Deutsche Flugzeugführerschulen und ihre Maschinen 1919 – 1945; Stuttgart 2002.

Ringlstetter, Herbert: Bomber und Schlachtflugzeuge. Deutsche Luftwaffe 1935-1945; München 2014.

Schmidt, Leo (Hg.) / Mense, Uta K. (Hg.): Denkmallandschaft Peenemünde Eine wissenschaftliche Bestandsaufnahme - Conservation Management Plan; Berlin 2013.

Schmoll, Peter: Die Messerschmitt-Werke im Zweiten Weltkrieg; Regensburg 2004.

Stüwe, Bodo: Peenemünde West. Die Erprobungsstelle der Luftwaffe für geheime Fernlenkwaffen und deren Entwicklungsgeschichte; München 1995.

Thiel, Reinhold: Focke-Wulf Flugzeugbau; Bremen 2011.

Vajda, Ferenc A. / Dancey, Peter: German Aircraft Industry and Production 1933 – 1945; Shrewsbury 1998.

Wagner, Wilhelm J.: Knauers Bildatlas. Drittes Reich. Augsburg 2001.

Zapf, Jürgen: Flugplätze der Luftwaffe 1934 – 1945 und was davon übrig blieb; Zweibrücken 2010.

Ziegler, Mano: Turbinenjäger Me 262; Stuttgart 2015.

7.2 Abbildungsverzeichnis

Arado Werkfoto: S. 169; Archiv Arbeitskreis Historisches Marienfelde: S. 144; Archiv DLR Göttingen: S. 29; Archiv des Vereins »Orte der Geschichte e.V.«, Berlin: Vorderseite, S. 196 o., 199, 200, 201; Berliner Unterwelten e.V. Berlin: S. 84 o. (Holger Happel); Bundesarchiv: S. 12 u. (183-H10840), S. 14 (RH 2 Bild-02292-043), 60 u. (183-R71086), 66 u. (101I-034-0075-11), 74 o. (183-E12007), 110 (146-1987-041-02A), 119 u. (141-2737), 135 (101I-558-1051-07), 188 u. (146-1975-117-26), 190 (183-1985-0123-027), 203 (146-1981-147-30A), 209 r. (141-1898); Bundeswehr, Presse- und Informationszentrum Einsatzführungskommando, Geltow: S.10; Förderverein für das Militärhistorische Museum Anhalt e.V. (Sammlung): S. 40; Horten Wings: S. 176; Junkers Werkfoto: S. 54 o.; OpenStreetMap CC BY-SA 2.0 (bearbeitet Stefan Büttner): S. 15 o., 170, 213; Militärgeschichtliche Sammlung Lechfeld (Archiv): S. 51 l.; The National Archives, Kew: S. 23 o. (RAF AIR 34/184), S. 205 o. (RAF C 4458); Ullstein-Bilderdienst, Berlin: S. 5 o. (dpa), 13 (Süddeutsche Zeitung Photo / Scherl), 34 o. (ullstein bild), 115 (ddp), 189 (ullstein bild); USAF / National Museum of the U.S. Air Force: S. 103, 207; U. S. Navy: S. 145, 219; Verschönerungsverein Kirchheim unter Teck e. V.: S. 179; Geschichts- und Forschungsverein Walpersberg e.V. / Foto: Markus Gleichmann, Großeutersdorf: S. 113, 114, 154, 155, 164, 167, 168; Wikimedia Commons: S. 60 o. (USAF Museum), 82 o. (Leineabstiegsschleuse), 105 (U.S. Air Force), 150 (U.S. Navy All Hands magazine), 151 o. (VSDTB), 162 (Sarang), 163 (Sarang), 173 (San Diego Air & Space Museum), 174 (Ch. Pagenkopf), 180 (Hansueli Krapf), 181 o. (Petr Vilgus), 184 (Green4life80), 187 o. (U.S. Air Force), 211, 214, 217 re. (NASA), 217 u. (NationalMuseum), 218 l. (NASA), 2019 r. (NASA);

Michel van Best, Kaatsheuvel: S. 120, 121, 197, 198; Birke: S. 91; Stefan Büttner, Berlin: S. 9 u., 11 r., 24 o., 25, 26, 27, 28, 30, 31, 32, 33, 34 u., 35, 41, 42, 43, 44, 45, 46, 48, 51 r., 52, 53, 55, 56 u., 57, 58, 78, 79, 90, 94, 96, 97, 98, 100, 101, 102, 106, 107, 126, 127 u., 129, 130, 131 r., 132, 133, 134, 142, 143, 144 u., 147, 148, 149, 151 u., 152, 153, 182, 186, 187 u., 208, 209; Manfred Franzke (Archiv): S. 20 o.; Manfred Griehl (Archiv): S. 22. u.; Christian Harbeck: S. 50 u.; Uwe Jack (Archiv), Berlin: S. 56 o., 172, 178; Sven Kaden, Berlin: S. 208 r.; Martin Kaule, Berlin: S. 5 u., 9 o., 11 li., 12 o., 16, 17, 18, 20 u., 21, 22 o., 23 u., 24 u., 36, 37, 38, 39, 49, 50 o., 54 u., 61, 62, 63, 64, 65, 66 o., 67, 68, 71, 72, 73, 74 u., 75, 76, 77, 80, 81, 82 u., 83, 84 u., 86, 87, 88, 89, 93, 95, 99, 109, 112, 122, 123, 124, 125, 128, 136, 137, 140, 141, 146, 156, 157, 158, 159, 160, 165, 166, 171, 182, 183, 188 o., 191, 192, 193, 194, 195, 196 u., 202, 205 u., 206, 210, 212, 213, 215, 216, 222 li., Rückseite; Marcus Klotz, Bayern: S. 180 l., 180 u.; Daniela Marhonsova, Litoměřice: S. 118, 119 o.; Klaus Mebus, Weimar: S. 116, 117, 138, 139, 177, 222 re.; Jörg Mückler (Archiv), Berlin: S. 7; Heinz Joachim Nowarra (Archiv): S. 47; Manfred Poznanski: S. 127 o.; Michael Schmidt (Archiv) S. 15 u.; Wasili Solotow, Moskau: S. 8, 92; Jens Hentschel Thoericht (Archiv), Zittau: S. 131 l.; Thomas Werner, Berlin: S. 69, 70; Jürgen Wedemeyer, Berlin: S. 161;

7.3 Ortsregister

7.4 Dank

Die Autoren bedanken sich für die vielfältige Unterstützung bei nachfolgenden Institutionen:

ARGE Schlier, Bundesarchiv Freiburg, Bundeswehr / PIZ, Bundeswehr / Welfenkaserne, Flugwerft Schleißheim, Fortbildungsinstitut der Bayerischen Polizei Mitterfelden, Geschichts- und Forschungsverein Walpersberg e.V., Historisch-Technisches Museum - Versuchsstelle Kummersdorf e.V., Historisch-Technisches Museum Peenemünde, KZ-Gedenkstätteninitiative Leonberg e.V., Luftfahrttechnisches Museum Rechlin, Luftwaffenmuseum Gatow, Militärgeschichtliche Sammlungen Fürstenfeldbruck, Lechfeld, Stetten am Kalten Markt und »Erinnerungsort Weingut II«, Polnische Marine, Technikmuseum Berlin, Vorbei e.V.

Sowie bei den Personen:

Rolf Ahlers, Bernd Berns, Bernd Rahnfeld, Christian Harbeck, Dennis Grabowsky, Frank und Regina Kammler, Fred Müller-Romminger, Gerhard Roletscheck, Godwin T. Petermann, Harald Meyer, Joachim Saathoff, Jörg Mückler, Jürgen Jeder, Jürgen Keune, Jürgen Schwanitz, Jürgen Wedemeyer, Klaus Mebus, Markus Gleichmann, Marton Szigeti, Michel van Best, Nils Rosemann, Peter Schmoll, Rainer Esterer, Ralf Kaim, Sven Kaden, Uwe Jack und Werner Bischler.

7.5 Die Autoren

Stefan Büttner
Jahrgang 1974, geboren und aufgewachsen in Berlin, Ausbildung und Tätigkeit in einem öffentlichen Beförderungsunternehmen, seit 1991 weltweit als Luftfahrtfotograf und -autor aktiv, 2012 Gründungs- und Vorstandsmitglied des Vereins »Orte der Geschichte«, Reservist der Luftwaffe (Presse- und Öffentlichkeitsarbeit, Politische Bildungsmaßnahmen), zahlreiche Druckveröffentlichungen zur Luftfahrtgeschichte in Monatsperiodika, zunehmend in Buchform (»Rote Plätze - Sowjetische Militärflugplätze in Deutschland«, Berlin 2007 und »Sowjetische Hinterlassenschaften in Berlin und Brandenburg«, Berlin 2014).

www.flugschrift.net

Martin Kaule
Jahrgang 1979, geboren und aufgewachsen in Berlin, 1999–2001 Studium zum Informatik-Betriebswirt an der Verwaltungs- und Wirtschaftsakademie Berlin, seit 2001 Fotodokumentation von »Orten der Zeitgeschichte«, seit 2005 Organisation von Exkursionen sowie Studien- und Forschungsreisen durch ganz Europa, 2012 Gründungs- und Vorstandsmitglied des Vereins »Orte der Geschichte«, seit 2014 Umsetzung digitaler Projekte für Museen, Vereine und Institution. Zahlreiche Veröffentlichungen zu verschiedenen Themen der Zeitgeschichte (zuletzt Bunkeranlagen – Gigantische Bauten in Deutschland und Europa, Augsburg 2016), Herausgeber der beiden Buchreihen »Orte der Geschichte« und »Geschichts- und Erinnerungsorte«.

www.martin-kaule.de

Fotos der 262-Absturzstelle | Liegend in der Akaflieg B 9 | Schrauben lernen im Verein
Klassiker der Luftfahrt
Das Magazin für Luftfahrtgeschichte 04 | 2020
Super-Poster
Messerschmitt Bf 109 vs. P-47 Thunderbolt
B-17-Crash
Absturz nach Kriegsende
Japans letzte Jäger
Rekorde am Zeichenbrett
Schlachtflieger
Im Kampf gegen Panzer
Nahaufklärer
Einsatz über der Front
Kamow Ka-18
Koaxialrotor-Pionier
Luftbrücke in Afrika
Hilfe für Biafra
Familienfest
Drei Generationen am Himmel vereint
Short Stirling
Die riesige Viermot der RAF
Deutschland 6,50 €
Fliegende Legenden
Jetzt im Handel
Oder online: www.klassiker-der-luftfahrt.de